Hans Magnus Enzensberger
Fallobst

Nur ein Notizbuch

Mit Illustrationen von Bernd Bexte

Suhrkamp

Erste Auflage
© Suhrkamp Verlag Berlin 2019
© der Abbildungen von Bernd Bexte Marie und Noah Bexte
Alle Rechte vorbehalten, insbesondere das der Übersetzung,
des öffentlichen Vortrags sowie der Übertragung
durch Rundfunk und Fernsehen, auch einzelner Teile.
Kein Teil des Werkes darf in irgendeiner Form
(durch Fotografie, Mikrofilm oder andere Verfahren)
ohne schriftliche Genehmigung des Verlages reproduziert
oder unter Verwendung elektronischer Systeme
verarbeitet, vervielfältigt oder verbreitet werden.
Umschlaggestaltung: Hermann Michels und Regina Göllner
Umschlagillustration: Bernd Bexte, © Marie und Noah Bexte
Satz: Satz-Offizin Hümmer GmbH, Waldbüttelbrunn
Druck: GGP Media GmbH, Pößneck
Printed in Germany
ISBN 978-3-518-42890-0

Inhalt

Vorwort

Fallobst kann man nicht ernten.
Oft wird es liegengelassen.
Vielleicht taugt es als Dünger.
Mäuse, Würmer, Mikroben
essen es gern.
Keimfrei ist es nicht,
schwer zu verpacken
und kaum zu verkaufen.
Es braucht keine Reklame,
kein Etikett,
keinen Ladenpreis.
Manche sammeln es auf,
wenn sie sonst nichts
zu tun haben, solange
es nicht verfault ist.

Fallobst

Erster und größter Korb

Vorgesprochen

»Mir ist es ein Rätsel, warum die Welt es nicht satt bekommt, zu lesen, ohne dabei etwas zu lernen; aber vielleicht geschieht es aus demselben Grund, aus dem es mir eine Ehre bedeutet, Sie zwei Stunden lang zu unterhalten, ohne mich zu langweilen und ohne Ihnen etwas zu sagen.

Mit großer Hochachtung, Madame, bin ich Ihr sehr ergebener und gehorsamer Diener.«

Denis Diderot, »Brief über die Blinden, zum Gebrauch
für die Sehenden«, in: Philosophische Schriften,
deutsch von Theodor Lücke, Berlin 2013

»Grande profundum est ipse homo.«

Augustinus

Baltasar Graciáns Ratschläge sind mit Vorsicht zu genießen, denn sie sind für Höflinge und Ohrenbläser gedacht (aber wo er recht hat, hat er recht). Er sagt:

»Es ist eine feste Maxime der Weisen, sich nicht mit der Feder zu vertheidigen: denn solche Vertheidigung läßt eine Spur nach und schlägt mehr in Verherrlichung der Widersacher, als in Züchtigung ihrer Verwegenheit aus. […] Von Vielen würden wir nie Kunde erhalten haben, hätten ihre ausgezeichneten

Gegner sich nicht um sie gekümmert. […] Die Kunst die Ver-
läumder zu beschwichtigen ist die unbeachtet zu lassen; gegen
sie ankämpfen bringt Nachtheil: und eine Herstellung unseres
Ansehns, die es schmälert, ist den Gegnern wohlgefällig.«

Baltasar Gracián, Hand-Orakel und Kunst der Weltklugheit,
deutsch von Arthur Schopenhauer

»Wie wir wissen, gibt es Dinge, die wir wissen. Wir wissen
auch, daß es Unbekanntes gibt, von dem wir wissen, daß es unbekannt ist. Wir wissen, daß es Dinge gibt, die wir nicht wissen.
Aber es gibt auch Dinge, von denen wir nicht wissen, daß wir
sie nicht wissen.«

Donald Rumsfeld

[Der Wiener Mathematiker Johann] Radon war eine international anerkannte Autorität. Er war ziemlich nervös. Einmal
schrieb er zwei Tafeln voll, um zu beweisen, daß 0 = 0. »Das
ist richtig«, sagte er mit trauriger Stimme, »aber es hilft uns
nicht weiter.«

Nach Paul Feyerabend, Zeitverschwendung,
Frankfurt am Main 1995, S. 93

»Beauty is the first test. There is no permanent place in the
world for ugly mathematics.«

G. H. Hardy, A Mathematician's Apology

Le Trompe-l'œil déchaîné
»Herrscht Zufall bloß und Augentrug?«

Goethe

»Es ist alles eine Chimäre, aber mich unterhalt's.«

Johann Nestroy, Die Papiere des Teufels,
1842

»A great many people now reading and writing would be better employed keeping rabbits.«

Edith Sitwell

»Wenn einer nach seinen besten Kräften Gemälde macht und einer ebenso Bücher macht und Anne Marei ebenso Schweine mästet, was ist da für ein Unterschied vor Gott, und wer unter ihnen ist berechtigter zum Selbstgefühl als der andere?«

Jeremias Gotthelf

»Ich habe leider keine Ahnung, was modern ist. Wußte aber auch vor fünfzig Jahren nicht, was damals modern war. Das sind doch alles Allgemeinheiten. Ich war neulich dabei, als man über *l'art pour l'art* sprach. Ich konnte nicht mitreden. Ich wußte weder, was *l'art* ist, geschweige *l'art pour l'art*. Wenn man alt wird, beschäftigt man sich nicht mehr mit Allgemeinheiten; diese laufen nebenher, nässen sich ein paar Jahrzehnte durch die Diskussionen, dann trocknen sie aus.«

Gottfried Benn, »Mein Name ist Monroe«,
in: Ausdruckswelt (1949)

»Jeder Versuch, zusammenhängende Erinnerungen zu verfassen, läuft auf eine Fälschung hinaus.«

Anna Achmatova

»Manchmal wäre man froh, sich selbst los zu sein.«

Max Beckmann, Tagebuch, 1913

»Er würde sich nie der neuen Welt anpassen. Er hat es auch nicht eilig, auszusterben, so wie es den Grundsätzen der Evolution zufolge seine Pflicht wäre.«

Gilbert Keith Chesterton über sich selbst

»Erstaunlich, daß man am Ende seiner Karriere selber überhaupt nicht weiß, wer man war und ist.«

Gottfried Benn, Brief an Margret Boveri, Berlin, 23. Juli 1949

»Never complain, never explain.«

Mick Jagger

»Je größer die Welt im Vergleich zum einzelnen Menschen wird, desto kleiner der Mensch. Unsere Vorfahren, die nur einen sehr kleinen Teil der Welt kannten und mit einem noch kleineren Teil in Beziehung standen, oft nur mit der eigenen Heimat, waren sehr groß. Wir, da wir nun die ganze Welt kennen und mit der ganzen Welt in Verbindung stehen, sind sehr klein.«

Giacomo Leopardi

»Man wird sagen: und die Politik? die Interessen des Staates? Große Schriftsteller sollten sich mit Politik nur insoweit befassen, als es nötig ist, sich ihrer zu erwehren.«

Anton Tschechow an Aleksej Suvorin anläßlich der Dreyfus-Affäre und Zolas offenen Briefes an den Präsidenten Faure vom 13. Januar 1898

»Selbst wenn die Geschichte zu nichts anderem zu gebrauchen wäre, eines muß man ihr zugute halten: Sie ist unterhaltsam.«

Marc Bloch

Mitten im Leben –

»Das Leben steckt in den Begriffen wie ein ausgewachsenes Kind in zu kurzen Kleidern. Eine einzige Stunde Leben besteht aus tausend unerklärlichen Regungen der Nerven, der Muskeln, des Gehirns, und ein einziges großes, leeres Wort will sie alle ausdrücken.«

Joseph Roth, Der stumme Prophet II 6,
Köln und Amsterdam 1965, geschrieben 1927-1929

Für Alfonso Berardinelli

Es gibt in Italien das, was die Bewohner des Landes *il palazzo* nennen. Es gibt aber auch die Nachbarin, die uns bei offenen Fenstern an ihrer Musik, an ihrem Krach und ihrem Kummer teilnehmen läßt. Ferner gibt es dort viel Fernsehen, viele Streiks, viele Cafés und viele Demonstrationen. Auch das Kasperltheater ist, ebenso wie die Oper, zweifellos in Italien erfunden worden.

Das alles ist allgemein bekannt, und doch irrt, wer sich mit einer solchen Beschreibung zufriedengibt. Wer genauer hinsieht, dem wird ein interessantes Lebewesen auffallen, das in diesem Teil Europas heimisch ist. Das ist der unsichtbare Italiener. Wie schon sein Name sagt, ist er schwer zu finden. Er lebt weder auf der Piazza noch in einem Büro, sondern in seinem Versteck. Von dort aus beobachtet er seine Landsleute. Er hat kein Geld. Er denkt. Er liest. Er schreibt. Er arbeitet. Hat er sich freiwillig zurückgezogen, oder wurde er vertrieben? Manchmal ist er der Verzweiflung nahe. Manchmal lacht er. Er beklagt sich nicht. Er ist hartnäckig. Ohne Leute wie ihn wäre Italien ein hoffnungsloser Fall. Zum Glück hat es im Lauf der Jahrhunderte stets ein paar Leute wie ihn gegeben.

Nicht waschecht

Was macht das Besondere an Franken aus? Und gibt es eigentlich so etwas wie fränkische Eigenart?

Ach so, Sie wollen etwas über »mein Verhältnis zu Franken« wissen? Ich bin nicht der einzige, der darüber leicht ins Grübeln kommt, denn wo liegt dieses Land überhaupt, und seit wann? Meinen Sie Ober- oder Unter-, Mittel- oder Mainfranken? Wir reden von mindestens drei Bistümern, vier Reichsstädten, zwei Fürstentümern aus Brandenburg, einer Handvoll von Grafschaften, gar nicht zu reden vom Deutschen Orden, den unzähligen Ritterschaften, Abteien und Enklaven. Im fränkischen Kollegium des Reichsfürstenrates saßen, wenn ich nicht irre, sechzehn stimmberechtigte Herrschaften, nämlich sechs Hohenloher, vier Erbacher, zwei Castells, zwei Löwensteiner, ein Schönborn und ein Nostitz.

Alles nur gut zweihundert Jahre her! Ein *Patchwork*, wie es auf neudeutsch heißt, ein unglaublicher Fleckerlteppich, gar nicht zu vergleichen mit dem fetten Kurbayern, diesem Kriegsgewinnler. Entschuldigung! Ich persönlich finde mich in diesem Durcheinander nur schwer zurecht. Vielleicht, weil ich kein geborener Franke bin.

Meine Voreltern stammen aus dem Allgäu, das ebenso zusammengestückelt und verschachtelt ist. Eigentlich kenne ich mich nur in Nürnberg und Umgebung wirklich aus. Weiter als bis nach Cadolzburg und Erlangen hat es bei mir nicht gereicht. Würden Sie mich nach Wöhrd und Gostenhof, nach Zabo, das auf dem Stadtplan Zerzabelshof heißt, nach Erlenstegen, Groß- oder Kleinreuth hinter der Veste fragen, da könnte ich vielleicht noch mitreden.

Außerdem kenne ich noch allerhand protestantische und katholische Nester, den preußischen Zopfstil und das Markgrafentheater in Erlangen, das jüdische Fürth, die kleine Nadelmetropole Schwabach, den Reichelsdorfer Keller, das längst versunkene gelehrte Altdorf, die kaputtgebombten Slums der Altstadt, die einst den Touristen als das Schatzkästlein des Reiches angepriesen wurden, und natürlich das Parteitagsgelände …

Früher, als Schüler, konnte ich sogar behende zwischen dem proletarischen Dialekt der Insel Schütt und dem Honoratioren-Fränkisch des reichen Prinzregentenufers wechseln, aber inzwischen habe ich die feineren Nuancen aus Mangel an Übung verlernt.

Kurzum, waschecht bin ich nicht, weder als Franke noch als Nürnberger. Aber wer aus dieser Gegend kommt, merkt mir an, daß sie wenigstens eine Spur bei mir hinterlassen hat, die ich durchaus nicht verleugnen will. Jedes A, das mir über die Lippen kommt, verrät, daß auch in mir das berüchtigte goldene Herzerla eines fränkischen Jedermanns schlägt.

Nürnberger Nachrichten, 18. Mai 2013

»Scheint auch die Natur weise dafür vorgesorgt zu haben, daß die menschlichen Dummheiten vorübergehen, verewigen die Bücher sie doch. Ein Dummkopf sollte zufrieden damit sein, diejenigen gelangweilt zu haben, unter denen er weilte; allein, er will auch die zukünftigen Generationen quälen; er will, daß seine Dummheit über das Vergessen triumphiere, dessen er sich doch als eines Grabsteins hätte erfreuen können; er will, daß die Nachwelt darüber unterrichtet sei, daß er gelebt hat, und daß sie auf ewig weiß, daß er ein Dummkopf war.«

Montesquieu, Lettres persanes LXVI

»Nun erfordert aber gewiß in der Welt nichts mehr Anstrengung, als wenn man sich Ehrenhalber zwingen muß, in Entzükkung zu gerathen; weswegen man denn auch wohl sagen kann, daß die Betrachtung der Kunstwerke mehr Leiden in der Welt verursacht, als man denken sollte.«

Karl Philipp Moritz, Reisen eines Deutschen in Italien in den Jahren 1786 bis 1788, Zweiter Theil, Berlin 1792

»Ich spreche von der lasterhaften Gewohnheit, andern die eigenen Schriften vorzulesen oder zu rezitieren. Zwar geht sie auf die ältesten Zeiten zurück; doch war dieses Elend in den vergangenen Jahrhunderten noch zu ertragen, weil es seltener vorkam, während heute, da das Schreiben Allgemeingut geworden ist, schwerlich jemand zu finden ist, der nicht irgend etwas verfaßt hätte. So ist eine neue Plage, eine Heimsuchung, eine Geißel der Menschheit daraus geworden.

Das ist kein Scherz, sondern die reine Wahrheit. Denn inzwischen muß man deshalb bereits vor Bekanntschaften auf der Hut sein und der Freundschaft aus dem Weg gehen; denn an keinem Ort und zu keiner Stunde kann ein unschuldiger Mensch sich sicher sein, daß man ihn nicht überfällt und entweder auf der Stelle quält oder dorthin verschleppt, wo er endlose Prosaschriften oder Tausende von Versen über sich ergehen lassen muß. [...]

Obwohl jeder Verfasser die unsägliche Belästigung kennt, unter der er selber leidet, wenn er die Sachen anderer anhören muß; obwohl er merkt, wie seine Gäste erbleichen, sich räkeln und gähnen; obwohl er weiß, daß sie alle möglichen Ausreden vorbringen oder gleich die Flucht ergreifen, um sich vor ihm zu verstecken, verfolgt er mit eiserner Stirn und unbegreiflicher Hartnäckigkeit wie ein hungriger Bär seine Opfer, und wenn er sie überrascht, zerrt er sie dorthin, wo er sie haben will. Und während der Lesung sieht er zwar, wie sich die Todesangst des unglücklichen Zuhörers darin äußert, daß er sich windet, daß er gähnt, daß er sich am liebsten gleich hinlegen würde. Aber er gibt keine Ruhe. Im Gegenteil, nur noch wilder und verbissener tönt und schreit er stundenlang weiter, während der Hörer längst der Ohnmacht nahe ist, so lange, bis ihn die Heiserkeit übermannt und seine Kräfte schwinden. Nicht, als gäbe er sich damit zufrieden! Denn eben das, was er seinen Nächsten antut, erfüllt ihn mit einer paradiesischen, quasi übermenschlichen Lust. Siehe, so einer vergißt alle anderen Lüste, verzichtet ganz auf Schlaf und Essen und verliert das Leben

und die ganze Welt aus den Augen, nur weil er fest davon überzeugt ist, daß das Publikum an seinen Lippen hängt und ihn
bewundert. Sonst nämlich würde er uns verschonen und lieber
in der Wüste predigen.«

Giacomo Leopardi, Pensieri XX, übersetzt von H. M. E.

Wallace Stevens believed that »poets, like millionaires, should
be neither seen nor heard«. Invited to read for the Museum
of Modern Art, he insisted »I am not a troubadour and I think
the public reading of poetry is something particularly ghastly«.

Dennis O'Driscoll, »The Outnumbered Poet:
Poets and Poetry Readings«, Manuskript 2003

Ein Schriftsteller trug sich gleichzeitig mit einer poetischen Arbeit und einer geschäftlichen Angelegenheit. Man fragte ihn,
wie weit er mit seiner Dichtung sei. »Fragt mich lieber«, antwortete er, »wie es mit meinen Geschäften steht. Ich komme mir
vor wie jener Edelmann, der sich wegen eines schwebenden
Strafverfahrens seinen Bart wachsen ließ. Er wollte sich nicht
rasieren, ehe er wußte, ob ihm sein Kopf bleiben würde. So will
ich erst wissen, ob mir etwas zum Leben bleibt, bevor ich unsterblich werde.«
     Soweit Nicolas Chamfort in seinen *Charakteren und Anek-*
doten.

»Die Kunst aber ist die Kanaille, die mich mit diesem sorgen-
vollen Ehrgeize behängt hat, und die Trägheit ist es, der ich verdanke, daß ich so edel bin.«

Clemens Brentano an Bettine

»O Faulheit, Mutter der Künste und der edlen Tugenden, sei
Du der Balsam für die Schmerzen der Menschheit!«

Paul Lafargue, Das Recht auf Faulheit

Hochgeschätzt bei Dichtern und Künstlern war früher, besonders hierzulande, ein hohes Maß an Weltfremdheit. Spitzwegs
armer Poet gehörte zur Innendekoration des bürgerlichen Haus-
halts; später wußte man die weitgehend fiktive Erfolglosigkeit
Van Goghs und die *poètes maudits* der Bohème zu rühmen.

Ganz anders Goethe, dem seine Fähigkeit, zäh mit Verlegern
zu verhandeln, gern vorgeworfen worden ist. An Byron mißfiel,

daß er sein Geld zum Fenster hinauswarf, statt es zu vermehren. Die geschäftlichen Abenteuer von Schriftstellern wie Dickens oder Balzac waren ganz besonders dem geschäftstüchtigen Publikum höchst suspekt. Soviel und so früher Kapitalismus war beim gebildeten Bürgertum verpönt.

Das hat sich gründlich geändert; denn in der zweiten Hälfte des vergangenen Jahrhunderts ist es zu einer Kehrtwendung um 180 Grad gekommen. Seitdem wird in den Medien über die hohen Vorschüsse angloamerikanischer Romanciers mit derselben Bewunderung berichtet wie über die Summen, die beim Vereinswechsel von Fußballstars fällig werden. Verkannt zu sein gilt nicht mehr als Anzahlung auf den postumen Ruhm.

Nur bei Skribenten, die Gedichte schreiben, wird ein bescheidenes Einkommen nach wie vor geduldet, vielleicht, weil es meist durch die eine oder andere Einladung zu einem Festival, durch eine Stadtschreiberstelle, einen Preis, einen Lehrauftrag oder ein Stipendium ein wenig aufgebessert wird.

Wie Chamforts Edelmann, wenn auch mit ironischem Unterton, auf die Unsterblichkeit zu zählen fällt den Urhebern heute nur noch selten ein, und falls einer an sein Fortleben in der Nachwelt glaubt, tut er gut daran, davon zu schweigen.

»Immature poets imitate, mature poets steal.«

T. S. Eliot

»*Bon-sens* (Metaphysik). Gesunder Verstand ist jenes Maß von Urteilskraft und Intelligenz, durch dessen Hilfe jeder mit den gewöhnlichen Angelegenheiten der Gesellschaft fertig wird. Nehmen Sie dem Menschen den gesunden Verstand, so reduzieren Sie ihn auf die Qualität eines Automaten oder die eines Kindes. […]

Übrigens gibt es nichts Relativeres als die Ausdrücke Verstand, gesunder Verstand, Geist, Urteilskraft, Durchdringungsvermögen, Scharfsinn, Genie und alle jene anderen Ausdrücke, die sowohl das Ausmaß als auch die Art der Intelligenz eines Menschen bestimmen. Man verleiht jemandem diese Eigenschaften oder erkennt sie ihm zu, je nachdem, ob man sie selbst mehr oder weniger verdient.«

Diderot, Artikel »Bon-sens« in der Encyclopédie

»Mach ma halt a Revoluzion, damit a Ruah is.«

Mündlich überlieferte Parole aus der
Münchner Räterepublik von 1919

»Revolution is the opium of the intellectuals.«

David Sherwin, Drehbuchautor
des Films »O Lucky Man!« (1973)

Über ein Blatt von Rodolphe Bresdin (1822-1885)

Die Gerberei war sein Brotberuf. Ich habe mich oft gefragt, ob im graphischen Werk Rodolphe Bresdins Spuren dieser Arbeit zu finden sind. Das liegt an den Narben, der minimalen Körnung und an den wuchernden Netzen, die seine Darstellungen überziehen und sie, wie es bei Robert de Montesquiou heißt, »unentwirrbar« machen. Doch sein handwerkliches Vermögen wirft der träumende Künstler hinter sich, sobald er die Nadel oder die Feder in die Hand nimmt.

Nicht an Bewunderern, sondern an Geld hat es dem Künstler gefehlt. Baudelaire, Mallarmé, Gautier, Redon, Hugo, später sogar die Surrealisten waren verblüfft, als sie seine Blätter zu Gesicht bekamen. An seiner Technik kann das nicht gelegen haben. Von Radierung, Lithographie, Gouache verstehe ich ohnehin zuwenig, als daß mir ein Urteil darüber zustünde.

Lieber wundere ich mich darüber, was auf seinen Bildern, die selten mehr als fünfzig mal vierzig Zentimeter groß sind, alles zu finden ist. Wer sich in sie versenkt, gerät in einen Wahrnehmungsstrudel. Alles verästelt sich wie in einem Rebus ohne Ende. Im Dickicht lauern Fratzen und Dämonen. Wenn ein Protagonist im Titel erscheint, muß man ihn mit der Lupe suchen. Selbst der Tod taucht nur als ein Krakel aus dem Unterholz auf. Dafür schwebt über einer weitausladenden Landschaft unversehens ein riesiger Schmetterling.

Wer sich in der Kunstgeschichte auskennt, wird vielleicht an Patinir oder Coninxloo denken, die wie Bresdin auf kleinen Formaten eine ganze Welt versammelt haben: Gebirge, Sturzbäche, Sümpfe und undurchdringliche Wälder, in denen winzig kleine Heilige oder Ziegen und weit hinter ihnen die Türme eines halluzinierten Jerusalem zu finden waren.

Ich bin glücklich darüber, wie an Bildern wie *Les grands rochers* alle Interpretationen scheitern.

Graf Monaldo Leopardi, der Vater des Dichters, schrieb nach Giacomos Tod im Jahre 1837 ein *Memoriale*, in dem er berichtet, sein Sohn habe so lange über den Atem nachgedacht, bis er ihm stockte, und so lange über das Wasserlassen nachgegrübelt, bis er keinen Tropfen mehr hervorbrachte.

Ebensowenig gelänge uns der aufrechte Gang, wollten wir bei jedem Schritt die komplizierten Berechnungen anstellen, die nötig wären, um unser gyroskopisches Gleichgewicht bewußt aufrechtzuerhalten.

Vergleiche Heinrich von Kleists Essay *Über das Marionettentheater!*

Die irreduzible Vielgestaltigkeit der Spezies führt dazu, daß viele ihrer Glaubens- und Herrschaftsformen sich im Singular nicht ausdrücken lassen. Man wird gut daran tun, die einschlägigen Begriffe in den Plural zu setzen. Statt Poly- oder Mono- sollte man von Theismen sprechen. Weitere unentbehrliche Präzisierungen: Juden- und Christentümer, Kapitalismen, Imperialismen, Kommunismen und so fort. Auch den Islam gibt es nur als Plural, wie an den zahlreichen miteinander rivalisierenden Richtungen, den -iten, unschwer abzulesen ist. Jeder dieser Kollektivbegriffe erzeugt aus sich heraus immer weitere Differenzierungen nach dem Modell der russischen Matroschka.

Zu den »Geisterstimmen«. Eine Abendunterhaltung

»Suchen dich Seelen heim? Spürst du sie?« So heißt es in einem
Gedicht des spanischen Dichters Pedro Salinas. Na ja, Seelen
wäre vielleicht zuviel gesagt. Aber Geisterstimmen sind es auf
jeden Fall, was auf einen einredet, wenn man fremde Gedichte
liest, Gedichte aus anderen Zeiten und aus anderen Räumen.
Da hört man merkwürdige Echos, Ober- und Untertöne im eigenen Kopf. Und wenn sie bleiben, wenn man sie nicht so
leicht wieder los wird, dann ist das ein sicheres Zeichen dafür,
daß das Gedicht etwas taugt.

Die radikalste Art, mit solchen Heimsuchungen umzugehen, sich einen fremden Text anzueignen, ist die Übersetzung.
Von Brotarbeit kann dabei nicht die Rede sein, denn wer Lyrik
übersetzt, bekommt kein Geld. Er ist sozusagen selber schuld.
Aber das Vergnügen daran, um nicht zu sagen die Lust, belohnt
sich selbst. Der Gedichtübersetzer ist kein Märtyrer, sondern
ein brüderlicher Egoist. Er handelt ohne Auftrag, folgt seinen
Vorlieben und Entdeckungen und nimmt sich das, was er selber
brauchen kann.

Schon in der Antike haben viele Dichter von ihren Vorgängern gelernt, indem sie ihre Verse übertrugen. Das war bei den
Deutschen nicht anders. Gryphius und Hoffmannswaldau, Goethe und Hölderlin, Mörike und Rückert, Rilke und George,
Eich und Celan – die Aufzählung nähme kein Ende. Sie haben
eben gewußt, daß alles Dichten ein Fortschreiben am Text der
Überlieferung ist und die schiere Originalität nichts weiter als
eine Wahnvorstellung der Moderne.

Im übrigen ist die Übersetzung auch die intensivste Form
der Kritik. Denn auf die Geisterstunde folgt das kühle Licht
des Morgens, an dem das Gedicht wie ein Uhrwerk auseinan-
dergenommen und wieder zusammengesetzt wird. Wie hat der
Autor das gemacht? Das können nur Zerstörung und Rekonstruktion lehren. Was da nicht alles zum Vorschein kommt! Die

wunderbaren Erfindungen und die heimlichen Mängel, die Zaubertricks und die Marotten, die Höhenflüge und die blinden Stellen.

Ob man Gedichte überhaupt übersetzen kann, soll, darf – diesen alten Streit lassen wir kalt lachend auf sich beruhen. Hundert Übersetzer haben Shakespeares Sonette ins Deutsche gebracht. Natürlich hat keiner Shakespeare erreicht. Doch mit jedem Versuch ist der Dichter heimischer bei uns geworden. Wir wissen doch, daß jede Migration mit Konflikten und Schwierigkeiten verbunden ist; wir wissen aber auch, daß ohne sie jede menschliche Gesellschaft veröden würde. Unsere Literatur und unsere Sprache wären ohne ihre Aus- und Einwanderer ein trostloses Heimspiel geblieben. Und die Übersetzung belebt, sie hebt den Standard, indem sie den Vergleich ermöglicht und die Latte höher legt.

Ich fürchte, daß es dabei ohne eine Spur von Skrupellosigkeit nicht abgeht. Die Philologie in Ehren, und sogar die Pedanterie ist nicht zu verachten – aber ob das, was beim Übersetzen herauskommt, auch lebt, das steht auf einem anderen Blatt. Jeder wird gern eins zu eins übersetzen, wo das Original es erlaubt. Aber was, wenn das unmöglich ist? Dann ist ein höherer Freiheitsgrad geboten. Das kann so weit gehen, daß die Übersetzung an die Paraphrase, an das Capriccio oder an die Parodie grenzt. Gegengesang, *Parodós*, nannten die Griechen »ein indirektes Lied voll versteckter Anspielungen« oder »ein ernstes Gedicht, das sich unter der Hand ins Burleske wandelt«. Wenn schon die Alten darin nicht heikel waren, wer wollte uns solchen Schmuggel verbieten? Dem Reinen ist nichts heilig, oder besser: Erst im Sakrileg zeigt sich, was einer ernst nimmt, so wie die Blasphemie nur dem Frommen etwas bedeutet.

Fast alles, was ich über Gedichte weiß, verdanke ich meinen Vorgängern und Mitstreitern.

Ein Lexikonartikel

Gedicht. n. Gefürchtete Textsorte, erkennbar an einem linksbündigen Zeilenfall,
der rechts weite Teile der Druckseite freiläßt.
Für die weitverbreitete Abneigung gegen G.e gibt es verschiedene Erklärungen. Zu kurz greift wahrscheinlich der Hinweis auf eine Plage, der sich Kinder in der Schule ausgesetzt sehen. Man setzt ihnen G.e vor, die sie sich nicht ausgesucht haben, und verlangt von ihnen, daß sie darüber Aufsätze, sog. Interpretationen, verfassen. Dies erzeugt einen Widerstand, der in vielen Fällen jahrzehntelang anhält.
Weit verbreitet ist auch die Vorstellung, G.e seien »schwierig«. An dieser Mystifikation sind ihre Urheber nicht ganz unschuldig. Tatsache ist jedoch, daß Texte dieser Gattung meistens leichter verständlich sind als Parteiprogramme, Allgemeine Geschäftsbedingungen, Mietverträge oder Gebrauchsanleitungen.
Im übrigen irren Menschen, die behaupten, G.e seien ihnen fremd. Personen, die keinerlei solche Texte auswendig können, sind extrem selten. Weithin bekannte G.e sind beispielsweise das Vaterunser, »Hänschen klein«, die Nationalhymne, »*I can get no satisfaction*«, diverse Abzählverse und, je nach Geburtsdatum, zahllose Schlagertexte, bekannt aus Film, Funk und Fernsehen.
Erwähnung verdienen einige andere Eigentümlichkeiten dieser Textsorte. Zum einen gibt es schlechterdings nichts, von dem ihre Verfasser, die Dichter, nicht sängen und sagten. In diesem Sinn sind G.e, im Gegensatz zu den meisten Prosaformen, Allesfresser. Im allgemeinen zeichnen sie sich ferner durch Kürze aus; G.e in Romanlänge sind eher die Ausnahme. Das mindert den Zeitaufwand, der zu ihrer Lektüre erforderlich ist.
Die Halbwertzeit von G.en ist sehr verschieden. Die meisten verwelken rasch wie ein Veilchenbukett; es sind aber auch Fälle bekannt, wo sie ein paar tausend Jahre überstanden haben.

Auffällig ist die hohe Produktionsrate von G.en, von der jeder Redakteur und jeder Lektor ein Lied (!) zu singen weiß. Es handelt sich, soweit wir wissen, um das einzige Massenmedium, bei dem die Zahl der Produzenten die der Konsumenten übersteigt.

Schließlich ist auf die merkwürdige Tatsache zu verweisen, daß G.e sich mit den allseits gültigen Marktgesetzen als inkompatibel erwiesen haben. Im Gegensatz zu allen anderen sog. Kulturgütern tendiert ihr Handelswert gegen Null. Diese einzigartige Immunität wird von vielen Dichtern beklagt, von andern hingegen als Privileg betrachtet.

Betriebswirtschaftlich ist die Existenz von G.en unerklärlich. An Versuchen, sie wenigstens in ihrer gedruckten Form auszurotten, hat es nicht gefehlt. Großverlage und Fernsehsender haben keinen Zweifel daran gelassen, daß sie in ihren Programmen unerwünscht sind. Noch radikaler mutet das Verhalten gewisser Regierungen an, die gegen die Verbreitung von G.en gewaltsam vorgegangen sind, offenbar weil sie solche Äußerungen für gefährlich hielten – eine Auffassung, die manchem unbefangenen Betrachter übertrieben anmuten wird.

Alles in allem hat sich diese Textsorte jedoch als überraschend zählebig erwiesen. Die Ethnologie ist nach langwierigen Forschungen zu dem Schluß gekommen, daß eine Gesellschaft, in denen G.e unbekannt wären, nie und nirgends existiert hat. Befürchtungen, daß ihr Aussterben bevorstehen könnte, sind schon deshalb wenig plausibel.

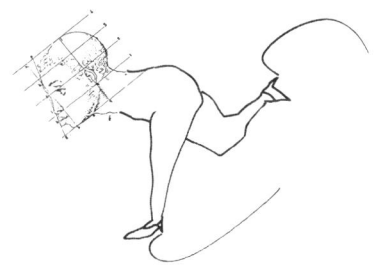

Über die Unbelehrbarkeit derer, die Edikte erlassen

Eine Großstadt plant einen neuen Park. Die Einwohner freuen sich. Wer ist zuständig? Der Stadtrat. Das Baureferat. Der Stadtkämmerer. Die Experten für Wasser, Tiefbau und Verkehr. Die Stadtgärtnerei. Alle reden mit. Das kann dauern. Endlich werden die Aufträge an den oder die Landschaftsarchitekten vergeben.

Das Wegenetz wird am Reißbrett entworfen. Die Kriterien sind unklar. Kommunikation, aber für wen? Abwechslungsreich, womöglich pittoresk, naturnah? Für Familien, Touristen, Radfahrer geeignet? Autogerecht, zumindest für irgendeine Buslinie, unbedingt aber für die Polizei, die Feuerwehr und nicht zuletzt für den Fahrzeug- und Maschinenpark der Administration.

Das Ergebnis ist ein Kompromiß, den die beteiligten Behörden unter sich aushandeln. Die Besucher des Parks werden nicht gefragt. Sofort bilden sich Trampelpfade neben den von den Planern ersonnenen Wegen und Abkürzungen, die kreuz und quer zu ihnen verlaufen. Vorhandene Barrieren werden ignoriert oder überwunden.

Aus diesen Erfahrungen lernt keine Behörde. Der stumme Kampf um den Park zieht sich jahrzehntelang hin. Hartnäckig halten die Planer an ihren Vorstellungen fest. Die Besucher stören das Konzept. Aber ihre Selbstorganisation ist renitent. So entsteht neben dem offiziellen Wegenetz ein zweites, das eine spontane Vitalität an den Tag legt und alle Verordnungen und Satzungen Lügen straft.

Dieses Modell ist auf alle Regierungen dieser Welt übertragbar.

An Versuchen, den Leuten ihre Vorliebe für Grund und Boden auszutreiben, hat es nie gefehlt. Sie sind alle gescheitert. Landraub, Bauernlegen, Konfiskation, Verstaatlichung – die Versuche, dieses Streben zu unterdrücken, hat keine Gewalt aus der Welt schaffen können. Notfalls gaben sich die Leute, wo das Eigentum verboten wurde, mit dem bloßen Besitz zufrieden. Die Russen haben sich, wie ihre unterworfenen Vasallen, an ihre Datscha gehalten, für die Skandinavier wurde die Sommerhütte zum idealen Rückzugsort, und bei den Deutschen siegte der Schrebergarten, den sie sich, gleich unter welchem Regime, nie nehmen ließen.

Früher war ein Zentrum noch im Zentrum zu finden. Seitdem es in *Center* umgetauft wurde, nennt sich jede Bruchbude so. An den entlegensten Orten stößt man nun auf Evangelien-, Feuerzeug-, Eros- oder Surfbedarfszentren. Nach wie vor kann sich jedoch da und dort noch ein Stadtzentrum, eine *City* oder wenigstens ein *Business Center* halten. Wenn die *Mall* dort *open* ist, wird der Besucher durch einen *Sale* angelockt, der Prozente verspricht.

»Die Entstehung der Quantenmechanik ist ein wunderbares Beispiel dafür, daß man physikalische Vorgänge verstanden haben kann, ohne daß man imstande wäre, anders über sie zu reden als in Bildern und Gleichnissen. Die Physik handelt nicht von der Natur, sondern von dem, was Menschen über die Natur sagen können.«
Niels Bohr, nach John Canaday, The Nuclear Muse.
Literature, Physics and the First Atomic Bombs, Madison 2000

31

Sozialrassismus – kann es so etwas geben? Immerhin kann sich die Klassen- ebenso wie die Rassendiskriminierung nicht auf die Vernunft berufen. Sie kommt aus der Tiefe, dem sogenannten Bauchgefühl. Und ebenso wie beim gewöhnlichen Rassismus beruht sie auf Gegenseitigkeit, das heißt, die polemische Energie des Ressentiments zielt gleichermaßen nach »oben« wie nach »unten«.

Geboren 1929 – das heißt, ein Relikt aus dem zwanzigsten Jahrhundert. Diese Prägung ist unwiderruflich. Sonderbar daran ist, daß sie nicht als Nachteil oder Defekt empfunden wird, eher so, als hätte man den Jüngeren etwas voraus. Andererseits das Gefühl, als gingen einen manche Erscheinungen der Gegenwart nicht mehr besonders viel an. Man nimmt sie zur Kenntnis, versucht sogar, sie zu verstehen, aber das meiste bleibt einem fremd, so als ginge es um Macken, Moden, Obsessionen, die man nicht teilt.

»To achieve greatness, you need two things: a plan; and not quite enough time.«

Leonard Bernstein

In der Medizin nennt man »Semmelweis-Reflex« die Gewohnheit, als schädlich erwiesene Praktiken zu verteidigen. In der Politik ist dieser Reflex nicht die Ausnahme, sondern die Norm. Siehe die Euro- und Banken-Rettungsmanöver oder die vergeblichen Gesundheits- und Steuerreformen.

»Die medizinische Wissenschaft hat in den letzten Jahren so ungeheure Fortschritte gemacht, daß es praktisch keinen gesunden Menschen mehr gibt.«

Aldous Huxley

Eine liquidierte Firma wird aus dem Handelsregister gestrichen und hört auf zu existieren.

Aus diesem Vokabular hat sich die Kommunistische Partei der Sowjetunion bedient. Russisch *likvidirovat'*, nachweisbar seit 1924, bedeutet seitdem nicht nur »beendigen« oder »abschaffen«, sondern auch und vor allem »auslöschen, ausmerzen, ermorden«. Der Schritt vom Geschäft zum Terror fällt offenbar leichter, als wir denken.

»Dienstleistungsgesellschaft«: ein Gemeinwesen, in dem es keine Diener gibt.

»Keiner kann ein brauchbarer Mensch sein, der sich nicht wohl und übel verhalten kann. Er sollte unredlich sein mit den Unredlichen, sollte ein Räuber sein und mit Dieben stehlen, so gut er kann. Als ein verschlagener Mensch sollte der sich nützlich machen, der Grips dazu hat. Mit Guten sollte er gut sein, mit Schlechten schlecht. Wie immer die Umstände sind, danach sollte er sich richten.«

Plautus, Bacchides, 654–662, deutsch von Anton J. Gail

»Ein Mensch mit einem guten Gedächtnis erinnert sich an nichts, weil er nichts vergißt.«

Samuel Beckett, Proust, 1930

»Es ziemt dem Untertanen, seinem Könige und Landesherrn schuldigen Gehorsam zu leisten und sich bei Befolgung der an ihn ergehenden Befehle mit der Verantwortlichkeit zu beruhigen, welche die von Gott eingesetzte Obrigkeit dafür übernimmt; aber es ziemt ihm nicht, die Handlungen des Staatsoberhauptes an den Maßstab seiner beschränkten Einsicht anzulegen und sich in dünkelhaftem Übermute ein öffentliches Urteil über die Rechtmäßigkeit derselben anzumaßen.«

Gustav von Rochow,
preußischer Innenminister und Staatsminister, 1838

Der DDR wird nachgesagt, sie sei eine Nischengesellschaft gewesen. Das ist nichts Besonderes; denn das gilt ebenso für die meisten anderen, nur daß es sich, anders als in der Diktatur, um eine freiwillige Einrichtung handelt. Eine Woche in Tübingen genügt, um das einzusehen. Es ist, wie andere Nester, einzigartig. Eng, zugleich gemütlich und ungemütlich. Die Einheimischen halten sich für etwas Besonderes. Sie sind genial und gewöhnlich, gelehrt und beschränkt. Wie Ghom im Iran ist es die Kapitale einer besonderen religiösen Formation, die von ihren Kritikern Pietkong genannt wird. An ihren säkularen Symptomen ist sie leicht zu entziffern: Hausordnungen und Gebräuche, unter denen die Leidenschaft für die Mülltrennung auffällt. Bis zu sieben verschiedene Tonnen sind zu unterscheiden. Am zentralen Ort, dem berühmten Stift, werden die Insassen von einem eigenen Müll-Tutor betreut, der ihre Abfälle inspiziert und Abweichler zur Rechenschaft zieht.

Gänzlich andere, aber ebenso strikte Regeln gelten für das Rotlichtmilieu von St. Pauli in Hamburg, für die Hausbesitzer von Sylt, für die kosmopolitische Neo-Bohème von Berlin-Kreuzberg und für die Banker-Gemeinden im Taunus.

Bei Georg Simmel heißt es, der Fremde ist einer, »der heute kommt und morgen bleibt«.

Die Säugetiere, was für eine bizarre Laune der Natur. Der Aufwand ist unglaublich hoch: komplizierte Organe, riskante, langwährende Schwangerschaft, die riskante Geburt, die Fütterung, zu der eigene Brüste nötig sind, und die Aufzucht, die kein Ende nehmen will. Daß sie die Konkurrenz mit viel älteren und erprobteren Organismen wie den Bakterien, den Muscheln und den Insekten nicht nur aufgenommen, sondern sogar seit geraumer Zeit bestanden haben, grenzt an ein Wunder. Noch rätselhafter ist es, daß eine Art der Mammalia sich, wenn auch vielleicht nur vorübergehend, zur Herrschaft über alle Tiere aufgeschwungen hat.

Der Refrain der Technophilen: Mensch, werde unwesentlich!

Was sich niemand vorstellen kann

Die Zahl 10^{36}
Eine Revolution in München-Grünwald
Wie eine Katze einen sieht
Den Schmerz eines anderen, den eigenen Schmerz von
vorgestern oder übermorgen
Das dritte Jahrhundert nach Christus
Genaugenommen jedes andere Jahrhundert
Einen Nachbarn, der einem alles nachmacht
Sich selber mit zehn Jahren
Sich selber mit hundertzehn Jahren
Leichter als Luft sein

»Natürlich kann man seine eigene Geschichte nur hinterher betrachten. Die Gegenwart ist nie in Kapitel eingeteilt.«

Tanaquil dixit, Brief vom März 1979

Buchstabensalat. Wer wüßte nicht, was das bedeutet: BOBL, VZVB, FTSE, CBRE, EONIA, AIFM, ELSTAM und ISIM? Der ist ein Analphabet und sollte lieber keine Wirtschaftszeitung zur Hand nehmen. Nicht als wären Banker und Spekulanten die einzigen, die dem Abkürzungswahn verfallen sind. Die Konkurrenz der Naturwissenschaftler, der Politiker und der Technokraten ist hart. Doch wie auf den meisten anderen Feldern ist auch hier die Hegemonie der Vereinigten Staaten ungebrochen. Wer nicht auf Anhieb erkennt, was mit LWOP gemeint ist, kommt als Leser des *New Yorker* oder der *NYRB* nicht mehr in Frage.

Eine Suchmaschine, die 345 000 Abkürzungen auflistet, kommt dem Trend nicht nach, weil jeden Tag neue Verballhornungen auftauchen.

Der Nutzen dieses Tohuwabohus liegt auf der Hand. Ihr psychologischer Zweck ist der Snobismus der Eingeweihten; ihr sozialer Zweck die Ausgrenzung derer, die nicht dazugehören; ihr politischer Zweck sind Camouflage und Verdunklung.

Selbstbedienung ist ein Oxymoron, das seine eigene Widerlegung zum Inhalt hat. Es bedeutet die Delegierung von Arbeit an den Kunden, der so vom König zum Lakaien gemacht wird.

Die besten Ideen kommen einem
vor dem Einschlafen,
während eines heftigen Sommergewitters,

nach dem ersten Zug aus der ersten Zigarette, wenn man vier-
    zehn Tage lang mit dem Rauchen aufgehört hat,
beim Spazierengehen oder in der Badewanne, wenn kein Stift
    und kein Papier zur Hand sind,
nach dem Auftauchen aus einer Depression,
wenn man plötzlich um drei Uhr früh aufwacht,
im Konzertsaal, weil der lange Satz der Klaviersonate sich hin-
    zieht,
oder in einer Gefängniszelle.
Die meisten dieser Ideen vergißt man sofort wieder,
und vielleicht ist das besser so.

»Schriftsteller pflegen sich vor dem Tod in ihre Autobiographien zu verwickeln, wenn die dichterische Ader schon so
dünn geworden ist, daß sich zwischen den verkalkten Wänden
kaum noch eine Metapher herauspumpen läßt.«

Imre Kertész, Letzte Einkehr. Ein Tagebuchroman, S. 325

Beim Essen einer Blutorange denke ich, daß die Welt mir mehr
gegeben hat als ich ihr.

»Viele meiner Gedichte hätte ich mir sparen können, ich hätte jetzt ein Kapital, könnte so ungereimt leben, wie ich wollte. Das ewig nachgestammelte Naturgeheimnis. Einmal genügt. Nachtigallen kann auf die Dauer nur ertragen, wer schwerhörig ist.«

Günter Eich, Ein Tibeter in meinem Büro.
49 Maulwürfe, Frankfurt am Main 1970

Das fatale Wort *sozial* ist ein Schwamm, den auszudrücken in Deutschland den wenigsten gelingt. Keine Partei, die nicht unermüdlich versichert, wie sozial sie ist. Und auf dem Arbeitsmarkt erkundigt man sich neuerdings nach der »sozialen Kompetenz« der Bewerber.

Das hat vermutlich damit zu tun, daß man hierzulande »Gesellschaft« und »Geselligkeit« miteinander verwechselt – sehr zum Nachteil der letzteren. Sie wird selten erwähnt, obwohl die Soziabilität die Grundlage ist, auf der das Zusammenleben beruht.

Johann Gottfried Seume sagt auf seinem *Spaziergang nach Syrakus im Jahre 1802* von einem Ritt auf dem Maulesel: »Diese Thiere hören auf nichts als diesen Stachel, der ihnen, statt aller übrigen Treibmittel, am Halse applizirt wird. [...] Siehst Du, so kurz und leicht ist die Weisheit der Mauleseltreiber und der Politiker. Das scheint das Schiboletchen aller Minister zu seyn. Wie der Hals des Staats sich bey dem Stachel befindet, was kümmert das die Herren? Wenn es nur geht, oder wenigstens schleicht.«

Kaputt. Ein Erklärungsversuch

So gut wie alle Menschen sind Vandalen. Es ist unfair, für die tief verwurzelte Zerstörungslust des *homo sapiens* einen germanischen Völkerstamm haftbar zu machen, über den man wenig weiß und der mehr der Sage angehört als der Wirklichkeit.

Es macht mehr Vergnügen, einen Turm zu sprengen, als ihn zu errichten. Der Fünfjährige, der mit Bauklötzen spielt, freut sich schon auf den Moment, wenn er sein Werk mit einem Schlag zum Einsturz bringen kann. Kein böser Nachbar hat das Kind zu dieser Handlung angestiftet. Es kommt ganz von selbst auf die Idee. Die Lust, zu zerstören, ist wenigstens so stark wie die, etwas zu errichten. *Homo faber* und *homo eversor* sind nicht nur Brüder; die beiden Seelen wohnen in einer Brust. Menschen sind, wie ihre Geschichte jeden Tag von neuem beweist, Triebtäter.

Ihre reinste Form ist der größenwahnsinnige Gewaltherrscher. Bescheidener ist der gewöhnliche Amokläufer, der Selbstmordattentäter, der sich oft, aber nicht immer, auf einen Willen beruft, der mächtiger ist als er selbst. Wenn er nicht in der Lage ist, zu töten, läßt er seinen Drang an Dingen aus. Ob es sich um ein Möbelstück handelt, das er zertrümmert, ein Kunstwerk oder einen Tempel, ist nebensächlich. Er möchte nur das kaputtmachen, von dem er glaubt, es mache ihn kaputt. Nicht immer ist die Lust an der Zerstörung, wie Bakunin und Schumpeter glaubten, eine schaffende Lust.

Kleiner, als der gesunde Menschenverstand annimmt, ist der

Schritt von der Zerstörung zur Selbstzerstörung. Amokläufern und Selbstmordattentätern gelingt er leicht.

Doch gibt es zwischen diesen beiden einen Unterschied, den zu vernachlässigen fahrlässig wäre. Während der eine sich seiner Lust einsam hingibt, kann sich der andere auf ein Kollektiv verlassen, das ihn nicht nur stützt, sondern überhaupt erst hervorbringt. Diese Gemeinde von Anhängern besteht, wie bei der Hochhaussprengung, aus Hintermännern, die selber gar nicht in Erscheinung treten, aus Zwischenträgern und Befehlsempfängern, aus Mittätern und aus freudigen Zuschauern, die sich vielleicht gern beteiligt hätten, wenn sie nicht jedes Sicherheitsrisiko vermeiden wollten.

So wie im kleinen auch im großen. Man braucht kein Psychologe oder gar ein Psychoanalytiker zu sein, um zu verstehen, warum der Krieg bei den meisten Menschen eine Begeisterung hervorruft, die der Vernunft rätselhaft bleibt. Sie kennt am Anfang keine Grenzen; aber auch wenn die Niederlage unabweisbar geworden ist, wird der Kampf so lange fortgesetzt, bis die Zerstörung, als negative Utopie, vollkommen ist. Es gibt offenbar Befriedigungen, von denen wir nichts ahnen, bevor wir sie selbst erfahren. Doch brauchten wir nur einen Spielplatz aufzusuchen, um einzusehen, wie wenig fremd uns solche Anwandlungen sind.

Vorbildlich

»Herr Dr. Meinecke hat ein vorbildliches Examen abgelegt«; »Wir betrauern den Verlust von Herrn Friedrich von Pfannkuchen, Träger des Bundesverdienstkreuzes am Bande, der als Vorstandsmitglied unserer Firma der gesamten Belegschaft ein Vorbild an Weitblick, Einsatzfreude und Schaffenskraft war« –

das hört sich ja ganz so an, als wären solche Beispiele nachahmenswert. Her mit irgendeinem Vorbild, und die Positivität wäre gerettet.

Aber wie verhält es sich dann mit dem Mann, der, wie es bei Ulrich von Hutten heißt, »nur an bosheit […] seinem vorbilde gleicht«, der am liebsten »durch sein bösz exempel und vorpilt« wirkt? Auch das Böse ist selten originell; offenbar deshalb kommt es nicht ohne Muster aus. Jeder Ökonom kennt den Trittbrettfahrer, jeder Kriminalist den Nachahmungstäter. Auch die Gemeinheit will gelernt sein. Es hieße, die Kreativität des Menschen überschätzen, wollte man annehmen, daß jedermann imstande wäre, Mord und Totschlag immer von neuem und auf eigene Faust zu erfinden. Dazu braucht es Vorgänger, am besten solche, die ein gewisses Format aufweisen, so daß sie als Lehrmeister dienen können. Vorbildlich war Cäsar für Napoleon, Napoleon für Hitler, Hitler für Saddam Hussein, und selbst Wilhelm II. sah sich veranlaßt, in einem seiner hysterischen Augenblicke an Attila Maß zu nehmen.

Es liegt in der Natur der Sache, daß der Epigone seinem Meister nicht immer gewachsen sein kann. Auch unter den größten Scheusalen herrscht das Gesetz der Konkurrenz, und so gilt im guten wie im bösen, daß sich bei der Wahl von Vorbildern, wenn man sie schon nicht ganz entbehren mag, die größte Umsicht empfiehlt.

»In dem Bestreben, alles Eigenleben in Rußland zu unterdrücken, blieb er siegreich, solange er lebte«, sagt Ricarda Huch über Nikolaus I. (*Michael Bakunin und die Anarchie*, 1923). Das könnte auch für Lenin und Stalin gelten. Putins Ehrgeiz hat dasselbe Ziel im Auge.

»Da nun Peter der Große die Zivilisation aus dem Westen geholt hatte, mußte der Westen Quell alles Bösen sein, woraus sie [die Slawophilen] folgerten, daß im russischen Volke alles Gute daheim sei.« Auch damit hat die wohlmeinende und unbestechliche Ricarda ins Schwarze getroffen.

Es gibt Dinge zwischen Himmel und Erde, von denen die *Harvard Business School* nichts versteht.

Unsere Nachbarin, die immer nur »die Anni« genannt wurde, war klein, über fünfzig, wohnte in einem kleinen Häuschen am Ufer gegenüber und lebte mit einem pensionierten Organisten zusammen, der im Rollstuhl saß und nie vor die Tür ging. Sie hatte wenig Geld, lebte aber sorglos, weil sie einer Lehre anhing, die sie selber erdacht hatte und die ich »die Ökonomie der Gabe« nennen möchte.

Tagsüber war sie mit ihrem Garten beschäftigt, auf dem sie alle Arten von Gemüse, Salat und Beeren zog.

Wenn es etwas zu ernten gab, kam sie nicht nur bei uns, sondern auch bei anderen Nachbarn mit einem Korb vorbei und brachte ihre Gaben. Wenn man ihr Geld geben wollte, lehnte sie es höflich ab, mit der Begründung: »Das ist alles von selber gewachsen, und je mehr man davon austeilt, desto mehr gibt der Herr einem zurück. Alles wächst besser, wenn man es verteilt; denn dann liegt ein Segen darauf.« Davon war sie nicht abzubringen. Obwohl die Anni nie in die Kirche ging, hatte sie sich so ihre ganz eigene, an Frömmigkeit grenzende Wirtschaftstheorie zurechtgelegt.

Es gibt andere Menschen, die nach einem ähnlichen Prinzip verfahren, auch wenn ihnen religiöse Anwandlungen fernliegen. Meist halten sie sich dabei im Hintergrund. Ihre Gaben bestehen nicht aus Radieschen oder Stachelbeeren. Sie begnügen sich damit, Verbindungen zwischen Dritten zu knüpfen, die ohne ihre Mitwirkung nie zustande gekommen wären. Man kann das eine höhere Form der Kuppelei nennen. Eine Freundin, die dieses Talent hat, nennt es »Stöpseln«. Auch bei diesem Vorgehen gilt, daß ihre Wohltaten gratis sind. Man kann sagen, daß sie auf eigentümliche Weise selbstlos zu Werke geht.

Eine solche Kupplerin handelt nie in ihrem eigenen Interesse. Sie hat gewissermaßen nichts davon. Meist ist sie sogar unfähig, etwas dergleichen auf eigene Rechnung zu unternehmen, vielleicht weil es ihr an Ehrgeiz fehlt oder weil sie es für albern hält, ihren Vorteil zu suchen. Wenn ihre Interventionen von Erfolg gekrönt sind, ohne daß die Beglückten ahnen, wem sie zu verdanken sind – um so besser! Es liegt, wie die Anni sagen würde, ein Segen darauf, sich nicht an die Spielregeln der Welt zu halten.

Großunternehmen, Behörden und andere Dienstleistungseinrichtungen geben sich die größte Mühe, um jeden Kontakt mit den Kunden und Bürgern, die sie bezahlen, mit einem Wort, den gewöhnlichen Leuten, zu unterbinden. Sie legen Wert darauf, unerreichbar zu sein. Zu diesem Zweck werden Eintragungen in Telefonbüchern und Verzeichnissen, auch im Internet, möglichst vermieden; man schaltet sogenannte Call-Center in Indien oder sonstwo ein, die keine Auskünfte geben können, oder Automaten, die nach minutenlangen, mit öder Konservenmusik untermalten Warteschleifen auf ihr Interesse am Datenschutz und an ihren Statistiken verweisen, alles nur, um dem Anrufer mit weitschweifigen Bitten um Geduld oder mit Reklamesprüchen die Zeit zu stehlen. Oft wird dann noch eine Ziffer genannt, die der Anrufer bitte drücken möge, damit er mit der nächsten Automatenstimme verbunden werden kann, und das Spiel beginnt von neuem.

Man wird darin Maßnahmen zur Notwehr sehen, um die Verantwortlichen vor den Leuten zu schützen, die ihnen mit ihren Anfragen, Beschwerden, Wünschen und Einwänden zur Last fallen könnten. Das sind Personen, die Wichtigeres zu tun haben, als sich um die Außenwelt zu kümmern. Selbstisolation und Selbstreferenz gehören zu ihren teuersten Privilegien. »Wo kämen wir hin, wenn wir persönlich Rede und Antwort stehen müßten?« Aber nicht einmal zu dieser Auskunft sind sie bereit. Es ist undenkbar, den Schlaf der Macht zu stören.

Der *American Dream* ist, wie die meisten Träume, repetitiv und ein wenig kindisch. Ein willkommener Albtraum, der so erfolgreich ist, gerade weil er keine Spur von Originalität aufweist. Reich und berühmt zu werden, ein Milliardär, ein Star, ein Olympionike, ein Alpinist, der einen Neuntausender als erster besteigt – das sind Wünsche, die es schon gab, bevor Columbus sein Indien entdeckte; ein vergessener amerikanischer Dichter namens Longfellow hat 1841 die schönste Formulierung für den Aufsteiger gefunden: »Hinauf! Empor! Dein Wahlspruch sei: *Excelsior!*«

Leider sind die Lateinkenntnisse seither zurückgegangen. Aber dafür hat die Globalisierung bewirkt, daß der amerikanische Traum zum wichtigsten Exportgut der Vereinigten Staaten geworden ist. Hollywoods *soft power* ist überall, und die Illusion ist alles. Leider mißlingt es den meisten Tellerwäschern, ins Weiße Haus einzuziehen, so wie es den wenigsten Gänsehirtinnen nie vergönnt war, den Königssohn zu heiraten. Das ist schade, doch ein Ausweg steht auch dem hoffnungslosesten

Verlierer offen: Gewisse Talente vorausgesetzt, kann er es bis zum Hedgefonds-Manager, bis zum Spion oder bis zum Hochstapler bringen. Die träumende Nation vertraut der Fortuna, doch eine andere Göttin, die aus der Nacht geboren ist, hat das letzte Wort: die Nemesis.

Was ich Picasso schon immer fragen wollte:
Muy admirado Don Pablo –
wie war Ihnen zumute, als Sie erkannten,
daß Sie ein Monster waren?
Gefiel Ihnen Ihre Einsamkeit?

Die Ärmsten sind die treueste Kundschaft der großen Konzerne. Der andalusische Tagelöhner läuft mit einer Mütze herum, auf der ein Logo verkündet, daß Coca-Cola erfrischt, und mit Schuhen, auf denen er Reklame für einen Sportfabrikanten macht. T-Shirts preisen die Vorzüge von Fast-Food-Herstellern und Klamottenfirmen an. Auch die Nummern von Fußballspielern, die für Millionen gehandelt werden, werden auf dem Rücken von unterernährten Pakistani getragen. Ihre Wellblechbuden schmücken Plakate von Sängerinnen, Models und Rockmusikern aus den Marketingabteilungen der Monopole. Auch die Slumbewohner von Kampala melden auf der Brust, daß sie an den teuersten amerikanischen Universitäten studieren. Alle diese Attribute werden freiwillig vorgezeigt. Es handelt sich um Fälschungen, die eine eigene Industrie für Hungerlöhne herstellt. Auch am entlegensten Ort sitzt der Weltmarkt den Ahnungslosen auf der Pelle.

»Es gibt nichts Schöneres, als einem dummen Menschen beim Schweigen zuzuhören.«

Helmut Qualtinger

Anthropologische Veränderung. Seit ungefähr zwanzig Jahren zeigen die meisten Angehörigen der Spezies ein bisher unbekanntes Gebaren. Nicht nur, daß es früher klinisch kranken Personen vorbehalten war, im öffentlichen Raum ihre intimsten Probleme und Obsessionen lauthals preiszugeben. Auch eine neue Gestik ist zu beobachten. Fast ausnahmslos führen die Menschen Geräte mit sich, zu denen sie ein erotisches Verhältnis pflegen. Sie wischen, fummeln, nesteln, wedeln und stöpseln nicht nur an diesen Gegenständen herum, sondern kitzeln, streicheln, frottieren, tätscheln, knuddeln und massieren sie, was bei Unbeteiligten, sofern es sie gibt, ein Gefühl der Fremdscham hervorruft.

Zu den Lieblingstätigkeiten des Menschen gehören die lärmerzeugenden: Brüllen, Singen, Hupen, Sägen, Tuten, Schnarchen,

Bohren, Blasen, Hämmern. Eine unvollständige Aufzählung; denn durch die Segnungen der Technik steigern sich seine Anstrengungen ins Grenzenlose.

»Warum ist immer so viel los?« wollte ein dreijähriges Mädchen in Norwegen von mir wissen. Ich wußte keine Antwort, aber die Frage habe ich, obwohl es lange her ist, nie vergessen.

Bemerkenswerter Eifer, mit dem die Vorhut der Techniker an der Selbstabschaffung arbeitet. Dabei haben sich besonders die amerikanischen Fachleute hervorgetan. Da sie ihr Ziel, die Menschheit zu eliminieren, mit dem Manhattan Project verfehlten, versuchen sie jetzt, es mit Hilfe neuer Disziplinen zu erreichen: der biologischen Technik, der Hirnforschung und der »Künstlichen Intelligenz«. Was sie antreibt, ist eine Art von negativem Größenwahn. Es spricht viel dafür, daß sie auch diesmal scheitern werden. Die Menschen sind zu zahlreich geworden, als daß sie sich ausnahmslos beseitigen ließen.

Ein Dichter, der sich vom Vokabular der Handwerker nicht bezaubern ließe, wäre nicht konkurrenzfähig. Im Technik-Teil einer Zeitung stellt ein tüchtiger Journalist den Hammer vor. Nicht nur unterscheidet er Streit-, Beschlag-, Spalt-, Schon-, Schiefer-, Latt-, Schlosser-, Schreiner-, Maurer- und Holzhammer; er stellt alle Formen und Größen vom Vorschlaghammer bis zum winzigen Hämmerchen der Uhrmacher und Goldschmiede vor. Dann wendet er sich den Teilen des Werkzeugs

49

zu und erklärt knapp, was Kopf und Stiel, Haus und Bahn sind, Klüpfel und Angel, Auge und Bucht, Klaue und Dom, Fäustel und Finne.

Beneidenswert, wer über einen so reichen Wortschatz verfügt.

Nach Lukas Weber,
Frankfurter Allgemeine Zeitung vom 1. Juli 2014

Eine Kleine Anfrage an die Geisteswissenschaften

Hat sich niemand darüber Gedanken gemacht, daß manche Phrasen sich im Kopf der Hörer und Leser derart festsetzen, daß sie über Jahrzehnte oder Jahrhunderte hinweg zum Gemeingut ganzer Gesellschaften geworden sind?

Auch der unbedarfteste Engländer kennt Wendungen von Shakespeare oder Carroll auswendig. Und warum haben Generationen von Deutschen, die nie ein Theaterstück von Goethe oder Schiller gesehen oder gelesen haben, eine Reihe von Zitaten dieser Klassiker im Ohr? (»Der Mohr hat seine Schuldigkeit getan.« – »Durch diese hohle Gasse muß er kommen.« – »Grün ist des Lebens goldner Baum.« Der letztere Vers ist zwar Unsinn, aber der Ohrwurm läßt sich nicht vertreiben.) »Du mußt dein Leben ändern.« – »Wer spricht von Siegen? Überstehn ist alles.« Auch Rilke war ein Dichter, der diese rätselhafte Gabe besaß. Kein Philologe hat dafür eine Erklärung.

Man sollte die Trivialkultur zu Rate ziehen, um ihr auf die Spur zu kommen. Alle einschlägigen Beispiele zeigen, daß mit der Unterscheidung zwischen Hoch- und Trivialkultur hier nichts anzufangen ist. Die Verwandtschaft von Heines, Rilkes,

Kästners Versen mit dem Schlager und seinem Vorgänger, dem Volkslied, liegt auf der Hand. Der *Sound* der Dichter, die uns auf der Zunge liegen, orientiert sich an Evergreens wie »Am Brunnen vor dem Tore« oder »*I can't get no satisfaction*«.

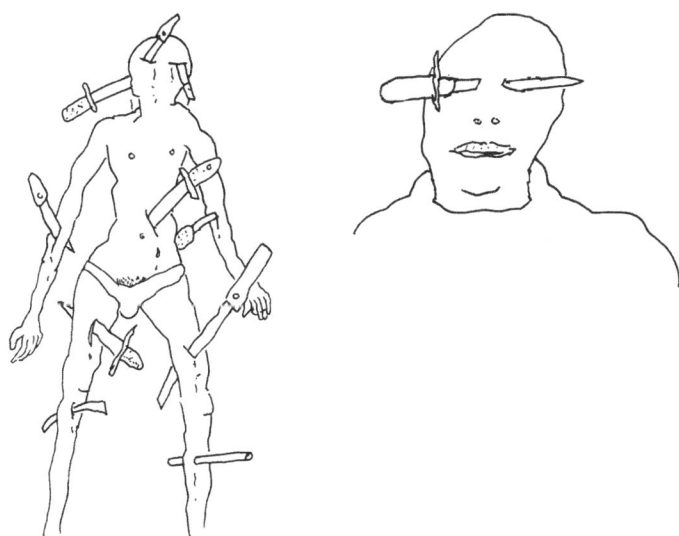

Suchtgefahren

Gelb, Spiel, Ruhm, Freß, Putz, Wasser, Lese, Fall, Prahl, Nessel, Herrsch, Tob, Schlaf, Rach, Trunk, Streit, Sex, Mond, Nasch, Prunk, Kauf, Bleich, Hab, Misel, Raff, Klatsch, Titel, Scheel, Eigen, Ehr, Fett, Zank, Gewinn, Ränke, Geltung, Genuß, Gefall, Mager, Selbst, Vergnügung, Drogen, Verschwendung, Großmann, Rekord, Schwind, Eifer und Sehn.

Über die Vermeidung von Nachrichten in den Nachrichten

Das deutsche Fernsehen begnügt sich am liebsten mit zeitlosen Versatzstücken, die ebensogut aus einer Datenbank stammen könnten. Kein Abend, an dem nicht ein Kranz niedergelegt wird, eine Reihe von Automobilen vorfährt, ein Schauspieler mit Sonnenbrille auf dem roten Teppich steht und eine Meute von Fotografen Fotografen fotografiert. Den vermuteten Bedarf an Tieren und hungernden Kindern decken minutenlange Reportagen, die nichts zu berichten haben. Heilig ist auch der Sport. Immerzu begießen sich Sieger mit Sektflaschen. Wenn keine Fußballmeisterschaft ausgetragen wird, behilft man sich mit absurd kostspieligen, extrem umweltschädlichen Männerspielzeugen, die in entfernten Weltgegenden ohrenbetäubend über den Bildschirm dröhnen. Zum Schluß wartet die Ansagerin mit launigen *faits divers* auf, die jeder Aktualität Hohn sprechen.

Meister dieser Nachrichtensabotage ist das Zweite Deutsche Fernsehen mit seiner *heute*-Sendung, die es mit jeder Boulevardzeitung aufnehmen kann. Sollte wirklich etwas passiert sein, das die ewigen Tarifverhandlungen stört, sagt die Ansagerin es mit einem entschuldigenden Lächeln auf. Man hat den Eindruck, daß solche Einbrüche der Realität der Redaktion peinlich sind.

Dem Historiker Jacob Burckhardt verdankt die deutsche Sprache das geflügelte Wort von den *simplificateurs terribles*, das sonderbarerweise in Frankreich niemand kennt. Er zielte damit auf Demagogen, die für abstrakte Utopien eintreten, gleichgültig, welche Opfer sie fordern.

Europa hat aber auch Irrtümer zu verzeichnen, deren Folgen weniger blutig waren. An Versuchen, den Wildwuchs der Wirklichkeit zu reduzieren, hat es in den Künsten, in der Architektur, in der Theorie und in der Technik im zwanzigsten Jahrhundert nicht gefehlt. Leider oder zu unserem Glück sträubt sich die Realität hartnäckig dagegen, sie zu vereinfachen. Paradoxe Risiken und Nebenwirkungen können bei einer solchen Behandlung nicht ausbleiben.

In den Künsten wurde jahrzehntelang, als Reaktion auf den verschwenderischen Eklektizismus des neunzehnten Jahrhunderts, der puritanischen Kargheit gehuldigt. Sie nahm alle möglichen Formen an, von der *arte povera* bis zum Minimalismus, von der *Pop* bis zur *Op* und zur *Concept Art* und so immer weiter. Dada, konkrete Poesie und Lettrismus setzten die literarischen Mittel auf Sparflamme. Die Architektur verbot sich jedes Ornament und reduzierte ihre Formensprache auf möglichst identische Würfel, Bunker und Plattenbauten. Das Bauhaus setzte auf Vernunft und Nützlichkeit. Im Design haben lange Zeit die elementaren Formen triumphiert.

Dagegen sind es gerade die ärmsten Erdbewohner, die ihre Hütten mit all dem schmücken, was ihre gebildeten Mitbürger Kitsch nennen – mit Heiligenbildchen, bunten Ansichtskarten, Engelchen, Urlaubsfotos und Alpenpanoramen. Jüngere Leute kaufen in Kettenläden ein, die eine riesige Auswahl von zweckfreien Gegenständen anbieten, etwa eine pinkfarbene singende Kuh, einen Eiffelturm aus Kautschuk oder einen kleinen lilametallic Buddha. Während sich also die Ästheten bemühen, das Überflüssige auszunüchtern und Ordnung zu schaffen, wuchert der Nippes- und Souvenir-Konsum vor sich hin.

Auch die Wissenschaften haben es mit einem Überangebot zu tun. Einst sind ihre Klassiker, um den Dschungel der Phänomene zu lichten, mit der Machete vorgegangen und haben ihre Disziplinen diszipliniert. So hat Linné die Taxonomie, Newton die Mechanik und Gauß die Algebra gezähmt.

Allerdings hat jeder Schritt zur Bändigung der Unübersichtlichkeit die Komplexität nur gesteigert. Ein Beispiel dafür ist der Teilchenzoo, der sich mit jeder Entdeckung der Partikelphysik vergrößert. Die Menge des Unerforschten nimmt mit jedem Fortschritt unserer Kenntnisse zu.

Sogar im Alltag, auf dem einfachsten empirischen Niveau, strampeln wir uns mit dem Versuch, das Leben zu vereinfachen, vergebens ab. Jedes neue Gerät beschert uns neue Komplikationen. Als das Telefon erfunden wurde, griff man zum Hörer, hob ihn ab und wählte eine Nummer. Heute sind unsere Apparate derart smart, daß sie uns überfordern. Die Informatiker wollen uns dauernd zeigen, zu welchen Spitzenleistungen sie fähig sind, auch ohne daß irgend jemand sie darum gebeten hätte. Wer sich einen neuen Rechner anschafft, muß sich jedesmal mit einem neuen Betriebssystem und mit umfangreichen Anleitungen anfreunden, die natürlich nur digital verfügbar und in der Regel völlig unverständlich sind.

Dasselbe gilt unbestreitbar für sogenannte Finanzprodukte, die uns jeder Bankberater verkaufen möchte. Obwohl es Ökonomen gibt, die behaupten, die »Wirtschaft« zu verstehen, und Mathematiker, die glauben, sie könnten berechnen, was sich auf den Märkten abspielt, tappen alle diese Experten und Analysten ebenso im dunkeln wie der Rentner mit seinem Bescheid, dessen Formeln und Formulierungen ihm ein Rätsel bleiben.

Auch alle Versuche der bedauernswerten Politiker, Wahlaussagen, »Eckpunkte«, »Grundsatzprogramme« oder Reformen anzukündigen, verheddern sich, sobald sie mit der vertrackten Welt konfrontiert sind, in unlösbare Widersprüche. Vielleicht müssen Gesundheits-, Bildungs- und Verteilungssysteme der Klasse der unlösbaren Aufgaben zugeschlagen werden.

Wie schwer es ist, sich mit der begrenzten Kapazität unseres Gehirns abzufinden, geht aus dem Skandal hervor, den die beiden größten Logiker des zwanzigsten Jahrhunderts ausgelöst haben. Kurt Gödel konnte 1931 in seiner Arbeit *Über formal unentscheidbare Sätze* zeigen, daß es Aussagen gibt, die weder beweis- noch widerlegbar sind. »In jedem genügend reichhaltigen System lassen sich solche Sätze formulieren, es sei denn, das System wäre selber inkonsistent.«

Fünf Jahre später hat Alan Turing bewiesen, daß es mathematische Funktionen gibt, die nicht berechenbar sind, und daß das sogenannte Entscheidungsproblem auch mit der universellen logischen Maschine, die seinen Namen trägt, nicht lösbar ist.

Das alles hat den Glauben der Mathematiker erschüttert, die ihre Wissenschaft für widerspruchsfrei und in diesem Sinn für unfehlbar hielten. In ihren Augen war die selbsternannte »Königin der Wissenschaften« über das Kuddelmuddel der Realität erhaben. Um so schlimmer fiel die Enttäuschung aus.

Heilloser erging es anderen »Systemen« wie denen der Politik, der Ökonomie, der Künste, der sogenannten Geisteswissenschaften, ganz zu schweigen von den Geheimdiensten, die keine epochale Veränderung vorhergesagt oder verstanden haben: weder den Absturz des Kommunismus noch die Religionskämpfe und Bürgerkriege der Gegenwart. Kurz, wir leben in einer irreduziblen Welt, deren Vereinfachung nur im Durchwursteln oder im Dezisionismus enden kann. Von der einst hochgeschätzten heiligen Einfalt hat sich die Menschheit längst verabschiedet. Jeder Versuch, sich der Einfachheit zu nähern, gleicht einer Operation im Stil des Barons Münchhausen, der zu wissen glaubte, wie man sich am eigenen Schopf aus dem Sumpf zieht.

»Du kannst deine eigene Sprache
in deiner eigenen Sprache beschreiben:
aber nicht ganz.
Du kannst dein eignes Gehirn mit deinem eignen
   Gehirn erforschen:
aber nicht ganz.
Usw.
In jedem genügend reichhaltigen System, also auch
in diesem Sumpf hier,
lassen sich Sätze formulieren,
die innerhalb des Systems
weder beweis- noch widerlegbar sind.
Diese Sätze nimm in die Hand und zieh!«

Das einfache Leben ist und bleibt unerreichbar.

Die Materie scheint sich nach ihrem Ursprung zurückzusehnen. Dieser Gedanke ist nicht neu, er taucht schon bei Lukrez auf. In ihrem Drang nach Vereinfachung strebt sie zunächst die molekulare Phase an. Dabei kommt ihr die Biologie zu Hilfe. Lebendes verfault, zerlegt sich. Wo das nicht hinreicht, um Komplexität zu reduzieren, tritt die klassische Physik auf den Plan: Gravitation, Reibung, Erosion, Trägheit, Oxidation sorgen dafür, daß sich möglichst viel auflöst und zerfällt. Neuere Theorien haben dafür den Begriff der Entropie entwickelt. Das einzige Wesen, das sich bewußt gegen diese universelle Tendenz zur Wehr setzt, ist der Mensch. Es stört ihn, daß alles bröckelt, rostet, klebt, staubt, rieselt, schmiert, schimmelt, kleckst und trieft.

Wie »Der kurze Frühling der Anarchie« zustande kam

Das war nicht einfach. Wer im Spanien 1971, also zu den Zeiten des *Generalissimo*, einen Film über Buenaventura Durruti drehen wollte, mußte sich allerhand einfallen lassen, um die Genehmigung der Behörden zu erlangen. Zum Glück hatte ich einige Erfahrung im Umgang mit Diktaturen. Die deutsche Gestapo, den SD und die SS kannte ich zwar, weil ich damals zu jung war, nur vom Hörensagen, doch mit den »Diensten« der DDR, dem westdeutschen »Verfassungsschutz«, den entsprechenden Organen der Sowjetunion, der Chinesischen Volksrepublik, Cubas und des Irans hatte ich oft genug zu tun, um zu wissen, wie man sich ihnen gegenüber verhalten muß.

Ich hatte in diesem Fall jedoch eine Trumpfkarte in der Tasche: einen Auftrag des Westdeutschen Rundfunks, der bereit war, meine Recherchen zu finanzieren und mir ein Kamerateam zur Verfügung zu stellen. Ich hatte von Anfang an vor, ein Buch über Durruti zu schreiben und dazu alle Medien zu nutzen: Film- und Tonbandinterviews mit Überlebenden, Archive und Bibliotheken, Flugblätter, Zeitschriften, Memoiren, Filmdokumente, Plakate und Fotografien.

Den Zweck der Reise nach Spanien anzugeben kam natürlich nicht in Frage. Ich mußte also ein zweites Filmprojekt erfinden, das als offizieller Deckmantel herhalten konnte. Meine Wahl fiel auf den katalanischen Architekten Ricardo Bofill, der damals noch vor seinem internationalen Durchbruch stand, in Barcelona aber mit seiner postmodernen Manier bereits Furore machte. Dieses Thema war, ebenso wie der Protagonist, politisch unauffällig. Außerdem versprach sich die Regierung davon einen gewissen Prestigegewinn im Ausland, den sie nötig brauchte. Für mich hielt sich der Aufwand für das Ablenkungsmanöver in Grenzen.

Ich wußte, daß es überall von Spitzeln wimmelte. Deshalb griff ich zu einer simplen Methode: Ich bestand darauf, mit Kameramann, Tonmann und Beleuchter immer in den teuersten Hotels zu wohnen. Das waren damals das *Ritz* in Barcelona und das gleichnamige Haus in Madrid, das ja auch im Bürgerkrieg beim Kampf um die Hauptstadt eine Rolle gespielt hatte. Ich rechnete nämlich damit, daß solche Luxusherbergen zumindest die unteren Chargen einschüchtern würden, und tatsächlich ließ uns die Polizei lange Zeit in Ruhe.

Ich hatte viele Freunde in Spanien, die mir zu Kontakten nicht nur in der Stadt, sondern auch in der Provinz verhalfen. Das Telefon im Hotel durfte nur zu banalen Verabredungen genutzt werden. Alle anderen Gespräche mußten von einer Kneipe oder von einer Telefonzelle aus geführt werden. Unersetzlich war für uns ein alter Taxifahrer, der das Barcelona der Vorkriegsjahre in- und auswendig kannte und dem niemand erklären mußte, was die FAI oder die CNT waren. Wir heuerten ihn an, und er fuhr unsere muntere Bande wochenlang nicht nur durch die Stadt, sondern auch an abgelegene Orte. Das Katz-und-Maus-Spiel mit den Aufpassern machte ihm großen Spaß. Jeden Abend schickte er einen Kollegen zum Flughafen, der die Zöllner kannte, um die Filmrollen und die Tonbänder unverzüglich ins Ausland zu expedieren.

Das ging alles gut, bis eines Tages ein älterer Herr in Zivil im Hotel auftauchte, der sich nicht vorstellte. »Ich brauche Ihnen gewiß nicht zu erklären, worum es geht«, sagte er. »Ihre illegale Tätigkeit auf spanischem Boden ist uns nicht entgangen. Ge-

wisse Rücksichten hindern uns daran, Sie und Ihr Team fest-
zunehmen. Sie werden jedoch die nächste Maschine nach
Deutschland nehmen. Im Gegenzug begnügen wir uns damit,
Ihr Gepäck zu kontrollieren. Abgesehen von dem Film, der
Ihnen genehmigt worden ist, werden wir das gesamte Material, das Sie ohne Erlaubnis aufgenommen haben, beschlagnah-
men.«

Wir mußten diesen sehr korrekten Diener seines Herrn ent-
täuschen; denn mehr als ein paar Schnittreste konnten seine
Leute in unseren Koffern nicht entdecken.

Der fertige Film, *Buenaventura Durruti. Biographie einer
Legende*, mit weiteren Aufnahmen aus Frankreich, den Nie-
derlanden und Deutschland, wurde 1972 im Westdeutschen
Rundfunk gesendet.

Frank Schirrmacher †

Es ist sonderbar, mit einem Menschen befreundet zu sein, der sich zu weit oben aufhält und der stets zuviel zu tun hat. Gelegentlich, viel zu selten, sind wir einander nähergekommen, Frank Schirrmacher und ich. Dann war er wieder anderswo, um seinen nächsten Coup vorzubereiten.

Die Nachahmung, von welcher der Journalismus lebt, war nie seine Stärke. Die Themen, auf die es ankam, hat er gefunden, lange bevor andere die Witterung aufnahmen. Die Platzhirsche mußten ihm folgen, ob sie wollten oder nicht. Neid, Mißgunst und Bewunderung konnten nicht ausbleiben. Über die Einsamkeit, die der Erfolg mit sich bringt, hat er sich nicht beklagt. Lieber hat er uns von neuem überrascht. Mir gefiel diese Singularität. Sie war gut für das Land, das wir bewohnen. Die geduckte Haltung, die wir von unseren Voreltern ererbt haben, war ihm fremd und unverständlich. Weit und breit ist niemand zu sehen, der seinen Platz einnehmen könnte.

Drei kleine Kindermythen

I

Ich war vielleicht fünf Jahre alt, als ich, in einer der handelsüblichen Verballhornungen, zum ersten Mal *Gullivers Reisen* von Jonathan Swift las. In diesem Buch gab es eine bunte, krude, aber genau gezeichnete Illustration. Ein Riese lag auf einer Wiese. Er war mit vielen dünnen Fäden angepflockt und konnte sich nicht von der Stelle rühren, obwohl er stärker war als die Liliputaner, die grinsend um ihn herumstanden; denn sie waren zahlreich und hielten zusammen.

Ich weiß nicht, wie es anderen Kindern erging, aber ich habe mich sofort mit Gulliver identifiziert. Mir war, als fühlte ich die Zwirnsfäden auf meiner Haut, den Schmerz der Fesseln, die Versuchung, mich gewaltsam loszureißen, ja sogar den Hohn, der darin lag, daß sich das Opfer gleichsam selber folterte. Warum wollte er nicht einfach aufgeben und still und ergeben liegenbleiben?

Wahrscheinlich lesen Kinder eine solche Geschichte ganz anders als Erwachsene. Sind sie egoistischer? Denken sie weniger abstrakt? Jedenfalls sind sie keine Soziologen. Sie haben keine Bedenken, wie Gulliver ganz allein in das Reich der Liliputaner einzubrechen. Es ist ihnen egal, daß die Gesellschaft der Zwerge doch so etwas wie eine soziale Vernunft verkörpert. Und was kann einen Fünfjährigen dazu bringen, sich als Riese zu fühlen? Ist der kleine Mensch dem Größenwahn verfallen, oder will er sich nur der kleinen Großmacht gegenüber behaupten? Gegen den Eigensinn der Kinder kommt keine Pädagogik an.

II

Ich vermute, daß jeder junge Mensch sich für das Paradies interessiert. Aber wie geht er damit um? Die biblische Geschichte läßt mehr als eine Lesart zu. Das Christentum kennt zwei Paradiese, die recht seltsam miteinander konkurrieren. Der Garten Eden ist verlockend, denn er ist sinnlich, und so wird er auch beschrieben: Dort gibt es eine üppige Vegetation, alles blüht und trägt Früchte, die Tiere sind zahm und zutraulich. Man bringt einander nicht um. Die Menschen sind nackt, sie brauchen keine Kleider und keine Heizung, und sie denken nicht daran zu arbeiten. Anders sieht es mit dem paradiesischen Dasein aus, das der Katechismus verspricht. Dort ist nichts los, außer daß die Engel singen. Während man vor der Hölle wenigstens noch Angst haben kann, stellt die reine Lehre bloß ewige Langeweile in Aussicht.

Ganz anders das Paradies der Muslime, aus dem noch die altorientalische Phantasie hervorlugt. Es verheißt den Gläubigen, was die Wirklichkeit ihnen verweigert: grüne Auen statt der Sandwüste, schöne Huris statt unerreichbarer Frauen und reiche Speisen, die sich in Luft auflösen, statt mit Ruhr oder Cholera zu drohen.

Aber als Kind gab ich mich nicht einmal mit diesen Versprechungen zufrieden. Ich beschwerte mich darüber, daß in allen Paradiesen immer irgendetwas verboten war: »Nicht auf den Boden spucken«, »Hunde sind an der Leine zu führen«, »Äpfel essen verboten« – oder etwas Ähnliches.

Heute denke ich anders darüber; denn mit dem Verbot waren den Bewohnern des Gartens die Freiheit und die Zeit geschenkt – die Zeit vorher und die Zeit danach. Der Apfel war der größte Genuß, den der Garten zu bieten hatte. Er gab die Falltür, den Notausgang frei, versprach den Eros und die Intelligenz. Ohne die verbotene Frucht wäre dieser Ort ein Gefängnis gewesen. Von einem Paradies ist zu fordern, daß man es verlassen kann, wenn man genug davon hat. Das gilt auch für politische Paradiese, wie sie der Kommunismus versprach.

III

Ein dritter Mythos, für den ich eine Vorliebe hatte, stammt aus Lewis Carrolls *Alice hinter den Spiegeln*. Auch in diesem Fall war es eine Illustration, die mich zum Träumen brachte. Auf einem Holzstich von John Tenniel war der Humpty Dumpty zu sehen, ein eiförmiges, äußerst reizbares Monster, das mit gekreuzten Beinchen auf einer Mauer saß und nach einer übellaunigen Unterhaltung der armen Alice erklärte: »Wenn ich ein Wort gebrauche, dann heißt es genau das, was ich für richtig halte – nicht mehr und nicht weniger … Es fragt sich nur, wer der Stärkere ist.«

Eine solche Ansicht führt, wie bei Carroll nachzulesen ist, meist zu unerquicklichen Auseinandersetzungen, vor allem, aber nicht nur, unter Philosophen. Auch bei Ehepaaren und Politikern kommt es oft zum bloßen Streit um Worte. Ein solcher Zank kann jahrelang dauern, dient aber nur der Eitelkeit und der Unterhaltung, nicht der Erkenntnis. Er kann bis zum handfesten Krach eskalieren.

Alice freilich ließ sich von dem dreisten Auftreten Humpty Dumptys nicht anfechten. Sie wußte nämlich, daß die meisten Menschen seine Ansicht teilen, obgleich sie es nicht zugeben. Sie glauben, daß sie darüber entscheiden könnten, was die Worte bedeuten.

Also haderte Alice weder mit Humpty Dumpty, noch grämte sie sich, sondern bewahrte stets ihre tadellos höfliche und unbefangene Miene im Angesicht der Widrigkeiten, die ihr begegneten. Nicht jeder kann ihr in dieser Hinsicht das Wasser reichen.

T. C. Trulov, »Der Sonntagsmaler«. Eine gefälschte Rezension

Jan Peter Tripp, ein deutscher Maler, der sich in einen komfortablen Winkel im Elsaß zurückgezogen hat, möchte, wie er kürzlich in *Le Monde* bekanntgab, nicht als *Peintre du dimanche* gelten. Er ziehe die Bezeichnung Wald- und Wiesenmaler vor.

Dieser dreiste Versuch, sich selbst ein derartiges Etikett anzuheften, erinnert an die berühmte Begegnung des Zöllners Rousseau mit Picasso. »Während Sie den akademischen Stil pflegen«, sagte er ihm, »stehe ich den alten Ägyptern nahe.« Picasso soll darauf reagiert haben, indem er seinem Freund und Kollegen auf der Stelle einige große Leinwände abkaufte.

So weit würden wir nicht gehen. Statt dessen ist es an der Zeit, Tripps Werk, das er nicht müde wird, in umfangreichen, selbst verfertigten und autorisierten Katalogen zu veröffentlichen, einer kritischen Prüfung zu unterziehen. Dabei zeigt sich rasch, daß er nicht zu den avancierten Künstlern zählt, ja, daß er vom Diskurs der zeitgenössischen Kunst so gut wie keine Ahnung hat. Trotzig verharrt er in einer selbstgewählten und selbstverschuldeten Isolation. Diese anachronistische Attitüde erklärt auch, warum er den Vorwurf, ein Sonntagsmaler zu sein, so gereizt zurückweist.

Daß seine Produktion vielfältig ist, kann niemand bestreiten. Er selbst betrachtet es als einen Vorzug, der ihn von jenen unterscheidet, die, wie ein Jasper Johns oder ein Uecker, unbeirrbar an ihrer Obsession festhalten. Er dagegen sieht sich als einen Alleskönner, der vor chamäleontischen Verwandlungen nicht zurückschreckt. In Wirklichkeit jedoch hinkt er hoffnungslos allen Trends hinterher, die heute für Furore sorgen. Vergeblich sucht man in seinen Werkverzeichnissen nach radikalen Videos, Installationen und Multimedia-Experimenten. Weder die *Appropriation Art* noch das *Hard Edge Painting* scheinen ihn zu interessieren, und selbst ältere Errungenschaften wie die *Earth Art*, die *Op Art* und der Tachismus sind offenbar spurlos an ihm vorübergegangen. Ebenso fehlt es ihm an der destruktiven Energie, die bei Pionieren wie Fontana, Vedova oder John Cage die Seh- und Hörgewohnheiten des breiten Publikums so nachhaltig erschütterte. Es muß auch gesagt werden, daß seine Arbeiten jede politische Dimension vermissen lassen. (In diesem Zusammenhang ist es signifikant, daß er, statt sich mit der poststrukturalistischen Philosophie eines Baudrillard oder Derrida zu beschäftigen, einer sentimentalen Verehrung für den General Charles de Gaulle huldigt.)

Er zieht es vor, mit antiquierten Techniken wie der Feinmalerei zu arbeiten und sich an traditionelle Vorbilder zu halten. Auf Van Eyck, Holbein, Goya und Velázquez greift er zurück, als hätte es seither nichts Nennenswertes gegeben, und sein Ehrgeiz geht so weit, daß er diesen Malern so nahe kommt, bis die Grenze zur Imitation, um nicht zu sagen zur Fälschung überschritten ist.

Ein weiteres Feld, auf dem Tripp sich hervortut, ist das Porträt. Auch hier treibt er es mit der Genauigkeit so weit, daß seinen potenten Auftraggebern keine Warze erspart bleibt. Damit nicht der Eindruck entsteht, daß er Großindustrielle, Waschmaschinenvertreter, Lokalpolitiker und Kettenraucher bevorzugt, bildet er gelegentlich auch tote Dichter ab, oder er porträtiert Geisteskranke, als wäre er ein Psychiater, der selbst nicht ganz bei Trost ist.

Selbst den Akt, ein anderes herkömmliches Sujet, läßt Tripp nicht links liegen. Wie er selber gerne betont, sind drei Dutzend Farbschichten nötig, um das Inkarnat zu erzeugen, das er bei den Frauen schätzt. Wer mit der *Gender*-Problematik vertraut ist, wird feststellen, daß der Künstler die dritte und die vierte Welle des Feminismus einfach verschlafen hat.

Damit nicht genug, setzt er ferner auf ein weiteres Genre, das seine besten Tage längst hinter sich hat, nämlich auf das Stillleben. Minutiös ahmt er irgendwelche Kieselsteine und Muscheln nach und versucht sich an Kunstkammern, wie sie im siebzehnten Jahrhundert beliebt waren; sogar ein riesiges Nashorn hat er gemalt, ganz so, als hätte Dürer nie gelebt. Vereinzelt zehren seine Arbeiten auch vom Surrealismus, vermutlich die letzte Richtung der klassischen Moderne, die er wirklich studiert hat.

Das erklärt womöglich auch seine Vorliebe für das *Trompe-l'œil*, die seine Sammler-Gemeinde so begeistert. Man steht sprachlos vor diesem Abgrund an Camouflage. Gelegentlich hat man als Kritiker sogar den Eindruck, als machte sich Tripp über den tiefen Ernst lustig, der das Werk von Künstlern wie Beuys oder Kiefer auszeichnet.

So stellt sich in diesem Fall die Frage: Wo ist hier die *Message*? Wo bleibt das nie Gesehene, das wir von einem heutigen Werk fordern dürfen? Leidet dieser Maler überhaupt an der Krise unserer Zivilisation? Wir vermissen an ihm den rasenden schöpferischen Taumel, den Anspruch, mit überlebten Formen aufzuräumen und sich auf das Terrain einer ungewissen Zukunft zu wagen.

Nein, Jan Peter Tripp zieht es vor, sich in seiner Nische wohl zu fühlen, statt den militanten Vorkämpfern des Neuen auf Augenhöhe zu begegnen. Er kokettiert mit seinem Können. Aber kann bloßes Handwerk eine Vision ersetzen?

Wer als Kritiker solche Fragen an einen Künstler richtet, der mehr sein will als ein Sonntags-, Feld-, Wald- oder Wiesenmaler, der sollte großzügig sein. Wir wollen Jan Peter Tripp nicht jedes Talent absprechen. Wir gönnen ihm seine Dornröschen-Existenz im Abseits und sehen darüber hinweg, daß er nicht in derselben Liga spielt wie die Größen, die heute wie Damien Hirst und Jeff Koons mit vollem Recht den Kunstmarkt dominieren.

(T. C. Trulov lehrt an der University of Madison,
Wisconsin, und ist mit einem Essay über »The
Self-Image of the Artist as a Projective Strategy«
und einer Monographie über »Breakthrough
and Resilience in the Work of Nam June Paik«
hervorgetreten.)

Im anschwellenden Wust der Memoiren und Autobiographien glänzen durch ihre Peinlichkeit die vielen Versuche, das eigene Leben als eine Folge von Triumphen darzustellen. Nicht nur Politiker, Künstler und Sportler tun sich in diesem Genre hervor. Vielversprechender sind Biographien, die ein Leben als eine Kette von Enttäuschungen beschreiben. Balzacs Roman *Les Illusions perdues* hat dafür die klassische Formulierung gefunden. Aber die Geschichte der Gattung reicht bis in die frühesten Zeiten zurück. In der französischen Klassik wird sie durch *La Princesse de Clève* oder durch *La religieuse*, in der deutschen Klassik durch *Anton Reiser* oder *Die Leiden des jungen Werthers* vertreten. Tausende von anderen Titeln aus allen Literaturen beweisen, daß sich die Menschen in solchen Erzählungen wiedererkennen. Die Enttäuschung ist eine Grunderfahrung, die auch den Gewaltherrschern wohlbekannt ist. Napoleon, Hitler und Stalin waren am Ende von ihrem Leben ebenso enttäuscht wie der x-beliebige Jüngling, der sich aus Liebeskummer aufknüpft, oder der schwangere Teenager, der ins Wasser geht.

Die beneidenswerte, für die meisten von uns unerreichbare Prosa Felix Hartlaubs. Seine *Kriegsaufzeichnungen aus Paris* (1940-41) kann man als eine Enzyklopädie der Wolken lesen. Eine Farben- und Wolkenpracht bildet den Hintergrund, vor dem das genau beobachtete Regime der Okkupation festgehalten wird. Überall sieht er Nuancen und Tönungen. Lichtwechsel, von Minute zu Minute, auf den Fassaden und Dächern der Stadt. Eine zarte Collage, flüchtig wie mit Wasserfarben hingeworfen. Unheimliches Amalgam von Schönheit, Misere, Alltäglichkeit und Schrecken.

Ungewöhnlich ist der blitzschnelle Perspektivwechsel des Beobachters. Avancierte, im Kontext der Nazizeit vergessene Techniken wie die »erlebte Rede«, den »inneren Monolog«, den »Bewußtseinsstrom«, das versteckte Zitat usw. beherrscht er mit lässiger Selbstverständlichkeit. Die Rollenprosa treibt er bis zur Stimmenimitation, ja bis zur Bauchrednerei. Dazu gehören auch die gezielt falschen Töne, das hohle Pathos der linientreuen Beteuerungen, wenn der Schreiber mit seinen Adressaten sprachlich in Deckung geht. Immer wieder erzielt er kalte, komische Effekte im Kontext des Monströsen.

Absolutes soziales Gehör. Gesprächsfetzen zeichnet er mit allen Registern des Dialekts, des Jargons, der sozialen Klasse auf: »Hau endlich ab … Miststück!« Dies von einem Uniformierten zu einer älteren Putzfrau in seiner Dienststelle – aber »mit einem freundschaftlichen Puff in den Bauch«, während ein anderer »ein herzzerreißendes Gähnen« hören läßt. Keine noch so minimale Geste entgeht ihm.

Ein Hauptthema ist die Kollaboration. Auch die Franzosen werden nicht geschont, die professionellen Huren, die Amateurinnen und ihre Kunden, die Beamten, die sich an die Sieger ranschmeißen – um so rücksichtsloser urteilt Hartlaub über die Besatzungsmacht: »Okkupationszivilisten«, »wildfremde Herren wildfremder Dienststellen«, die wühlen und plündern und einen »Päckchenstrom in die Heimat« senden. »Büchsenwurst«

neben »kostbaren Fauteuils und Canapés«. Der ganze Ordnungswahn und das Chaos des Dritten Reiches *en miniature* bringt er lakonisch auf den Punkt: Militärbefehlshaber, Sonderstäbe, Legationsräte, alte Pförtner, SS-Leute, die Schar der Lakaien von Vichy. Gerade weil Hartlaubs Sarkasmus implizit bleibt, ist er politisch unbarmherzig.

In den allerletzten Tagen des Krieges ist Hartlaub verschollen. Dieses absurde, spurlose Verschwinden ist seine letzte Tarnkappe. Einen so unbestechlichen Blick wie den seinen hat es in der Literatur nach 1945 nicht mehr gegeben.

Die rührenden Versuche korrekter Historiker, Vandalen, Böotier, Hunnen, Pharisäer, Mongolen, Sybariten, Neandertaler, Tartaren, Amazonen, Philister, Apachen und andere Übelbeleumundete zu rehabilitieren, sind ein aussichtsloses Bemühen. Von dem Urteil, das die europäische Mit- und Nachwelt über sie verhängt hat, gilt: *Semper aliquid haeret.*

Monomane Sätze

So etwas tut man nicht. Eine solche Bitte kann man nicht abschlagen. Wie man hineinruft, so schallt es heraus. Man tut, was man kann. Es gibt nichts Gutes, außer man tut es. Das kennt man. Man spuckt nicht auf den Boden. Hat man Töne? Man sagt danke. Über Geld spricht man nicht, man hat es. Man hört so manches. So kann man sich irren. Man sieht sich. So kann man das nicht sagen. Man ißt nicht auf der Straße. Man kann sich nicht um alles kümmern. Man tut so, als ob. »Das ›Wer‹ ist das Neutrum, das Man.« Man glaubt es nicht. »Das Man ist überall dabei.« Das kann man nicht auf sich beruhen lassen. »Das Man hat selbst eigene Weisen zu sein.« Man mag von Heidegger halten, was man will. Man wird sehen. Man will ja nicht so sein.

Siehe Heidegger, Sein und Zeit, Viertes Kapitel: Das In-der-Welt-Sein als Mit- und Selbstsein. Das »Man«, Tübingen 1967

Wenn es den Dekretierenden darum ginge, müßten Motorräder total verboten, der private Autoverkehr und alle Extremsportarten abgeschafft werden. Aber das wäre schlecht fürs Geschäft und kommt daher nicht in Frage.

Ähnlich reichhaltig wie die Sucht ist die Lust:
Mord, Sinnes, Wander, Schaffens, Herzens, Angriffs, Freß, Fleisches, Raub, Wol, Reise, Jagd, Un, Streit, Schau, Unternehmungs, Ver, Spott, Kampfes, Abenteuer, Rauf, Zerstörungs, Lebens, Angriffs, Sanges, Liebes, Taten und Angst.

An einer Aufzugtür im Schwurgerichtssaal 600, dem Schauplatz des Nürnberger Prozesses gegen die deutschen Kriegsverbrecher, verkündet ein unauffälliges Schild aus dem Jahre 1961: »Benutzung nur in Begleitung des Führers«.

»Was in der Welt vorgeht, die Ermordung von dem und jenem aus der Tagesprominenz, die Ausrottung ganzer Völker durch Hunger, Seuchen, Rassenmorde, die religiösen Verfolgungen, die Jagd nach Kaninchen und nach den Feinden des Volkes, der Krieg und bald die Wasserstoffbombe … im Grunde genommen, Hand aufs Herz, interessiert das nur den Leser zum Frühstück.«

Franz Jung, Der Weg nach unten.
Aufzeichnungen aus einer großen Zeit,
Neuwied und Berlin 1961

Wer besonders haltbare Ehen durchmustert, wird feststellen, daß sie eine notwendige, wenngleich nicht hinreichende Bedingung erfüllen: die Partner vermeiden es, einander fortwährend zu stören. Sie haben gelernt, einander in Ruhe zu lassen. Das ermöglicht so volatilen Neigungen wie Liebe und Treue, viele Jahre hindurch zu überdauern.

Die Akustik bietet viele Analogien zu einem solchen Verhältnis. Daß die Tontechnik notorisch anfällig für Störungen ist, liegt nicht nur an ihren Mängeln, sondern an der Empfindlichkeit unseres Gehörs. Seine Frequenzgänge sind so fein austariert, daß Hörgeräte keine Chance haben, Defekte technisch zu kompensieren. Auf Veranstaltungen passiert es fortwährend, daß die Lautsprecher übersteuert sind. Pfeifgeräusche sind an der Tagesordnung. Ansagen auf Bahnhöfen sind gewöhnlich unverständlich. Die Störung überwiegt das Signal.

Während alle privaten Verhältnisse wie die Ehe oder die Freundschaft darauf angewiesen sind, Störungen zu minimieren, neigt die Macht zur Eskalation. Deshalb ist alles willkommen, was die Macht stört, die, ihren eigenen Gesetzen folgend, zur Alleinherrschaft tendiert. Die Gewaltenteilung ist in demokratisch verfaßten Gesellschaften das dafür vorgesehene Mittel. Leider reicht sie im Extremfall nicht immer aus.

Der Konkurrenzkampf, den die Schriftsteller miteinander ausfechten, ist öde. Man tut gut daran, die zeitgenössischen »Kollegen« nicht zu beschimpfen. Ursprünglich waren die *collegae* Abgeordnete, Amtsgenossen, Mitglieder einer Korporation, heute ist diese anonyme Anrede bei den Gewerkschaften üblich.

Müßig der Wunsch, dazuzugehören, und unergiebig, übereinander öffentlich herzufallen. Einzige Empfehlung: Stimmenthaltung und gußeiserne Toleranz.

Unbefangen weiter straucheln, bis zum letzten Atemzug.

Die unauffälligen Abenteurer

Kaum wird zur Kenntnis genommen, wie sich die Mentalitäten in unserer Republik seit 1960 verändert haben. Ihren Bewohnern wird nach wie vor nachgesagt, sie seien risikoscheu bis zur Engstirnigkeit. Eine beliebige Geburtstagsfeier in einer beliebigen, bescheidenen Münchner Altbauwohnung führt zu einem gänzlich anderen Befund. Der Hausherr, ein Hausarzt, der seine Praxis vor Jahren aufgegeben hat, singt in einem renommierten Bach-Chor und packt einen kleinen Koffer, um in die Zentralafrikanische Republik zu fliegen, wo er für die Stiftung *Cap Anamur* ein paar Wochen lang die desolate medizinische Versorgung verbessern wird. Solche unbezahlten Einsätze ist er gewohnt. Er spricht fließend französisch und ist geübt im Umgang mit Analphabeten, Medizinmännern und dem Bataillon der Fremdenlegion. Mit Illusionen gibt er sich nicht ab. Sein ältester Sohn stellt gerade die erste vollständige Übersetzung der Gedichte Pierre de Ronsards aus dem sechzehnten Jahrhundert fertig. Ansonsten lebt er von einem schlechtbezahlten Job als Operndramaturg im Dortmunder Exil. Unter den Gästen ist eine junge Frau, die in der pharmazeutischen Industrie arbeitet. Ihre Leidenschaft gehört dem indischen Tanz. Jedes Jahr verbringt sie ihren Urlaub in Kerala, wo sie an den Lippen eines Meisters dieser Kunst hängt. Ein anderer junger Mann kommt gerade aus Hongkong, wo er ein Praktikum als Unternehmensberater absolviert. Eine Sängerin erzählt Geschichten aus der Bayreuther Kantine. Niemand ist reich, niemand beklagt sich darüber, daß das Geld nicht reicht.

Tagesgespräch sind die Ukraine und das selbsternannte mörderische Kalifat im Irak und in Syrien. Die Gastgeber haben ein vietnamesisches Buffet aufgebaut, ergänzt durch selbstgebackene Kuchen. Das alles für fünfzig alte und junge Gratulanten, die sich mit der größten Selbstverständlichkeit bekanntmachen, ohne weiteres auf englisch oder italienisch unterhalten und zwanglos kommen und gehen. Keiner der Anwesenden glaubt, er sei etwas Besonderes.

Kennst du nur das Zauberwort

Digitus ist eine ganz gewöhnliche lateinische Vokabel, die Finger oder Zehe bedeutet. Zunächst hat dieser Ausdruck in der Mathematik eine wunderbare, später aber in der industriellen Technik eine haarsträubende Karriere angetreten. Heute ist es ein magisches Wort, um alle Welt zu blenden und um Geld zu scheffeln.

Das Zahlensystem, mit dem wir am vertrautesten sind, ist das dekadische, das auf der Zahl zehn beruht, aus dem einfachen Grund, daß die Evolution uns mit zehn Fingern ausgestattet hat. Mathematisch gesehen ist das nichts Besonderes. Ebensogut ließe sich auch auf der Basis zwölf oder sechzehn rechnen; manche Zivilisationen haben es so gehalten. Es geht aber auch einfacher, wenn man das binäre System bevorzugt, das mit den Ziffern 0 und 1 auskommt. Die Informatiker lieben es, obwohl die Zahl 38 in dualer Schreibweise ziemlich langatmig wirkt, nämlich 100110. Programmierer setzen nicht nur die Null mit Nein und die Eins mit Ja gleich, die Null wird auch mit Falsch und die Eins mit Wahr gleichgesetzt. Das sorgt natürlich für ein sehr ordentliches und einfaches Weltbild.

Die Null spielt aber in der industriellen Propaganda auch noch eine andere Rolle.

Die Konzerne verkünden täglich, daß mit jeder Saison, jeder Messe, jedem ihrer Produkte eine neue Epoche anbricht, die stets mit einer Null numeriert wird – von der Software mit ihren ständigen Updates, die am liebsten auf den Namen 10.0.12 oder 32.0.3 hören, bis zu den hintereinander herjagenden *Gadgets,* für die am Erstverkaufstag die Gemeinde Schlange steht, bis zur »Industrie 4.0«, die alle bisherigen Industrien brotlos machen soll.

Bei diesen Gigantenkämpfen stören Menschen nur. Das liegt daran, daß ihr Leben nicht digital, sondern analog verläuft. Der Versuch, sie durch Apparate zu ersetzen, beschäftigt nicht nur die Wissenschaft, die sich darum bemüht, ihrer angeborenen durch die künstliche Intelligenz aufzuhelfen, sondern auch alle möglichen Wirtschaftszweige, ganz gleich, ob sie mit Geld, mit Kühlschränken oder mit Drohnen handeln.

Hinderlich ist dabei eine Spezies, die schon ein paar Jahrhunderttausende an ihren analogen Gewohnheiten festhält, zum Beispiel am Essen, am Schlafen, am Verdauen, am Hören, am Gehen, am Lieben und Hassen. Auch das menschliche Gehirn arbeitet analog und nicht digital. Alle Versuche der digitalen Götzendiener, uns davon abzubringen, sind zum Scheitern verurteilt.

Die Parole *Ohne mich!*, in den frühen 1950er Jahren erfunden, um gegen die Wiederbewaffnung der Bundesrepublik zu protestieren, war genialer, als ihre Urheber dachten; denn sie taugt nicht nur für den privaten Gebrauch, sondern auch für alle, die sich den in der Politik vorherrschenden Üblichkeiten nicht fügen wollen. Ihre Aussagekraft läßt zwar zu wünschen übrig, rührt aber an ein elementares Bedürfnis, das sich nicht verleugnen läßt.

Noch etwas zu Hebels Hausfreund. In einer Kalendergeschichte mit dem Titel »Geschwinde Fertigung« bietet er nebenbei eine kenntnisreiche Reportage über die Herstellung von Textilien, von der Schafschur bis zur Einfettung der Wolle, zum Krempeln, Spinnen, Spulen, Stärken, Knüpfen, Weben, Walken, Färben, Zuschneiden und Nähen. Dabei greift er, wie ein Enzyklopädist, auf die Fachsprache zurück, denn »der Hausfreund versteht, wie man kunst- und handwerkmäßig spricht«.

Unter den Sehenswürdigkeiten, die schon zu Zeiten des Baedekers zur Verfügungsmasse des Tourismus zählten, nehmen Kathedralen eine prominente Position ein. Das Verhalten der Besucher erinnert an Forschungsreisende, die auf eine fremde Zivilisation stoßen. Sie beeilen sich, die Dome mit ihren Mobiltelefonen zu dokumentieren, so, wie sie sich den Pyramiden der Azteken oder den im Dschungel versunkenen Tempeln von Angkor Wat nähern würden.

Eine Pforte, wo sie ihre Eintrittskarte erwerben können, ein *Shop* und eine Reihe von Souvenirläden nehmen sie in Empfang.

Sie begegnen einem rätselhaften Reliquienkult, einer Ikonographie, die ihnen unverständlich ist, und Inschriften in einer ausgestorbenen Sprache. Gelegentlich findet an diesen Orten auch noch eine Messe statt, meist in der Kapelle eines Seitenschiffs, wo sich ein versprengtes Häuflein von Gläubigen einfindet. Ein diskreter Opferstock erinnert an vergangene Sitten und Gebräuche. Meistens ist jedoch der Weihwasserkessel aus Mangel an Nachfrage seit langem ausgetrocknet.

Warum hat das System einen so schlechten Ruf, und zwar besonders im Singular? »Zusammenstellung, Gebilde, Inbegriff, Verein, Korporation, Kollegium, Gruppe, Abteilung, Verfassung«, so übersetzt der alte Menge-Güthling das griechische Wort. Nicht sehr hilfreich, wenn z. B. vom periodischen, vom Linnéschen, vom parlamentarischen, kapitalistischen oder gar vom Schweinesystem die Rede ist. Im Italienischen bedeutet *sistemare la casa*: das Haus in Ordnung bringen oder sich einrichten. Bevor der Feminismus dem ein Ende gemacht hat, bedeutete *sistemarsi* auch, eine Tochter unter die Haube bringen oder heiraten.

Offenbar kommt die Menschheit nicht ohne Systeme aus, obwohl sie an allem schuld sind, was ihr mißfällt.

»L'opulence est une infamie.«

Saint-Just dixit

Zwei Amerikaner, der Ökonom Richard H. Thaler und der Jurist Cass R. Sunstein, haben sich zusammengetan und einen Essay verfaßt: *Nudge. Improving Decisions About Health, Wealth and Happiness* (New Haven, Conn. 2008). Das Buch hatte in den USA durchschlagenden Erfolg. Der Titelbegriff ist nicht nur in die politologische Theorie eingewandert, sondern auch in die Regierungspraxis etlicher Staaten.

Die einzig brauchbare deutsche Übersetzung lautet: Schubs. Das Wort gilt zwar nicht als hochdeutsch, existiert aber schon im Mittelhochdeutschen als *schupf* oder *schuf*. Dort soll es soviel wie Schwung oder schaukelnde Bewegung bedeutet haben. *Schupps* ergibt sich durch Intensivierung. Die Schreibung *Schubs* ist erst im neunzehnten Jahrhundert belegt. Wer jemanden schubst, greift zu einem Verbalabstraktum. Die Wurzel geht auf das alte *Schieben* zurück. Nudging kann also auch Schiebung bedeuten.

»Sätze, die man von Paartherapeuten kaum vernehmen wird:
Es ist der Ehe förderlich, Contenance zu bewahren.
Gewohnheit macht die Liebe schön.«

Katharina dixit

»Helicopter-Ben« ist der Spitzname Ben Bernankes, des früheren Vorstands der amerikanischen Notenbank. Er empfahl zur Überwindung der anhaltenden japanischen Deflation, einem Gedankenexperiment Milton Friedmans zu folgen: »Stellen wir uns vor, daß eines Tages ein Hubschrauber über eine Gegend fliegt und Geldscheine im Wert von tausend Dollar abwirft …«
Die Europäische Zentralbank beherzigt diesen Rat ebenso wie die *Fed*.

»Staat heißt das kälteste aller kalten Ungeheuer. Kalt lügt es auch; und diese Lüge kriecht aus seinem Munde: ›Ich, der Staat, bin das Volk.‹
Manchmal hat Nietzsche recht.«

Friedrich Nietzsche, Also sprach Zarathustra,
1. Teil: »Vom neuen Götzen«

Vorletzte Lockerung

Unermüdlich bringt die Geldpolitik neue, möglichst unverständliche Akronyme hervor, hinter denen sich neue Lügen verbergen. Die Europäische Zentralbank EZB bereitet den massiven Ankauf von ABS vor. Damit ist nicht etwa ein Antiblockiersystem gemeint, sondern im Gegenteil, der hemmungslose Erwerb von Schrottpapieren. *Asset-backed securities*, die leicht mit CDOS oder CDS zu verwechseln sind, zeichnen sich nämlich dadurch aus, daß sie unsicher sind.

Schon seit geraumer Zeit vergeben europäische Notenbanken sogenannte ELAS. Das soll *Emergency Liquidity Assistance* bedeuten. Wer in Not ist, kriegt Geld. Damit sind natürlich nicht Leute, sondern Banken gemeint. Beliebt ist auch QE, das *Quantitative Easing*. Der Internationale Währungsfonds (IMF) unterscheidet feinsinnig zwischen dem QE, dem *Credit Easing* und dem *Liquidity Easing*. Außerdem bedeutet QE nicht schlichtweg QE; es gab davon bisher zumindest drei Sorten: QE 1, QE 2, QE 3 und in Japan sogar QE 8.

Walter Serners *Letzte Lockerung. Ein Handbrevier für Hochstapler und solche, die es werden wollen*, Hannover 1920, kann allen Geldpolitikern als Vorbild dienen.

Für Frank Schirrmacher

Ein winziges Andenken: das einzige Gedicht, in dem sein Name vorkommt.

Verschwundene Arbeit

Ziemlich entlegen, das alles.
Dunkel wie eine Sage.
Der Lumpenhändler
mit dem zerbeulten Zylinder,
des Waidmüllers blaue Hand,
der Pfragner in seinem kühlen Gewölb.

Der Schlözer stieg aus dem Schilf,
Es ließ der Zedler die Beute stehn,
der Köhler den Quandel.
Die Kremplerin warf die Distel hin,
der Mollenhauer den Beitel.

Vermoderte Werke,
ausgestorbene Fertigkeiten.
Wo ist der Blatthaken geblieben,
die Zugöse, der Kammdeckel?
Verschollen der Schirrmacher,
nur der Name steht noch,
wie in Bernstein erstarrt,
im Telefonbuch.

Aber den schimmernden Quader aus Licht
habe ich selbst noch gesehen,
mit eigenen Augen, zauberhaft
mühelos in die Höhe geworfen
am eisernen Haken
auf das lederne Schulterblatt
des Eismanns, am Mittwoch,
pünktlich, die Splitter
schmolzen mir feurig
im kalten Mund.

OCD wird vom Patienten zwar als sinnlos erlebt, er kann sich aber dieser neu entdeckten Zwangsstörung nicht erwehren. Ausgeschrieben bedeutet sie *Obsessive-Compulsive Disorder* und wird von amerikanischen Psychiatern therapiert. Sie hat die gute alte Zwangsneurose ersetzt. Es heißt von ihr, sie bringe deutliche Belastungen und Beeinträchtigungen des Alltagslebens mit sich. Immerhin trägt sie ihren Namen insofern zu Recht, weil der Wahn, alles abzukürzen, vor allem in den USA grassiert.

Von selbst versteht sich dagegen, daß man mit der Diagnose OCD praktisch die gesamte Bevölkerung krankschreiben kann; dazu genügt ein Hauch von Pedanterie genauso wie eine Andeutung von Sammelwut oder eine Neigung zur Hypochondrie. Bei jedem läßt sich eine Marotte finden, die sein Alltagsleben »beeinträchtigt«. Wer von Macken frei ist, der werfe den ersten Stein. Unter den Psychiatern dürfte ein solcher Heiliger kaum zu finden sein.

Was sagen die Etymologen zum Kabinett? Es sei das Diminitivum von französisch *cabine*, kleiner Raum. Im siebzehnten Jahrhundert habe es das Arbeitszimmer eines Fürsten oder Ministers bedeutet und dann »Geheimkanzlei, Ministerrat, Regierung«. Diese Herrschaften landeten dann früher oder später, wie Churchill oder Obama, im Wachsfigurenkabinett. Noch komischer ist die pikardische Herkunft der *cabine*: Sie soll aus einem gaunersprachlichen Wort hervorgegangen sein, das eine »Kneipe für Glücksspiele« bedeutet hat. Der Schritt vom Gauner zum Minister und umgekehrt ist kleiner, als man denken könnte.

Früher waren die Vorlagen, die von den Politikern eingebracht wurden, quadratischer. Heute sind sie polygonal. Alles, was sie vorbringen, ist von »Eckpunkten« übersät. Kein Wunder, daß sie immer versuchen, uns etwas »deutlich zu machen«.

»Die Mönche zu Lodève in Gascogne erklärten eine Maus für heilig, die eine geweihte Hostie gefressen hatte.«

Lichtenberg, Sudelbücher, Heft C, 169

Eine anthropologische Veränderung, die noch ihrer Erforschung harrt

Der flächendeckende Gebrauch elektronischer Geräte hat höchst sonderbare Folgen. Man rechnet, daß zwei bis drei Milliarden Menschen sogenannte *Smartphones* verwenden, die ihnen das Festnetztelefon und den Computer ersetzen, und zwar nicht nur in den wohlhabenden Industrienationen, sondern auch in entlegenen Gebieten in Afrika oder Sibirien.

Einfache Beobachtungen auf der Straße, in öffentlichen Verkehrsmitteln oder Restaurants von der Garküche bis zu den Tempeln der *Haute Cuisine* lassen auf gravierende Änderungen im Habitus, in der Gestik und im Wahrnehmungsvermögen der Benutzer schließen. Sie entwickeln die Feinmotorik ihrer Finger, um winzige Tasten zu drücken und auf ihren Bildschirmen herumzuwischen. Für andere Formen der Kommunikation sind sie unerreichbar. Auch ihr Blickkontakt mit Anwesenden ist gestört. Sie bleiben plötzlich auf der Straße stehen, bemerken andere Personen nicht und rempeln sie wie unbemerkte Laternenpfähle an. Ihr Orientierungssinn droht zu versagen, weil sie sich lieber auf ihr Navigationsgerät verlassen. Daß sie ausgebeutet werden, empfinden sie als Komfort. Vielleicht empfinden sie es als entlastend, an ihrer Abschaffung durch die Industrie zu arbeiten.

Nach längerem Gebrauch kommt es zu nervösem Einschalten der winzigen Maschinen, die sich durch Klingeltöne oder Vibrationen bemerkbar machen. Man kann den Eindruck haben, daß die Benutzer agieren, als seien sie ferngesteuert. Mit der Zeit nimmt ihre Abhängigkeit suchtähnliche Formen an. Sie wirken hilflos oder verzweifelt, wenn die Batterien erschöpft sind oder wenn ihre Geräte keinen Funkempfang haben. Wer Drogen nimmt, kennt diesen Zustand; er heißt im Milieu *cold turkey* und bedarf der sofortigen therapeutischen Intervention.

Die übliche Kapitalismuskritik ignoriert den proteischen Charakter dieses Wirtschaftssystems, weil er theoretisch schwer zu fassen ist. Die Empirie spricht eine andere Sprache. Ein Vergleich zwischen Schweden und Burkina Faso, Venezuela und dem Kongo, Rußland und Dubai, China und Neuseeland, den jeder, der in diesen Ländern lebt, anstellen kann, ohne daß dazu besondere Vorkenntnisse nötig wären, zeigt, daß dem Singular nicht zu trauen ist. Wir haben es mit Kapitalismen zu tun. Zwar kann man das als Ausdruck einer Arbeitsteilung des Kapitals betrachten, aber auch als eine Reihe von Versuchsanordnungen. Wenn dieser oder jener Versuch scheitert, stehen immer andere Lösungen zur Verfügung. Ein solcher Mechanismus ist mit dem Prozeß der Evolution vergleichbar, und er geht ebenso gnadenlos vor sich wie in der Natur.

Anders als der Kommunismus hat sich das Kapital als äußerst anpassungsfähig erwiesen und ist mit Militärregimes und Stammesgesellschaften, Demokratien und Einparteiensystemen, Diktaturen und Theokratien zurechtgekommen. Vielleicht hat es bisher gerade dadurch überlebt, daß es bereit ist, sich mit jeder Form der Herrschaft zu arrangieren.

Kaum eine Frucht, die von Chamforts Bäumen fällt, erweist sich mehr als zweihundert Jahre später als wurmstichig. Es hilft nichts, man muß sie aufsammeln. Beispiele gefällig?

»Nachsichtige Verachtung mit dem Sarkasmus der Heiterkeit verbinden: Das ist die beste Philosophie für die Welt.«

»Zum Mut gesellt sich eine Art Vergnügen, über dem Schicksal zu stehen. Geld verachten heißt, einen König entthronen. Es hat seinen Reiz.«

»Wenn man bedenkt, daß dreißig bis vierzig Jahrhunderte Arbeit und Aufklärung zu nichts weiter geführt haben, als daß die dreihundert Millionen Menschen auf der Erde dreißig zum größten Teil unwissenden und einfältigen Despoten ausgeliefert sind, von denen jeder einzelne von drei oder vier mitunter stupiden Schurken beherrscht wird – was soll man von der Menschheit denken, was in Zukunft von ihr erwarten?«

Gekränkter Stolz, das ist der Generalbaß seiner Sätze. Chamfort mag mit der Gesellschaft hadern, aber als zu kurz Gekommenen kann man ihn nicht abtun. Denn es ist dieses Grundgefühl, nicht die Ranküne, was ihm zu Einsichten verhilft, die anderen unerreichbar bleiben. Man möchte ihn nach so vielen Menschenaltern immerzu zitieren.

Hört endlich auf zu jammern und zu triumphieren – jene, die den Untergang der Buchkultur beklagen, diese, die ihn herbeisehnen, damit sie sich voll und ganz ihren digitalen Vorlieben hingeben können.

Was beide zu ignorieren entschlossen sind, ist der geradezu paradiesische Zustand, der hierzulande seit etwa zwanzig Jahren herrscht. Nicht nur, daß jedes lieferbare Buch innerhalb von vierundzwanzig Stunden im nächsten Laden zu haben ist; seltene oder vergriffene Werke sind leichter denn je zu finden. Reprints und Neuübersetzungen erscheinen bei zahllosen Verlagen. Viele Leser sind bereit, auch kostspielige Bücher zu kaufen. Der Standard der Typographie und der Bindung ist höher denn je. Holz- und säurefreie Papiere haben sich durchgesetzt. Lesebändchen, Überzüge, Farbschnitte, Abbildungen hoher Qualität, Fotografien in Duotone sind keine Seltenheit mehr. Auch Kommentare und Register zeugen von einem handwerklichen Können, das international nicht nur konkurrenzfähig, sondern vorbildlich ist.

Ein bißchen mehr Selbstbewußtsein, wenn ich bitten darf! Wir brauchen keine Reklamekonzerne und Datenhändler aus den USA, deren Geschäftsmodell die Ausbeutung der Leser und die Erpressung der Verleger sind, und keine hysterischen Medientheoretiker, denen die künstliche Intelligenz lieber ist als die eigene.

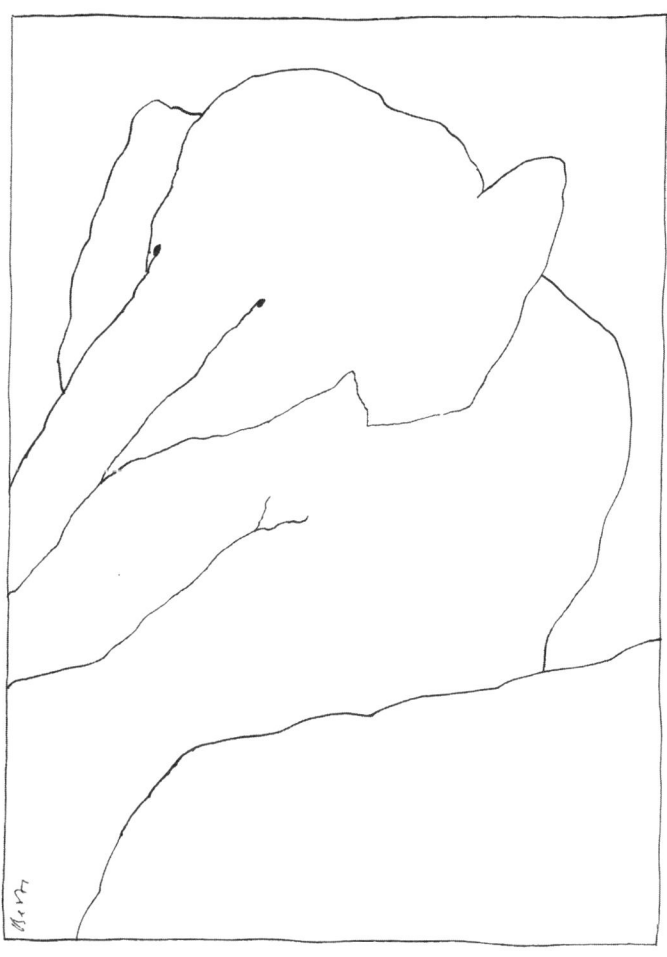

Hokusais berühmter Holzschnitt von 1818 zeigt einen Elefanten, auf dem kleine blinde Männer herumklettern, turnen, rei-
ten. Jeder von ihnen versucht, tastend zu erkennen, mit welch
einem Tier er es zu tun hat. Einer greift nach dem Rüssel, ein

87

anderer nach dem Schwanz, ein dritter droht von dem gewaltigen Fuß des Dickhäuters zertreten zu werden. Keiner jedoch ist imstande, sich ein Bild des Ganzen zu machen. Die Moral dieser Geschichte, die auf ältere Überlieferungen zurückgeht, ist einfach: Gemessen am Universum sind wir alle blind, und obwohl wir uns bemühen, die Welt zu erkennen, bleibt unser Wissen Stückwerk. Hokusai beklagt das nicht, er lacht darüber.

Und wenn die Intelligenz eine Eigenschaft wäre, die im Universum fein verteilt ist? Wenn es daran läge, daß sie schwer zu fassen und unmöglich zu definieren ist?

Das ist ein uralter Gedanke, der in Asien als Tao und in Europa bei den Vorsokratikern aufgekommen ist, meinetwegen auch bei Giordano Bruno. Mathematische Formulierungen gibt es bei Leibniz, ein philosophisches Modell bei Spinoza. Heutige Spekulationen begnügen sich mit der Gaia-Hypothese, die nur die Erde in den Blick nimmt. Biologen unterscheiden zwischen der genetisch und der epigenetisch entwickelten Intelligenz der Lebewesen und staunen über die Leistungen der Vögel und der Insekten, über ihre Arbeitsteilung, ihre Bauten und ihre Mimikry.

Aber was ist mit den Fähigkeiten der Pilze, der Algen, der Protozoen, der Bakterien, Phagen und Viren? Und wie steht es mit der unbelebten Materie? Darüber haben sich doch schon die Griechen Gedanken gemacht; man müßte sich also wohl an Epikur und an Lukrez halten. Doch daran wagt sich so leicht keiner aus Harvard oder Cambridge. Für solche Überlegungen gibt es keine Nobelpreise.

Fest scheint nur zu stehen, daß Intelligenz keine moralisch relevante Eigenschaft ist. Sie verkörpert sich im Weisen ebenso wie in Geistern, die als Luzifer, Beelzebub, Dämon oder Dschinn herumspuken.

Niemand weiß wirklich, wie viele Lebewesen auf der Erde existieren, was sie wiegen, wie viele Arten es gibt. Drei Millionen Spezies oder 100? 1800 Milliarden Tonnen? Und was ist mit den Biota, die uns selber bevölkern? Pilze, Bakterien, Viren, Phagen? Die meisten sind unbekannt. Von 10^{15} ist die Rede, aber auf eine Billion mehr oder weniger kommt es den Biologen nicht an.

Man könnte die Perspektive auch umkehren; dann wäre unser Körper ein Planet, der anderen Lebewesen, die wir nicht kennen, zur Besiedelung dient.

»Guter Geist ist trocken.«

Niklas Luhmann

Zur Archäologie des Kommunismus

Die kroatische Autorin Slavenka Drakulić war die erste Historikerin, die das Regime Titos in Jugoslawien an Hand des Klopapiers beschrieben hat. (*How We Survived Communism and*

Even Laughed, London 1991.) Anfangs mußten sich die Einwohner des Landes, weil kein anderes Material zur Verfügung stand, der in kleine Quadrate zerschnittenen Seiten der Parteizeitungen bedienen. Nach und nach erholte sich die Papierindustrie, doch das Produkt zeigte sich widerspenstig, holzhaltig und brüchig. Erst nach dem Bruch mit der Sowjetunion und der Aufnahme der Wirtschaftsbeziehungen mit dem Westen entwickelte sich der Konsum, so daß entsprechende Bedürfnisse auf komfortablere Weise befriedigt werden konnten.

Auch die lange Geschichte des sowjetischen Reiches bietet Defizite, die von der akademischen Historiographie, die sich lieber mit den Auseinandersetzungen im Politbüro befaßte, brutal ignoriert worden sind. Hier fällt besonders die Behandlung der Frauen auf. Die Planwirtschaft sah sich außerstande, an deren physische Nöte einen Gedanken zu wenden, mit der Folge, daß es den erwachsenen Russinnen fünfzig Jahrzehnte hindurch allmonatlich an Binden und Tampons fehlte.

Was solche »Details« für das Alltagsleben bedeuten, ist schwer vorstellbar. Es gehört zu den ideologischen Charakteristika des »realen Sozialismus«, sie zu verschweigen.

»Politiker machen von Forschungsergebnissen denselben Gebrauch wie Betrunkene von einem Laternenpfahl. Sie streben nicht nach mehr Licht; sie suchen nur nach einem Objekt, an das sie sich klammern können.«

Jared Bernstein, amerikanischer Ökonom

Alfonso Berardinelli sind die treffenden Ausdrücke *Dromoman* und *Dromomanie* zu verdanken. Damit hat er den Schwarmzustand in Worte gefaßt, in dem die menschliche Population sich seit einem halben Jahrhundert befindet. Arme und Reiche sind in eine turbulente Bewegung geraten, die sich sowenig steuern läßt wie ein Zug von Wanderheuschrecken. Auf der einen Seite Stämme, die auf der Flucht oder auf der Suche nach Nahrung sind, auf der andern die luxuriösen Migrationen der Politiker, der Manager, der Wissenschaftler, Sportler und Stars. Im Mittelfeld die Milliarden von Touristen, welche die Strände bevölkern und über jedes noch so entlegene Ziel, vom Mount Everest bis zur Antarktis, herfallen.

Es gibt im Internet ein Portal namens *flightradar*, auf dem man die Dromomanie im Sekundentakt verfolgen kann. Hunderte von gelben Insekten krabbeln dort auf einer Weltkarte herum. Wenn man das Bild vergrößert und eine bestimmte Region ansteuert, sieht man, daß es sich um Flugzeuge handelt, deren Route, Geschwindigkeit, Flugnummer und Typ sich anzeigen lassen. Die Wallfahrt, die Religionen früher den Menschen nahegelegt haben, ist zu einer taumelnden Bewegung oder, wie Berardinelli sagt, zu einer Manie geworden, die keine Erlösung mehr verspricht.

Freunde und Verwandte am Tisch. Jeder von ihnen hat ein Ich, ein Es, ein Über-Ich, eine Seele, ein Temperament, eine Haltung und einen Charakter. In dieses Gedrängel mischen sich ferner noch der Dämon, die Anima, die Psyche, das Pneuma, ein Schutzengel, ein Äther- und ein Astralleib und mindestens sechs Choukren ein.

Von jedem kennt man seine Marotten, seine Ängste, seine fixen Ideen, sein »Klassenbewußtsein«. Am flüchtigsten sind seine Meinungen, seine politischen Ansichten; unverrückbar ist dagegen sein Eigensinn.

Herr und Hund haben ihre Rollen vertauscht, ohne daß der Tierfreund es zu merken scheint. Er geht an der Leine seines Lieblings und muß warten, bis der bereit ist, ihm zu folgen. Auch die Halterin des Tieres benimmt sich, als wäre sie seine Magd. Sie richtet ihre Reisepläne und ihren Tageslauf nach den Wünschen ihres Gebieters ein und trottet, mit einer Plastiktüte bewaffnet, hinter ihm her, holt ein Schäufelchen aus der Handtasche und sammelt den Dreck auf, den das Vieh auf dem Pflaster zurückläßt.

»Hätte ich denn mit den geheiligten Worten beginnen sollen: ›Ich wurde dann und dann da und da geboren‹? Ich habe keine wunderbaren Abenteuer erlebt, die *seriatim* mitgeteilt werden könnten. Ich habe keine hervorragenden Persönlichkeiten kennengelernt, über die ich nichtssagende Bemerkungen machen könnte. Ich bin nie in große oder skandalöse Begebenheiten verwickelt gewesen. Ich gebe zu, daß so ziemlich alles und jedes als Entschuldigung dafür dienen kann, nicht zu schreiben. Da ich sie aber schon geschrieben habe, will ich zu meiner Rechtfertigung nur sagen, daß diese Erinnerungen ohne Rücksicht auf die üblichen Re-

geln, aber nicht ohne Zusammenhang verfaßt worden
sind.«

Joseph Conrad, A Personal Record, London 1912

Curriculum vitae

H. M. E. verfaßte im Juni 1951 den folgenden Lebenslauf, der
noch heute Bestandteil seiner »Stipendiatenakte« bei der Stu-
dienstiftung des deutschen Volkes ist:

Ich bin am 11. November 1929 zu Kaufbeuren im bayer-
ischen Allgäu geboren und wenige Tage später daselbst katholisch getauft. Nach einigen Jahren wurde mein Vater, der Di-
plom-Ingenieur und Fachmann für Fernmeldetechnik ist, als
höherer Postbeamter nach Nürnberg versetzt. An die Stelle jenes großen, summenden Gartens, der in Kaufbeuren mein Teil
war und in den mein frühestes Erinnern zurückreicht, trat die
alte, unversehrte Stadt mit ihren Gräben, Mauern und Türmen.

Aus dieser Zeit weiß ich noch, daß ich von einer sehr starken
Neugier beherrscht war. Ich hörte, wenn wir Gäste hatten, gern
den Erwachsenen zu und versuchte, aus ihren Reden, wenn sie
mir auch häufig ungereimt erschienen, etwas zu erfahren. Auch
ihr Umgang mit beschriebenem und bedrucktem Papier reizte
mich, und mit Hilfe eines Kalenders, einer Wandtafel und vielen bunten Kreiden fand ich endlich heraus, was es damit auf
sich hatte. Zum Lohn schenkte mir mein Vater einen dicken
Band mit den Märchen der Brüder Grimm. Mein größter Ärger war es, daß ich am Abend früh zu Bett geschickt wurde.
Darauf aber bestand meine Mutter, der ich es damals nicht
leicht machte, denn ich war ein eigensinniges Kind, nicht an-

ders als meine Brüder Christian und Martin, die in den Jahren 1931 und 1936 zur Welt kamen.

Zu Ostern 1936 kam ich in die Volksschule. Ich langweilte mich sehr, weil ich schon lesen und schreiben konnte und weil dort alles sehr langsam ging. Nur die »Heimatkunde«, eine Art von Umwelt-Betrachtung mit historischem Einschlag, gefiel mir ungemein. Vier Jahre darauf trat ich in die Oberschule am Lauferschlagturm (das frühere Melanchthon-Gymnasium) ein. Inzwischen hatte der Krieg begonnen, von dem ich mir keinerlei Vorstellung machen konnte. Mein Vater ging als Nachrichtenoffizier nach Frankreich, und ich selbst kam in die Hitler-Jugend. Ich haßte den Dienst, natürlich nicht aus politischer Einsicht heraus, sondern weil mir der ganze Betrieb überflüssig schien und weil mir der Ton in den Einheiten unsympathisch war. Auch der Einfluß meines Vaters mag eine Rolle gespielt haben, wie ja für mich alles, was er sagte, ausschlaggebend war. In diesen Jahren erwachte auch der Lesehunger zu seiner vollen Stärke. Ich las eine Weile von der Reisebeschreibung bis zum Schäferroman alles, was mir in die Hände fiel, um dann allmählich, gewissermaßen *by trial and error*, zu entdecken, was brauchbar war und was nicht. Darin, wie in allen Stücken, ließen mir meine Eltern große Freiheit, mit der ich auf diese Weise frühzeitig umzugehen lernte.

Dieses ruhige Leben wurde aber bald von den Sirenen des Luftkrieges gestört, so daß mein Vater (der aus dem Felde zurückgekehrt war) im Jahre 1943 beschloß, meine Mutter mit uns drei Kindern auf das Land zu schicken. Wassertrüdingen am Hesselberg, ein kleines Nest im Fränkischen, wurde für sechs Jahre unser Wohnsitz. 1944 kam noch, als jüngster, mein Bruder Ulrich an, und ich fühlte mich in dieser schweren Zeit schon in gewisser Weise verantwortlich für die zahlreiche und sechs Tage in der Woche vaterlose Familie. In die Schule fuhr ich damals nach Gunzenhausen mit der Bahn. Auch damit hatte es ein Ende, als wir im Winter 1944/45 zu Schanzarbeiten an den Westwall befohlen wurden. Kaum nach Hause zurück-gekehrt, erreichte mich die Einberufung zum »Wehrertüchtigungslager«, was die Eingliederung in den Volkssturm bedeutete.

Die chaotischen Verhältnisse dieser Zeit des Zusammenbruches haben einen unauslöschlichen Eindruck auf mich gemacht. Mit Hilfe unerschrockener Freunde konnte ich mich der Gefangenschaft entziehen und nach Wassertrüdingen zurückkehren. In unserem Städtchen hatten sich erst amerikanische, dann auch englische Einheiten einquartiert, mit denen der Stadtrat nicht zu verhandeln wußte. So wurde ich Dolmetscher, eine Tätigkeit, die ich, solange die Schulen geschlossen waren, ausübte und die für die schwierige Frage der Ernährung einer vierköpfigen Familie wenigstens Teillösungen möglich machte. In meiner freien Zeit entdeckte ich in diesen Monaten das Denken, Dichten und Bilden einer Welt, von der wir bisher gänzlich ausgeschlossen waren, ja, erst eigentlich in diesem Jahr gewann ich ein wirkliches Verhältnis zur Dichtung. In einem kleinen Kreis von Gleichgesinnten, unter denen auch ein englischer Freund war, versuchten wir, die neue Fülle zu ordnen, lasen Trakl und Bruckner und diskutierten die *Falschmünzer* und den *Steppenwolf*.

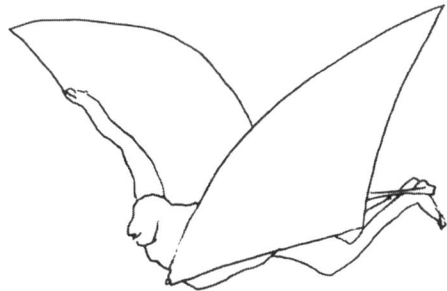

Anfang 1946 öffnete die Oberschule in Nördlingen ihre Pforten wieder, und ihr blieb ich bis zum Abitur treu. Im Sommer 1949 schrieb ich eine Weile für unser Provinzblättchen, teils, weil es mir Spaß machte, teils, um meinen Finanzen aufzuhelfen. Nach bestandener Reifeprüfung fuhr ich im Herbst nach Großbritannien, besuchte meine Freunde dort, ging segeln, steckte tagelang im British Museum und gewann einigen Einblick in englisches Theater und Ballett.

Inzwischen hatte mein Vater den Schematismus der Denazifizierung überstanden, nicht ohne einige Ungerechtigkeiten zu erfahren, und unsere Nürnberger Wohnung, bei einem Luftangriff 1944 schwer beschädigt, war wieder instand gesetzt worden. Seit dem Herbst 1949 lebte unsere Familie, endlich vereint, wieder in Nürnberg. Im November dieses Jahres begann ich in Erlangen mit dem Studium der Germanistik und Philosophie. Nach zwei Semestern ergab sich eine Möglichkeit, ein Semester in Hamburg zu verbringen, die ich gerne wahrnahm.

Im Frühjahr 1951 machte ich eine Reise durch Frankreich und die Schweiz, wobei sich große äußere Anspruchslosigkeit mit weitreichenden Interessen durchaus vertrug. Nächst dem unvergeßlichen Paris und der ersten Berührung mit der mittelmeerischen Welt waren es vor allem Klöster und Kirchen, die ich liebgewann.

Seit meiner Rückkehr nach Nürnberg besuche ich wieder die Universität Erlangen. Diese ersten Studienjahre waren reich an Problematik. Reines Spezialistentum kam für mich als Lösung nicht in Betracht. Auch wenn enzyklopädisches Wissen nicht mehr möglich ist, bleibt die Verpflichtung zur Universität bestehen. Als sinnvollste Methode erschien es mir daher, mit der Errichtung von Stützpunkten und Messungen zu beginnen, kleiner, wohlbegründeter Inseln, von denen aus ein festes Urteil überhaupt erst möglich sein wird. Dabei sind jene Punkte auszuwählen, denen in geschichtlichen Augenblicken erhöhte Bedeutung zukommt. Als größte Vorbilder dieser Methode möchte ich Blaise Pascal und Ernst Jünger nennen, zwei Autoren, die von großem Einfluß auf mich gewesen sind.

Die günstigsten Bedingungen für eine spätere Wirksamkeit scheinen mir in der Publizistik vorzuliegen. Zum Berufsziel habe ich mir demnach gesetzt, Feuilleton-Redakteur an einer Tageszeitung zu werden. Dabei möchte ich die Möglichkeiten des Rundfunks und des Fernsehens im Auge behalten. Besonders stark ist mein Interesse am Theater, und ich würde über meine Mitarbeit bei einer Studiobühne hinaus gerne Theaterwissenschaft treiben, ein Studium, das in Erlangen aber nicht möglich ist, während meine Verhältnisse mir einen Wechsel des Hochschulortes nicht gestatten. […]

Nürnberg, im Juni 1951

»Jetzt gleiche ich einem Autoreifen, aus dem langsam die Luft entweicht.«

André Gide im Alter

Während die europäische Politik sich ahnungslos oder duckmäuserisch gibt, fällt auf, daß die effektivsten Gegner des »tiefen Staates« gerade aus den Vereinigten Staaten kommen. Die als Verräter gebrandmarkten Pfeifenbläser wie Mr. Ellsberg, Mr. Drake, Mr. Brown, Mr. Manning und Mr. Snowden sind es, die der Verfassung ihres Landes die Treue halten.

Wer auf der Seite der Überwachung und der Kontrolle am längeren Hebel sitzt, ist im einzelnen schwer auszumachen.

Sind es die sogenannten staatlichen »Dienste«, die sich von jeder demokratischen Kontrolle emanzipiert haben? Schon ihrem Gründungsvater J. Edgar Hoover, dem Chef des FBI, war es gelungen, amerikanische Präsidenten mit seinen Dossiers einzuschüchtern. Heute sehen viele Regierungschefs den monströsen Diensten, die sich als ihre Herren aufspielen, ohnmächtig zu.

Sind es also Einrichtungen, die sich hinter Akronymen wie NSA, GCHQS, CSIS, NZSIS, DGSE und BND verbergen, die das Heft in der Hand haben, oder sind es ihre Komplizen, die Internet-Konzerne, die den weltweiten Datenverkehr beherrschen? Diese Partnerschaft bildet ein politisches Parallel-Universum, in dem Demokratie keine Rolle mehr spielt.

Es gibt in diesem Bunde noch einen Dritten: die organisierte Kriminalität. Auch da ist es nicht immer klar erkennbar, mit wem man es zu tun hat. Zwar weiß jeder User, daß internationale Syndikate im Netz unterwegs sind, um Daten zu stehlen, Spam, Phishing-Attacken, Viren und Trojaner auszusäen, Drogengelder zu waschen, mit Waffen zu handeln und so an den Opportunitätsgewinnen zu partizipieren, die der Datenstrom zu bieten hat. Doch sind die Grenzen zwischen zivilen und militärischen Geschäften, zwischen Spionage und terroristischen Zellen fließend, weil alle Beteiligten die gleichen Methoden anwenden und ihre Informatiker, Hacker und Kryptographen aus ein und demselben Talentpool rekrutieren.

Das gilt für einen weiteren Teilnehmer am Spiel mit dem Netz. Er ist der bei weitem kleinste. Seine Rolle ist die des Störenfrieds. Weil die Netzguerilla anonym operiert und auf hierarchische Organisationsformen verzichtet, ist sie schwer zu fassen. Diese avancierte Form des zivilen Widerstandes hält für die Geheimdienste vermutlich noch manche unangenehme Überraschung bereit.

Das Schöne in dem postdemokratischen Regime, in dem wir leben, ist seine Lautlosigkeit. Die Rolle des Blockwarts und des

Denunzianten haben Millionen von Überwachungskameras und Mobiltelefone übernommen. In Ländern wie Großbritannien oder Deutschland braucht kaum einer befürchten, daß er ohne Gerichtsurteil entführt, deportiert, in ein Konzentrationslager gesperrt oder durch eine Drohne ermordet wird.

Für die allermeisten ist das ziemlich angenehm. Soll man also die Entdeckung, daß die totale Überwachung und Kontrolle der Bevölkerung auch mit relativ gewaltlosen, relativ unblutigen Mitteln möglich sind, einen historischen Fortschritt nennen? Garantiert wird dieser Zustand durch die Herrschaft der Dienste und ihr Bündnis mit der Reklame. Doch wer sich mit diesem Regime abfindet, der tut es auf eigene Gefahr.

Am Ende einer Notiz schreibt er oft in Klammern πμ. Diese Chiffre könnte *propria manu* bedeuten, wahrscheinlicher steht sie aber für *pellicidus mons*, d. h. Lichtenberg. Manchmal nennt er sich auch *Lion*, obgleich er einem Löwen nicht ähnlich sah.

Daß man immer von ihm abschreiben möchte, liegt daran, daß er uns als ein Prophet wider Willen dient. So beschreibt er anno 1799, wie es im New York von heute zugeht:

»Die Polizei-Anstalten in einer gewissen Stadt lassen sich füglich mit den Klappermühlen auf den Kirschen-Bäumen vergleichen. Sie stehen stille, wenn das Klappern am nötigsten wäre, und machen einen fürchterlichen Lärm, wenn wegen des heftigen Windes kein Sperling kömmt.« (*L 506*)

War er ein Antisemit? Dieser Begriff war damals noch nicht erfunden. Die Deutschen hatten kein Wort dafür, nur die Haltung kannten sie. Ich glaube, Lichtenberg konnte die Juden einfach nicht leiden, ebensowenig wie die Katholiken, die Fürsten, die Dummköpfe und eine endlose Schar von anderen seiner Zeitgenossen. Auch die Pfaffen, die Franzosen und die Deutschen beurteilte er ziemlich ungnädig. Jede Feministin würde ihn kurzerhand als Weiberfeind brandmarken; doch hielt er es selten lange ohne eine Bettgefährtin aus. Ich wäre ungern sein Schüler gewesen, obwohl man viel von ihm lernen kann. Er gehört zu den Meistern, die man am besten aus der Entfernung bewundert.

An dieser Stelle ist ein Gedenkblatt für Wolfgang Promies (1935-2002) angebracht. Diesem entsagungsvollen Philologen ist nicht nur die maßgebliche Lichtenberg-Edition zu verdanken, sondern auch ein 1100 Seiten starker Kommentarband zu den Sudelbüchern, samt Wort-, Personen-, Werkregister und Quellenverzeichnis, in dem selbst das entlegenste Detail nachgewiesen wird. Von ihm stammt auch eine vorzügliche Monographie über Lichtenberg (1964), der sich von einem solchen Maß an Hingabe nichts hätte träumen lassen.

»Das geht mich nichts mehr an.« Das sagt jeder, der schon am Ufer zugesehen hat, wie manche Aufregungen als Kadaver an ihm vorbeigeschwommen sind. Die zunehmende Zahl von Problemen, Debatten, Erscheinungen, die er gerne Jüngeren überläßt, gehört zu den unvermeidlichen Alterserscheinungen. In der Kunst des Ignorierens hat er es weit gebracht.

Beispiele: die Fortschritte und Dilemmata der Reproduktionsmedizin; der Eifer, mit dem alle darauf bedacht sind, alles

mögliche zu digitalisieren – ihre Kühlschränke, Autos und Zahnbürsten; die Vorliebe für Schul-, Gesundheits- und Universi-
tätsreformen, die sich in den Schwanz beißen; die Beschäftigung mit *Gender Studies*; der Fleiß, mit dem sich Menschen
in den sogenannten sozialen Medien ausstellen; *Selfies*, *Blogs*
und *Twitter*; die Begeisterung für *Selftracking* und Selbstopti-
mierung.

Das schrumpfende Interesse an der Aktualität, an der Mode
und am »Trend« ist auch eine Folge der zunehmenden Lebenserwartung. Der Achtzig- oder Neunzigjährige weigert sich hartnäckig abzutreten, sagt aber zugleich den Jüngeren: »Dies und jenes müßt ihr unter euch ausmachen; da spiele ich nicht mehr
mit.« Das entlastet nicht nur ihn, sondern auch seine Nachfah-
ren.

Wieder im Botanischen Garten. Betäubt vom Ideenreichtum
der Evolution, die früher Schöpfung hieß. Der hochmütige Na-
bokov wußte, was er an den Schmetterlingen hatte, und sah ein,
daß er mit ihnen nicht wetteifern konnte. Platt und schäbig die
Tricks der Investmentbanker, verglichen mit den Tarnungen und
der Mimikry der Insekten und der Pflanzen. Rätselhaft, selbst
für Darwin, das obsessive Beharren der Natur auf der Bildung
von Mustern; kein Algorithmus kann da mithalten, weil jedes
genetische Programm von Abweichungen wimmelt. Jedes ge-
fleckte Blatt ist anders. Die Tüpfelungen und Farbenspiele
der Raupen, ihre winzigen Stacheln und Härchen, die Sporen
der Farne, die Augen der Falter, das alles übertrifft bei weitem
unser Fassungsvermögen.

Survival of the Fittest

Pflichtbewußt streben die Einwohner reicher Länder zu sogenannten Studios, in denen sie sich Maschinen anvertrauen, die
Folterwerkzeugen ähneln. Ohne es zu wissen, huldigen sie einem Slogan, den Charles Darwin in die Welt gesetzt hat und
den die Welt beim Wort genommen, und das heißt, mißverstanden hat. Der Evolutionstheorie zufolge stellt sich nämlich
erst heraus, wer *the fittest* war, wenn es zu spät ist.

Non solum delectat

Warum es keine zwei Blätter gibt, die identisch sind, warum
Gott oder die Evolution sich nie wiederholt, darüber hat sich
schon Leibniz den Kopf zerbrochen. Nur der menschlichen Industrie ist es eingefallen, die Produktion zu standardisieren.
Natürlich mußte jeder Versuch, viele absolut gleiche Gegenstände herzustellen, scheitern. Zwei identische Schraubendre-
her kann es nicht geben. Man braucht sie nur genau genug zu
untersuchen, schon zeigen sich ihre Abweichungen. Die Vielfalt ist unbesiegbar.

Zur Sekundärliteratur

»Birds don't make good ornithologists.«

Barnett Newman, amerikanischer Maler

Die Kunst des Schwurbelns

Im Grimmschen Wörterbuch kommt das *Geschwurbel* als Verbalsubstantiv zu *schwurbeln* und *schwirbeln* vor und wird so erklärt: »verworrene menge, schwarm, confuser lärm, taumel«. Es ist »ähnlich wie Geschwafel ein abwertend gebrauchter Ausdruck der Umgangssprache für vermeintlich oder tatsächlich unverständliche, realitätsferne oder inhaltsleere Aussagen. Anwendung findet das Wort vorwiegend in Umgebungen, wo sprachliche Ausdrucksformen für eine abgrenzende Darstellung von besonderer Bedeutung sind, so in Politik, Religion, Werbung oder auch den Geisteswissenschaften« (Wikipedia).

Im Kunstbetrieb, im Journalismus und in der Kulturpolitik gehört das Schwafeln zu den gefragtesten Talenten. Wer sich verständlich ausdrückt, scheidet aus. Oft sind die großen Könner schon nach den ersten paar Sätzen klar erkennbar; doch wäre es nicht nur ungerecht, sondern auch vergeblich, eine der heute so beliebten Ranglisten aufzustellen. Der Andrang ist einfach zu groß. Bazon Brock, Giorgio Agamben, Heiner Bastian, Patrick Bahners, Slavoj Žižek oder Dietmar Dath wären sicher beleidigt, wenn man ihnen dort keinen Ehrenplatz zuteil werden ließe.

Die Rede vom passiven Widerstand hört sich meist reichlich heldenhaft an, ganz so, als wäre die Rede von Gandhi oder von entschlossenen Demonstranten, die sich anketten oder von der Polizei wegschleppen lassen. In Wirklichkeit geht es meist um eine alltägliche, bescheidene, lautlose Erscheinung. Viele Millionen, vielleicht sind sie sogar in der Mehrheit, hören einfach weg, kaufen nicht, was ihnen angepriesen wird, enthalten sich der Stimme, gehen nicht ins Theater, machen von irgendeinem unentbehrlichen Gerät keinen Gebrauch, ignorieren Aufrufe und Parolen, verpassen die meisten angesagten Trends.

Dieser stille Widerstand ist mächtig. Er speist sich aus der Energie der Trägheit. An ihr prallen Propaganda und Reklame ab. Diese Resistenz ist unpolitisch, undeutlich, weder gut noch schlecht. Die Passivität der Menge zu überwinden ist schwer.

Messies

Die korrekte englische Bezeichnung lautet *Compulsive Hoarding*, zwanghaftes Horten. Das Syndrom bezeichnet die Unfähigkeit, die eigene Wohnung aufzuräumen und der Ansammlung von Müll Herr zu werden. *Messies* mauern sich gewissermaßen selbst in der Menge der Gegenstände ein, die sie aufhäufen. Das Material hat keine Bedeutung. Ein voller Aschenbecher kann ebenso jahrelang stehenbleiben wie ein unbrauchbares Möbelstück, ein Haufen alter Zeitungen oder ein vergessenes Souvenir. Die Räumlichkeiten füllen sich wie von selbst bis zum Bersten an, so daß der Besitzer sich nur mit Mühe einen Weg bahnen kann. Das Überflüssige ist vom Unentbehrlichen nicht mehr zu unterscheiden. Mitbewohner, Ehepartner und Kinder ergreifen die Flucht, weil ein Zusammenleben nicht mehr möglich ist.

Man hält dieses pathologische Verhalten für eine typische Zivilisationskrankheit. Es geht aber, wie jedes Sammeln, jede Vorratshaltung und jedes Schmücken, auf tiefe anthropologische Wurzeln zurück. Spuren davon zeigen sich auch in elendesten Slums. Der Reichtum führt nur zu einer Entfesselung dieser Antriebe.

Das zwanghafte Horten ist nicht auf Gegenstände angewiesen. Die Akkumulation des Kapitals zeigt deutlich Züge eines *Messie*-Syndroms. Man kann sich nicht nur im eigenen Müll, sondern auch in den eigenen Milliarden einmauern.

Zum Andenken an Laura

Um zu wissen, daß wir alle für unsere *éducation sentimentale* auf die Frauen angewiesen sind, brauchen wir nicht Flaubert zu lesen, und ich vermute, daß etwas Ähnliches auch für die ästhetische und politische Dimension des Lebens gilt. Für mich jedenfalls war es Laura, die mir, eher durch ihr Beispiel als durch irgendwelche Lehren, seit den sechziger Jahren vieles von dem beigebracht hat, was mir damals fehlte.

Die Konflikte jener Zeit sind heute halbvergessen: Kriege im Kongo und in Indochina, Maoismus, Guerilla in Lateinamerika, Eurokommunismus, Prager Frühling … In der Kultur der Linken haben damals die wenigsten einen klaren Kopf behalten, nicht zuletzt weil sie es vorzogen, in den Eingeweiden der »Klassiker« zu lesen, statt sich der Realität der kommunistischen Regimes auszusetzen. Nicht so Laura, die jahrelang auf Cuba und in Peru gearbeitet hat.

Und zugleich war sie eine Illuminatin der Literatur, ja sogar der Philologie. Wie sie es fertiggebracht hat, mich an ein und demselben Tag über Moïse Tschombé oder Enver Hodscha aufzuklären und mir *Il Politecnico*, Carlo Emilio Gadda und Giorgio Manganelli nahezubringen, das grenzt ans Wunderbare. Ich glaube, daß sie einfach unfähig war, einen dogmatischen oder sektiererischen Satz hervorzubringen.

Ein leichtes Leben war es nicht, das sie führte. Die Heiterkeit, mit der sie es bestand, habe ich bewundert. Und wie mutig sie war!

Was als eine Art *amitié amoureuse* begann, hat als treues Einverständnis viele Jahrzehnte lang fortbestanden. Einen Menschen ihresgleichen werde ich in diesem Leben nicht mehr finden.

Die wirksamsten Aphrodisiaka sind immer noch Liebe, Macht und Geld – in absteigender Reihenfolge.

Woher hast du das? Vom Hörensagen. Es ist mir zu Ohren gekommen. Ich habe etwas läuten hören. Es hat sich herumgesprochen. Aus der Gerüchteküche. Durch die Buschtrommel. Durch den Flurfunk.

Through the grapevine – dieser Ausdruck soll auf den amerikanischen Bürgerkrieg zurückgehen. Die Telegraphendrähte, heißt es, hätten sich wie Weinranken von einem Baum zum andern geschlungen. Wie viele Etymologien ist auch diese vermutlich nur ein Gerücht.

»Warum, warum nur müssen sich Autoren in Theaterinszenierungen einmischen?« stöhnt eines unserer Regie-Genies. Es stört ihn, daß es Dramatiker gibt, die an seiner Allmacht zweifeln. Stücke sind für ihn nur eine Müllhalde, aus der er sich bedienen kann, um seine Kunst auszuleben.

»Unsere Zeitungen sind Sagen der Zeit. Man hat nachgerechnet und gefunden, daß ¼ von jedem Blatt mit Berichtigung von alten Lügen und ¾ mit neuen Lügen angefüllt sind.«

Lichtenberg, Sudelbücher, Heft J, 1224

Auch eine Art, die Zeit zu verschwenden

Herr Zett hat gesagt, man solle weniger lesen. Das sei eine schlechte Gewohnheit und ebenso schädlich für die Gesundheit wie der Tabak. »Hätte ich selber nachgedacht, statt Bücher oder gar Zeitungen in die Hand zu nehmen«, fuhr er fort, »so wäre ich vermutlich gescheiter geworden.«

Ich habe mich leider an seinen Rat nie gehalten. Am schlimmsten schlugen nicht die Bücher, sondern die Periodika zu Buche.

Als Kind war ich ein treuer Leser von *Lurchi*, einem frühen *Comic*, der nur in gewissen Schuhgeschäften zu haben war, der Wochenzeitung *Das Reich*, der *Berliner Illustrirten Zeitung* und des Nürnberger *8-Uhr-Blattes*, das für den Boulevard zuständig war. Später kamen die *Stars and Stripes* der amerikanischen Armee, die *Neue Zeitung* und natürlich *Der Spiegel* und *Die Zeit* hinzu, aber auch längst vergessene, kurzlebige Zeitschriften wie *Der Ruf*, die *Vision* und *Die Fähre*. Ich schluckte alles. Ich kann mich heute noch an die *Frankfurter Hefte* erinnern. Den *Merkur, Sinn und Form* und die *Neue Rundschau* gibt es immer noch, während *Der Freibeuter* verschwunden ist.

Mein amateurhaftes Interesse an den Wissenschaften hat mich so weit gebracht, daß ich jahrzehntelang den *Scientific American* las. Heute werde ich nach wie vor viermal im Jahr kosten- und portofrei mit der *Max Planck Forschung* beliefert.

Die Tageszeitungen, die für Hegel das Morgengebet ersetzten und für Brecht zu den »Sterbsakramenten« gehörten, blätterte ich gewöhnlich zerstreut beim Frühstück durch. Wenn ich die ausländischen Titel aufzählen wollte, würde sich das anhören, als wäre ich stolz darauf gewesen, überall Bescheid zu wissen. Dabei datieren sie nur die Jahrzehnte, meine wechselnden Vorlieben und Aufenthalte.

Jahrelang las ich *The New Statesman*. Später abonnierte ich den *New Yorker*. Heute landet die *New York Review of Books* in meinem Briefkasten. In Rom schien mir einst der *Espresso* lesenswert, als er noch im Kupfertiefdruck und im Großformat erschien. Auch der *Observer* war gut, solange David Astor für ihn sorgte und Sebastian Haffner dabei war. In Frankreich gab es *Les Temps modernes* und *Les Lettres nouvelles*; und im kalten Krieg taten sich *Encounter, Der Monat* und *Vuelta* hervor. Mußte ich mich unbedingt auch in Skandinavien auf dem laufenden halten? Dafür waren in Stockholm einst *Bonniers Litterära Magasin*, in Oslo *Samtiden* und in Kopenhagen *Vindrosen* maßgebend. Wer es in Italien genauer wissen wollte, las *Il Menabó, Linea d'ombra* oder die *Quaderni Piacentini*.

Bei manchen Heften, die ich gerne loswerden möchte, bin ich auf einer kostenlosen *mailing list* gelandet, von der gestrichen zu werden unmöglich ist.

Das einzige Land, das mir zu einem Entzug von dieser gefährlichen Droge verhalf, war Cuba. Nicht einmal die *Iswestija* konnte mit der Schäbigkeit der *Granma* konkurrieren. Dem Rückfall in das Laster der Zeitungslektüre erlag ich, kaum daß ich die Insel verlassen hatte.

Die Schweden zählten immer zur Avantgarde des Konformismus. Sie sind schon eifrig dabei, das Bargeld zwangsweise abzuschaffen und arbeiten an der Einpflanzung von Computerchips in den eigenen Körper. Auch ihre Nahrung möchten sie lieber importieren; die Landwirtschaft ist ihnen zu altmodisch. Früher ging es ihnen um das »Volksheim« und die sozialdemokratische Gleichmacherei, heute möchten sie digitaler sein als alle anderen. Nur eine kleine Minderheit weiß noch, was das Wort Eigensinn bedeutet.

Wer zum Abschied leise *servus* sagt oder *tschüss* oder *ciao*, gibt sich als Sklave zu erkennen, denn auf dieses Wort geht die freundschaftlich gemeinte Formel zurück. Mit »Ihrem sehr ergebenen XY« zeichnen nur noch aus der Zeit gefallene Personen.

Schwer zu sagen, was dabei überwiegt, die Gedankenlosigkeit oder die Ironie. Doch wenn der britische Bürokrat sich nach wie vor mit der Grußformel verabschiedet »*Your most obedient and humble servant*«, ist der höhnische Unterton unverkennbar.

Staatsdiener sehen sich selten als Dienstmänner. Geheimdienste spielen sich als *Intelligence Service* auf, entziehen sich jeder Kontrolle und führen Regierungschefs und Parlamente an der Nase herum. Bedienung gibt es nur noch in der Gastronomie, soweit auch dort nicht, wie im Supermarkt, längst der *Selfservice* regiert. Nur auf dem Grundbuchamt überwintert noch die *Dienstbarkeit* als juristische Formel. Nacht- und Wehrdienst abzuschaffen ist niemandem eingefallen.

Das alles gemahnt an Étienne de La Boéties These von der freiwilligen Knechtschaft, der sich die Mehrheit unterwirft.

»Vergleichung zwischen Philosophie und Frisur; sie hängen beide von der Mode ab.«

Lichtenberg, Sudelbücher, Heft L, 4

Die einzigen Theologen, die sich bemüht haben, die Eigenschaften Gottes zu definieren, waren die katholischen Kirchenlehrer. Sie sagen, er sei ewig, allmächtig, allwissend und allgegenwärtig. Dagegen unterschieden sich die heidnischen Götter zwar von den Menschen, aber nicht ganz und gar. Sie waren unsterblich, aber geboren; sie waren mächtig, aber nur bis zu einem gewissen Grad; sie wußten mehr als wir, aber nicht alles; manchmal waren sie anwesend, manchmal verschwunden.

Dagegen ist der christliche Gott unvergleichlich mit unsereinem, der nur vorübergehend existiert, schwach und unwissend ist und sich immer nur dort aufhält, wohin ihn der Zufall verschlägt. Er ist die exakte Negation all dessen, was wir über uns selber sagen können.

Ein Maskottchen ist eigentlich eine kleine Hexe. Provenzalisch *masco*, verwandt mit Maske, daraus die Verkleinerung *mascoto* und französisch *mascotte* mit der Bedeutung Zauberei, auch Glücksbringer, besonders im Spiel, oder Talisman, Amulett. Später haben sich die Reklame- und Marketingleute des Wortes bemächtigt und es für irgendwelche Konzerne oder sogenannte Großevents wie Weltmeisterschaften oder Olympische Spiele mißbraucht. Jeder Aberglaube ist ehrwürdiger als ihr gieriger Kitsch.

Myrmidon hieß bei den alten Griechen, die mit den heutigen Hellenen wenig Ähnlichkeit haben, der König eines sagenhaften Kriegervolkes. Seine Tochter wurde von Zeus in Gestalt einer Ameise verführt, eine phantastische Idee, die sogar die Geschichte der Leda an Einfallsreichtum weit übertrifft.

Nur in den Annalen der Wissenschaft ist die Legende wie die fossile Ameise im Bernstein aufbewahrt. Die Zoologen, die sich dem Studium dieser Insekten widmen, nennen sich *Myrmekologen*.

Collected Stories, 663 Seiten, respektvoll übersetzt und annotiert von Nabokovs Sohn Dmitri. Enttäuschende Virtuosität. Haarsträubender Snobismus, Sehnsucht nach Lakaien, Kindermädchen, einem imaginären aristokratischen Rußland. Die Deklassierung nagt am Erzähler. *He is trying too hard.* Es fehlt ihm an Unbefangenheit, daher das prätentiöse Vokabular. Man nennt einen solchen Stil *overwritten*. Herrliche Details, die auf die Dauer ermüden. Ein Meister, der sich überschätzt.

»Ich kann Geld nicht leiden – wer könnte das schon? Die Münzen sind häßlich, und das Papier ist dreckig, wie Zeitungen, die man auf der Straße aufliest. Aber man muß sich einfach mit ihm abfinden.«

Mr. Dreuther in Graham Greene,
Loser Takes All, London 1955

»Mit Beantworten muß man *nolens volens* Bankerutt machen und nur unter der Hand diesen oder jenen Kreditor befriedigen. Meine Maxime ist: Wenn ich sehe, daß die Leute bloß ihretwegen an mich schreiben, etwas für ihr Individuum damit bezwecken, so geht mich das nichts an.«

Goethe mit zweiundachtzig an Friedrich von Müller

Lästig ist der Betroffenheitsregen, der in Deutschland niedertrieft und gegen den kein Schirm hilft. Ihn über die Öffentlichkeit zu ergießen, sind vor allem jene bemüht, die der gegebene Anlaß, ein Unglück, eine Katastrophe, ein Flüchtlingsdrama oder ein Anschlag, am allerwenigsten betrifft: Politiker, Medienleute, Kirchenvertreter, die an ihren Redepulten und in ihren Talkshows auf dem trockenen sitzen.

»Typisch deutsch«, ein Ausdruck, den nur Deutsche im Munde führen, wobei sie niemals sich selber meinen.

Leeres ist das beste Papier.

Die Fee, die den Neugeborenen beisteht, ist immer vergeßlicher geworden. Den meisten hat sie versäumt, eine lebenswichtige Gabe mitzubringen: das Talent zur Faulheit.

Alle, wie sie auch sein mögen, sind Teil eines Ganzen, das sie nicht durchschauen.

Die Vorstellung, daß die prognostischen Fähigkeiten moderner Gesellschaften denen ihrer Vorgänger überlegen seien, ist weit verbreitet. Bessere Daten, bessere Instrumente, bessere mathematische Methoden, bessere Rechenkapazitäten – das alles führt zu der Illusion, daß die Menschheit anders als früher verläßliche Voraussagen darüber treffen könne, was ihr bevorsteht.

Wie kommt es aber, daß schon schlichte Wetterprognosen, die über zwei oder drei Tage hinausgehen, notorisch unzuverlässig sind; daß die ökonomischen Wissenschaften sich mit ihren Ratschlägen regelmäßig blamieren; daß jedes Software-Programm von einiger Komplexität von Sicherheitslücken geplagt wird, die immer neue *Updates* erforderlich machen; und daß weder die Demoskopen noch die hochgerüsteten Geheimdienste in der Lage sind, umwälzende Prozesse rechtzeitig zu erkennen?

Vermutlich sabotieren sich ihre Anstrengungen selbst, und zwar eben gerade dadurch, daß sie nicht zuwenig, sondern zuviel wissen. Die Zahl der Variablen wächst mit der Menge der verfügbaren Information. Bereits die dynamischen Prozesse in einem afrikanischen Dorf übersteigen die analytischen Fähigkeiten der besten Ethnologen. Wie soll jemand damit fertigwerden, die Globalisierung zu deuten, die Bewegungen auf den Finanzmärkten oder die chaotische Gemengelage in den Zonen der Bürgerkriege?

Es ist kein Wunder, daß die Prognosen der Wissenschaften, von der Klimaforschung bis zur Demographie und von der Militärstrategie bis zur Genetik, immer öfter an die Wahrsagerei älterer Zeiten erinnern. Nicht als hätten sie keine Fortschritte gemacht – ganz im Gegenteil. Aber ihre Erkenntnisse sind instabil. Sie haben einsehen müssen, daß die Berechenbarkeit immer mehr abnimmt, je mehr sie wissen. Einfache Kausalketten gibt es nicht. Je mehr Fakten, desto mehr Wechselwirkungen, desto mehr rekursive Schleifen, nichtlineare Störungen, Turbulenzen, mit einem Wort: desto mehr unbeherrschbares Chaos. Die Physiker haben sich von einer klassischen Newton- oder Laplace-Welt längst verabschiedet. Sie sprechen von Singularitäten und begnügen sich mit Wahrscheinlichkeiten. Sich damit abzufinden fällt nicht nur Spielern und Spekulanten, sondern auch allen anderen schwer. Das liegt daran, daß die Probabilistik voller Tücken steckt; denn wie schon Aristoteles erkannt

hat, ist es wahrscheinlich, daß das Unwahrscheinliche geschieht.

Ereignisse von hoher Unwahrscheinlichkeit sind ärgerliche »Aus-
reißer« und sabotieren alle Prognosen. Sie lösen bei den einen
Schrecken aus, andere dagegen lachen, wenn sie einer Überraschung begegnen.

Metabolismus

Warum ist immer nur vom Stoffwechsel die Rede? Wie verhält
es sich mit dem Gedankenwechsel? Genau wie die Materie und
die Energie werden doch auch die Ideen ausgetauscht. Und das
geschieht meist unmerklich, auch ohne daß wir es beabsichti-
gen. Manche bewegen sich langsam, in beinah geologischer
Zeit, andere blitzartig und viel zu schnell für unsere Sinne.

Wo Was War. Ein paar Ortsdurchmusterungen

Die Aachener Printe, die Bibliothek von Alexandria, der Augs-
burger Religionsfrieden, der Auschwitz-Prozeß, der Bamberger
Reiter, die Berliner Schnauze, der bethlehemitische Kindermord,

der Bikini, der *Bombay Gin*, das Brandenburger Tor, die Bremer Stadtmusikanten, die Brüsseler Spitze, die Währungsordnung von *Bretton Woods*, der Gang nach Canossa, die Damaszener Klinge, das Danziger Goldwasser, die Delfter Kachel, das Orakel von Delphi, der Dijoner Senf, die Düsseldorfer Tabelle, der Edamer Käse, die Flensburger Punkte, der Florentiner, das Frankfurter Würstchen, der Gazastreifen, die Genfer Konvention, der Genter Altar, die Straße von Gibraltar, die Haager Landkriegsordnung, die Habana-Zigarre, der Hamburger, das Hawaiihemd, die Schlußakte von Helsinki, der Augustinus von Hippo, der Hollywoodfilm, die Konferenz von Jalta, die Kalmarer Union, die Hochzeit zu Kana, die Karlsbader Oblate, die Karmeliten, das Kasseler Rippchen, das Kölnischwasser, die Königsberger Klopse, die Therese von Konnersreuth, das Konstanzer Konzil, der Kopenhagener, die korinthische Säule, das Leipziger Allerlei, der Lipizzaner, das Londoner *Fixing*, der Lukian von Samosota, das Luxemburgerli, der Maastrichter Vertrag, der Manchesterkapitalismus, der Manhattan, die Marseiller Seife, das Meißner Porzellan, die Straße von Messina, die Venus von Milo, die Belagerung von Missolunghi, der Mokka, das Murano-Glas, die Monte-Carlo-Methode, das Münchner Abkommen, das Edikt von Nantes, der Neapolitaner, der Nürnberger Lebkuchen, die Lyoner Wurst, die Jungfrau von Orleans, der Oslo-Friedensprozeß, der Antonius von Padua, der Panamakanal, das Parmaveilchen, der Pariser Club, das *San Pellegrino*, die Peterburger Hängung, das Pilsner Bier, der Prager Fenstersturz, die Römischen Verträge, der Koloß von Rhodos, der Regensburger Reichstag, der Rottweiler Hund, die Salurner Klause, die Salzburger Nockerln, der Schengen-Raum, die Rosen von Schiras, das Schweinfurter Grün, das Selterswasser, der Barbier von Sevilla, der *Singapore Sling*, die Schlacht von Solferino, die Oper von Sydney, das Ännchen von Tharau, das Tübinger Stift, das Stockholm-Syndrom, der Friede von Tilsit, der Tokajer, der Trakehner, das Trojanische Pferd, die Schwarze Madonna von Tschenstochau, der Schneider von Ulm, das Vatikanische Konzil, der Veltliner, der Versailler Vertrag, die Schlacht von Waterloo, der *Wandsbecker Bote*, die Weimarer Republik, der Wiener Kongreß, das Wiener Schnitzel, die Worcestersauce, die Worpsweder Künstlerkolonie, die Zisterzienser, das Züricher Geschnetzelte …

In Deutschland gibt es Verkehrsschilder, auf denen das Wort *Umweltzone* prangt. Der Verwaltungsbeamte, der sie aufgestellt hat, sorgt dafür, daß wir grübelnd vor ihnen stehenbleiben. Was meint er damit? Will er uns vor einer Zone warnen, in der keine Außenwelt existiert? Vor einem Schwarzen Loch? Oder sind wir dabei, eine Zone zu betreten, die genau im Zentrum der Umwelt liegt? Oder umgekehrt, eine Zone, in der die Umwelt besonders kostbar und schützenswert ist? Aber warum? Und wozu? Es kommt sogar vor, daß das betreffende Schild mit roten Plastikstreifen zugeklebt ist. Was dann? Man hat versäumt, uns ein Heft mit den einschlägigen Vorschriften auszuhändigen, die vermutlich in Berlin oder Brüssel ersonnen worden sind. Wir sind ratlos.

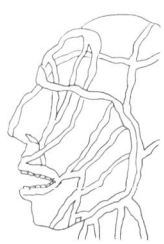

Wer den Ausdruck *Gender Mainstreaming* in den Mund nimmt, sollte ihn alsbald wieder ausspucken, es sei denn, er wollte sich der Geschlechterhauptströmung anvertrauen. Das wäre das Gegenteil dessen, was die Propagandisten im Sinn haben. Von kolonisierten Affen ist freilich nicht zu erwarten, daß sie wüßten, was sie sagen.

Früher gab es nur einen Schöpfer. Seit dem 20. Jahrhundert wollen alle kreativ sein, vor allem der »Modeschöpfer«, der für jede Saison etwas Neues »kreiert«. Kinder, die das Wort so aussprechen, daß es sich auf *feiert* oder *leiert* reimt, haben mehr davon kapiert als der Journalismus oder der Duden.

Man tut gut daran, alles abzusagen, was angesagt ist.

Warum ist die Zeitung jeden Tag bis zum Rand vollgeschrieben, gleichgültig, ob etwas vorgefallen ist oder nicht?

An Amos Oz, Mai 2015

Lieber Amos, nein, nicht nur, um hinten mich in die Schlange der Gratulanten einzureihen, schreibe ich Dir. Ich bin längst zu alt, um mich an Geburtstagen zu erfreuen – das ist doch etwas für die Kinder, die man beschenken soll.

Nein! Es ist Dein Buch, was mir keine Ruhe läßt. So ein Buch liest man, wenn es hoch kommt, alle paar Jahre einmal, und man schreibt es nur einmal im Leben. Alle staunen darüber und reichen es weiter von Hand zu Hand.

Und hierzulande geschehen sogar Zeichen und Wunder. Wer hätte gedacht, daß es in Deutschland ein Publikum gibt, das sich an einem so schweren Brot nicht die Zähne ausbeißt!

Und ich weiß, daß es eine schwere Geburt war und daß Du viele Jahre damit zugebracht hast, ohne Rücksicht auf Deine Gesundheit und auf die Leute, die in Israel das Heft in der Hand halten. Eine bittere Medizin ist es für viele, aber eine gute und sehr haltbare, von der ich glaube, daß sie uns überleben wird.

Das wollte ich Dir nicht am Telefon und nicht auf englisch sagen, sondern schwarz auf weiß. Es ist schade, daß wir uns so selten sehen.

Mit einer Umarmung

Dein Magnus

Resolutions when I come to be old

»Not to marry a young woman.

Not to keep young company, unless they really desire it.

Not to be peevish, or morose, or suspicious.

Not to scorn present ways, or wits, or fashions, or men, or war, &c.

Not to be fond of children.

Not to tell the same story over and over to the same people.

Not to be covetous.

Not to neglect decency, or cleanliness, for fear of falling into nastiness.

Not to be over severe with young people, but give allowances for their youthful follys and weaknesses.

Not to be influenced by, or give ear to knavish tattling servants, or others.

Not to be too free of advice, nor trouble any but those that desire it.

To desire some good friends to inform me which of these resolutions I break, or neglect, & wherein; and reform accordingly.

Not to talk much, nor of myself.

Not to boast of my former beauty, or strength, or favor with ladies, &c.

Not to hearken to flatteries, nor conceive I can be beloved by a young woman; *et eos qui hæreditatem captant, odisse ac vitare.*

Not to be positive or opiniative.

Not to set up for observing alle these rules, for fear I should observe none.

Diese Regeln, an die sich Jonathan Swift, wie er vorhersah, so gut wie nicht gehalten hat, schrieb er 1709 im Alter von zweiunddreißig Jahren.«

Swift, Works, Quarto edition by Deane Swift, vol. VIII, 1765

»Gänzlich ernst nehmen sich nur die Wahnsinnigen.«

Max Beerbohm

Gib's auf! Nie wirst du deine eigene Sprache ganz erlernen. Was ist ein *Grünschenkel*? Ein *Kampfläufer*? Ein *Wattwurm*? Ein *Löffler*? Ein *Knutt*? Ein *Schlickwatt*, ein *Sanderling*, oder ein *Schill*?

Auch mit den größten Wörterbüchern ist einem einzigen Artikel der Rubrik Technik einer guten Tageszeitung nicht beizukommen, wenn der Verfasser weiß, wovon er spricht. Zum Beispiel Carl-Albrecht von Treuenfels in der *Frankfurter Allgemeinen Zeitung* vom 12. Mai 2015.

Hauptamtlich: sonderbares Wort, das sein Leben nur im Deutschen fristet und in keine andere Sprache übersetzbar ist.

Teilnehmer an Revolutionen werden oft als Revoluzzer bezeichnet. Wie wäre es, wenn die Umstürzler in der Pflanzen-und Tierwelt, bei denen es ebenfalls Sieger und Verlierer gibt, *Evoluzzer* hießen?

Oft gesagt, nie beherzigt: Freiwillig lernt kein Kollektiv. Dazu braucht es kräftige historische Nackenschläge. Dieser Satz müßte langwierig entfaltet und durch ein Arsenal von Beispielen bewiesen werden.

Eine solche Argumentation könnte erklären, warum Kollektive nie von den Fehlern, Pleiten und Katastrophen anderer lernen, sondern darauf bestehen, sie zu wiederholen. Nur die Erfahrung am eigenen Leib zählt. (Natürlich gibt Deutschland nach dem Zweiten Weltkrieg das Musterexempel ab.)

Gilt das nicht nur im großen und ganzen oder nur für die Einzelperson? Soweit möchte ich lieber nicht gehen.

Die Routine hat nicht den besten Ruf, obwohl sie unentbehrlich ist. Erhabener tritt bei den Philosophen, mindestens seit Kierkegaard, die *Wiederholung* auf. Gemeinsam ist beiden, daß sie die Macht der Gewohnheit betonen.

Während der Wiederholung eine sakrale Dimension nicht abzusprechen ist, bleibt die Routine auf dem Boden der Tatsachen. Sie leitet sich von *la route* ab, also von der hand- und fußfesten Erfahrung des Weges und der Straße.

Die Nachwelt ist eine Fata Morgana.

Wie haben Musiker, bildende Künstler und Skribenten es fertiggebracht, sich gegen den Vorwurf, sich eines Kunstfehlers schuldig zu machen, so zu immunisieren, daß nur die Angehörigen eines anderen Berufes sich mit ihm herumschlagen müssen? Warum nur die Ärzte?

Nicht nur in der Politik grassiert der Alpinismus. Jeder Dachverband der Hundezüchter und jede obskure Gewerkschaft möchte auf der Höhe sein und veranstaltet einen Gipfel nach dem andern und lädt die Medien auf ihre Maulwurfshügel ein.

Am Eingang zum Zoologischen Garten in Berlin gibt es einen uniformierten Türsteher, der für Ordnung sorgen soll. Zwei Besucherinnen, jede mit einem winzigen Spitz an der Leine, zeigen ihm ihre Eintrittskarten vor. Er schüttelt den Kopf und sagt: »Tiere sind hier verboten.«

Parlamentarisch

»Mein Ich, eine ewig debattierende Menge. Manchmal möchte ich die Glocke schwingen, den Hut aufsetzen und die Sitzung verlassen.«

André Gide, Caractères, 1925

Mein Vater, Jahrgang 1902, hat nie ein Automobil besessen. Er fuhr lieber mit der Bahn. Dabei legten ihm die Verhältnisse manches Hindernis in den Weg. Zuerst hatte er kein Geld, dann gab es keine Devisen mehr, schließlich wurden die Grenzen dichtgemacht, und am Ende fuhren überhaupt keine Züge mehr. Als nach dem Ende des Krieges die Gleise wieder zusammengeflickt wurden, war das Deutsche Reich verschwunden und konnte keine Pässe mehr drucken. Nur wer sehr viel Glück hatte, dem stellte die Militärregierung eine grüne Pappe aus, auf der geschrieben stand: *Travel Document in lieu of a Passport*. Aber auch damit war dem Inhaber nicht geholfen, denn kein Konsulat zeigte Lust, dem deutschen Antragsteller ein Visum zu erteilen, und ohne einen solchen Stempel kam keiner über die Grenze.

Meinen Vater hat das nicht gestört, denn er besaß das *Amtliche Kursbuch für das Reich*, Teil 4, Fremde Länder, Jahrgänge 1928-1939, mit dessen Hilfe er die ganze Welt durchreisen konnte, soweit sie über einen Bahnanschluß verfügte. Die besten Verbindungen und die günstigsten Anschlüsse von Casablanca bis Wladiwostok und von Kiruna bis El Obeid standen ihm also jederzeit zu Gebote. Sprachschwierigkeiten, überfüllte Züge, lästige Verspätungen und mangelhafte hygienische Bedingungen hatte er bei diesen imaginären, aber präzise geplanten Reisen nicht zu befürchten, und außer dem bescheidenen Preis des Druckwerks fielen keinerlei Unkosten an.

Die Nachricht, daß die Deutsche Bahn in Zukunft auf die Drucklegung von Kursbüchern verzichten würde, hätte meinen Vater schwer getroffen. Es ist gut, daß er das nicht mehr erleben mußte. Jede Generation macht Fortschritte, bei denen es ihren Vorgängern angst und bange wird. Zweifellos ergötzen Jüngere, die Tag und Nacht online sind, sich an ihrem virtuosen Umgang mit dem Internet. Ich nehme allerdings an, daß sich mein Vater gefragt hätte, wohin das alles führen würde. Da er jedoch intelligenter war als ich, kann ich nur vermuten, wie seine Schlußfolgerungen ausgesehen hätten.

Wahrscheinlich hätte er gesagt: Es ist nur noch eine Frage der Zeit, bis das Internet obligatorisch sein wird. Wer sich ihm nicht anschließt, wird als asozialer Penner gelten und zu denen zählen, die man einst die Verdammten dieser Erde genannt hat. In absehbarer Zeit wird keine Bank mehr an einem Schalter, kein Geschäft mehr in einem Büro und keine Administration der Welt mehr in einer Amtsstube erreichbar sein.

Ach, Sie wollen ein Automobil anmelden, ein Haus ins Grundbuch eintragen lassen, eine Ehe schließen, Ihre Campingausrüstung verkaufen, einen Job suchen oder an einer Wahl teilnehmen? Bitte sehr, ein paar Mausklicks genügen. (In Estland, heißt es, gehören diese Errungenschaften bereits zum Alltag.) Auch die Justiz, dieser Dinosaurier, wird Sie bald auf eine Weise verknacken, die an Bürgernähe nicht mehr zu übertreffen ist; bleiben Sie ruhig zu Hause, Sie brauchen nie mehr in einem öden Gerichtssaal zu erscheinen; eine Strompost genügt. Auch die Postämter werden demnächst schließen; allein schon das Wort hört sich an wie aus einem längst verflossenen Jahrhundert. Ist es nicht nachgerade eine Zumutung, daß einem immer noch Briefe ins Haus geschickt werden, wo es doch so komfortable Einrichtungen gibt wie *Twitter*, *SMS* oder *Skype*?

Alles in allem, hätte mein Vater gesagt, wirst du, mein Lieber, in einer kommoden Neuen Welt leben, die keinen Unterschied zwischen Service und Überwachung mehr kennt. Meine Kursbücher sind unter diesen Umständen natürlich nicht nur entbehrlich, sie gehören auf den hinreichend bekannten Misthaufen der Geschichte.

Soweit die mutmaßlichen Gedanken eines Menschen aus dem vergangenen Jahrhundert, der übrigens selber zum Fortschritt der technischen Kommunikation beigetragen hat, indem er, soweit seine Kompetenzen reichen, eine andere ehrwürdige Institution, das sogenannte *Fernamt*, mit seinen handlichen Steckverbindungen, durch Automaten (*Hebedrehwähler System 50*) überflüssig und damit das muntere Fräulein vom Amt brotlos machte.

Was aber die Haltbarkeit der Geräte angeht, die er installierte, hegte mein Vater nicht die geringsten Illusionen. Eine Halbwertzeit von höchstens zwölf Jahren, pflegte er zu sagen, mehr ist nicht drin. So rasch altert der neueste Schrott. Merke dir also eines, hat er mir damals schon eingeschärft: Geduldig ist nur das Papier. Das wissen auch die Evangelisten der Elektronik, und deshalb steigt mit jedem ihrer Fortschritte der Papierverbrauch. Mach es also wie die Bahn mit ihren Fahrplänen: Alles, was du ausdrücken willst, drucke es aus!

Was ist mit einem Spitzengespräch gemeint? Etwas Zugespitztes? Eine Unterhaltung, zu der nur Chefs Zutritt haben? Oder ist es nur ein anderer Ausdruck für Wichtigtuerei?

Klimawandel: Als gäbe es ein Klima, das sich nicht ändert. Wie alle Tautologien ist dieser Ausdruck beliebt.

Reklame ist Terror. Aber gilt der Satz auch umgekehrt? Ohne daß der Terror sich mit allen medialen Mitteln selbst anzeigt, wäre er wirkungslos. Er braucht, wie *Facebook*, immer mehr Freunde, immer mehr Klicks. Genau wie *Google*, das 2014 sechzig Milliarden Dollar Umsatz gemacht hat, Tendenz steigend. Auch die Geschäfte des Islamischen Staates scheinen gut zu gehen.

Coolness – eine unbedingte Forderung, die nicht nur die sogenannte Jugendkultur erhebt. Sie ist auch im Feuilleton unumstritten. Das Gedrängel rund um die Klimaanlagen nimmt die Züge eines Massenansturms an, nicht weit von einer Panik entfernt. Wie so oft ist da der Rückzug die beste Option.

Es gibt eine unsichtbare Liste der Dankbarkeit, auf der keine Freunde stehen, nur Langweiler, Wichtigtuer, Klatschbasen und Schnorrer, die einen verschonen. Sie werden geschätzt, solange sie nicht anrufen, mit keinem Besuch drohen und sich weder auf eine längst vergessene Zufallsbekanntschaft im Zug, im Urlaub oder im Bett berufen. Angenehm fallen sie auch dadurch auf, daß sie keine Autogrammwünsche äußern, keine Empfehlungsschreiben, ja, nicht einmal ein Darlehen fordern. Ist es vermessen, jemandem bloß dafür einen Ehrenplatz einzuräumen, daß man nie wieder von ihm hört? Gebenedeit sei, wer einen schlicht und einfach in Ruhe läßt.

Oft genug hat er geschmettert, der gallische Hahn: 1789, 1830, 1848, 1871. Doch 1968 war nur noch ein Krähen oder Krächzen zu vernehmen, und am Anfang des einundzwanzigsten Jahrhunderts scheint es, als wäre er ganz verstummt.

Sprezzatura – eine beneidenswerte Haltung, für die ein deutscher Ausdruck fehlt. Geprägt wurde der italienische Ausdruck dafür von Baldassare Castiglione in *Il Libro del Cortegiano* (1528, I 26). Man sollte, sagt er, alles Schwierige, das man sagt oder tut, beiläufig und nonchalant erscheinen lassen.

Warum ist man fast immer ein Teil dessen, worauf man schimpft? Ein Konservativer, ein Linker, ein Deutscher, ein Konsumidiot oder ein Tourist?

Die Krise eines Ameisenhaufens. Irgendein Passant wirft einen Stock auf den Hügel. Sofort reagiert das Kollektiv auf die unerwartete Störung. Die Meldung pflanzt sich so rasch fort, daß sich auf der Oberfläche ein aufgeregtes Gewimmel breitmacht. Allerdings fallen die Ameisen nicht übereinander her, sondern bemühen sich, ihre Wohnstatt so behende wie möglich zu reparieren. Man könnte sich an das deutsche Wirtschaftswunder erinnert fühlen, muß aber einräumen, daß das Vorgehen der Ameisen prompter und den menschlichen Gesellschaften überlegen ist – vielleicht, weil die Emsen den Schaden nicht selbst verursacht haben.

Seit Jahr und Tag hält das Politik- und Medientheater um das sogenannte Griechenland an, von dem sogar der Name, unter dem es firmiert, suspekt ist. Nach ungefähr fünfhundert Jahren osmanischer Herrschaft mutet es seltsam an, wenn sich die Einwohner auf die Antike berufen. Zwar haben sie eine Version der griechischen Sprache vor dem Aussterben bewahrt und die Erbschaft der Demagogie mehr als die der Demokratie erfolgreich angetreten, doch ansonsten haben sie vielleicht mehr mit den Mazedoniern, den Albanern und den Levantinern gemein als mit den alten Hellenen.

Seit seiner angeblichen Unabhängigkeit, die das Land seit dem März 1830 feiert, stand es immer unter Kuratel der Großmächte oder der Okkupanten. Großmeister war Griechenland seitdem in der Konkursverschleppung. Schon zu den Zeiten der alten Hellenen wußte Kaiser Augustus, daß sie diese Kunst beherrschen und ihre Schulden nur *ad calendas Graecas*, das heißt, nie und nimmer zu bezahlen pflegen.

Nun hat Heinz A. Richter, ein Historiker, der an der Mannheimer Universität lehrte und ein Kenner der südosteuropäischen Geschichte ist, einen Beitrag verfaßt, der über das Krisentheater der Gegenwart weit zurück- und hinausreicht. Er beschäftigt sich mit den Spätfolgen der osmanischen Herrschaft und der daraus folgenden katastrophalen Fehlentwicklung. Das zentrale Problem ist der tiefverwurzelte Klientelismus, der dazu geführt hat, daß die Staatsgrundung mißlungen ist. Das System wurde von den Türken mit Hilfe der Muhtaren etabliert. Die Bewohner nahmen die Staatsmacht als Ausbeuter wahr, den man haßte. Steuervermeidung und Diebstahl öffentlichen Eigentums sind bis heute die Folge.

Die politische Klasse stand an der Spitze von Netzwerken, die nur dem Namen nach Parteien waren und ihre Klientel mit Gefälligkeiten bei der Stange hielten. Der geläufige Ausdruck dafür ist die *rousfeti*, die heutzutage meist die Form eines Arbeitsplatzes in der Verwaltung oder im Militär annimmt.

Die Brüsseler und Berliner Rhetorik ignoriert diese Sachverhalte auf ihren endlosen »Gipfeln«, die inzwischen die meisten Bewohner Europas anöden, dergestalt, daß xenophobische Protestparteien immer mehr Zulauf haben.

Wer von der neugriechischen Geschichte nichts weiß, tut gut daran, sich der Stimme zu enthalten. Richter faßt seine Darlegung unter der Überschrift »Gut genährt dank Rousfetia« zusammen, die vermutlich von der Redaktion stammt; denn der Verfasser fällt nie aus der Rolle, sondern hält am kühlen Stil des Historikers fest.

Frankfurter Allgemeine Zeitung, 6. Juli 2015

Zur Philosophie des Als-ob

Im Deutschen kann man tun, ohne etwas zu tun. »Ich tue (nur) so, als wäre, könnte, wüßte oder verstünde ich dies oder jenes«: eine durchaus alltägliche und allgemein übliche Weise, vorzugehen.

Privilegiert sein heißt, niemanden über und niemanden unter sich zu haben.

Luhmann mag sagen, was er will, doch es gibt kein System, das die Reklame verschont. Nirgendwo kommt die Politik ohne Marketing-Fachleute aus. In Nordkorea heißt der zentrale Slogan *Chuch'e* oder *Juche*. Das kann Selbständigkeit, aber auch Autarkie oder Abschottung bedeuten. »Keine Experimente« – das war der erfolgreichste Markenname der Adenauer-Zeit. Der Patriarch dürfte ihn kaum selbst erfunden haben. Auch Mao, Mussolini, Hitler und kleinere Chefs kamen nie ohne Markenartikler aus. »Kraft durch Freude«, »Keiner soll hungern und frieren!«, »Wollt ihr den totalen Krieg?« – da waren erfahrene Spezialisten am Werk.

Nicht einmal die Militärs verzichten auf die Hilfe der Reklame. Das ist an ihren Codenamen abzulesen. »Operation Barbarossa« hieß der Überfall auf die Sowjetunion, »Wüstensturm« oder »*Shock and Awe*« nannten die Amerikaner ihre Kriege im Irak. Sie fungierten genauso wie die Losungen für neue Waschmittel oder Zigarettenmarken.

Wer es ablehnt, sich mit Kleinigkeiten zu befassen, wird wie Napoleon enden oder in einem Pflegeheim für Demente landen. Der Teufel, sagt man, stecke im Detail. Aber dort verbirgt sich vielleicht auch das Salz der Erde.

Sähe es auf der Erde so aus wie in der zeitgenössischen Kunst (auf den New Yorker Auktionen, der Art Basel oder Miami) – sie wäre unbewohnbar.

Daß Straßenbauer und Behörden das Erdreich hassen, ist verständlich. Die Erde ist dreckig, unberechenbar und macht viel Arbeit. Dagegen sind Asphalt, Bitumen und Teer, wie die Reklame einer Schokoladenfirma sagt, quadratisch, praktisch, gut.

Auf den Fuß des Menschen kann keine Rücksicht genommen werden. Aus evolutionären Gründen ist er mit seinen weichen, empfindlichen Sohlen an den Erdboden angepaßt; doch hat sich die Spezies mit Erfindungen wie dem Karren, der Kutsche, dem Fahrrad, dem Gummireifen und dem Automobil von dieser Veranlagung emanzipiert, so daß der Abneigung der Planer nichts mehr im Wege steht.

Aus kosmetischen und medizinischen Gründen und aus Sorgen, die der *Body Mass Index* bereitet, wird, wer sich unbedingt selber bewegen möchte, von Amts wegen auf die zahlreichen Sportplätze, Spas, *Fitness-* und *Wellness-Center* verwiesen.

Literatur, sagt Mircea Cǎrtǎrescu, ein rumänischer Dichter, in seiner Erzählung *Der Roulettespieler* (1993), ist nicht das passende Mittel, um etwas auch nur halbwegs Zutreffendes über sich selbst mitzuteilen.

Auf einem Flohmarkt zieht Katharina ein dickes, vergessenes Buch hervor: Thorkild Hansen, *Der Hamsun Prozeß*. Die deutsche Übersetzung aus dem Dänischen stammt aus dem Jahr 1979. Sie ist gut. Der dicke Band kostet nur vier Euro.

Bewundernswert ist die Hemmungslosigkeit, mit der sich der Verfasser über die Spielregeln der akademischen Biographie hinwegsetzt. Die Mischung von Distanz und Nähe zu den Personen war bei dem damals herrschenden Code der Dokumentarliteratur eine Provokation. Was hat Hansen erzählt, ohne es zu belegen? Was hat er dazuerfunden? Welche Scherze, welche Assoziationen hat er sich erlaubt? Wozu dieser ironische Tonfall?

Allerdings hat Hansen hervorragende Quellenarbeit geleistet. Die Lebenslügen der Abrechnung mit der Kollaboration, nicht nur in Norwegen, werden in seinem Bericht schonungslos ans Licht gezerrt. Die unmittelbar Beteiligten kommen dabei ziemlich schlecht weg: Richter, Staatsanwälte, Behörden, Anwälte, vor allem aber Hamsuns *bête noire*, der Psychiater, und sein Verleger Harald Grieg, der sich lange weigerte, das letzte Buch des berühmten Erzählers und Freundes zu veröffentlichen. Es heißt *På gjengrodde stier* und ist ein Meisterwerk. Niemand wollte es drucken; es erschien erst, nachdem die deutschen Lizenzen verkauft waren. Nach einer Schampause wurde es zu einem internationalen Erfolg.

Grieg, Gyldendals Chef in Oslo, hatte Hamsun, den Teilhaber und Retter des Verlages, vertraglich ausgetrickst und sich für die Zukunft alle bisher veröffentlichten Bücher, einschließlich der Weltrechte, gesichert. Nach Hamsuns Tod im Jahr 1952 erwiesen sie sich bis auf den heutigen Tag als eine unerschöpfliche Goldgrube.

»Aber eines Tages habe ich keine Zigarren mehr, was dann? Dann höre ich auf zu rauchen, ich höre einfach auf. Das habe ich schon dreimal getan, jedesmal für ein Jahr, genau nach dem Datum. Ich will soweit Herr über mich selbst sein, daß ich auch wieder anfangen kann.

Und nun beabsichtige ich keineswegs, mein Licht unter einen Scheffel zu stellen.«

Knut Hamsun, Auf überwachsenen Pfaden, 1948/49

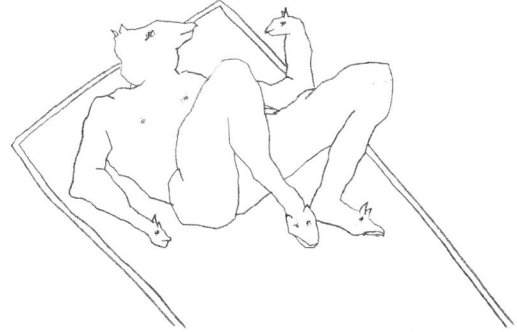

Eine Tirade über die Verpackung

Haben die Manager jener Industrie, deren Produkte die Regale der Supermärkte füllen, jemals eine Küche oder eine Werkstatt betreten? Solche Orte liegen ihnen ferner als die Kennziffern, mit denen sie hantieren: *Cashflow*, *EBIT* und *EBITDA*.

Das demonstrieren die Verpackungen, in denen die Konzerne ihre Waren feilbieten und die ausschließlich der Infantilisierung der Kundschaft und der Reklame dienen. Babyfarben, Gold und Silber versprechen dem Gehirn des Käufers einen sofortigen Dopaminschub. Jeder Gebrauchswert wird systematisch sabotiert. Die Gegenleistung des Konzerns besteht in der Erzeugung von Abfallbergen. Zur Öffnung der Produkte, die mit schwer zu beseitigenden Hüllen aus Hart- und Schaumplastik versiegelt sind, muß der Kunde Stemmeisen, Ahlen und Drahtscheren zu Hilfe nehmen. Die Verpackungsindustrie wetteifert darin, den Konsum zu behindern. Kein Vorstand, kein Geschäftsführer hat jemals versucht, eine Gurke aus dem Glas zu fischen oder ein Verbindungskabel aus seinem Schneewittchensarg zu erlösen. Die Ware soll unerreichbar und unnütz bleiben, unangetastet von profaner Hand, wie die Gehälter, die Boni und Aktienoptionen des Managements.

Märchenforscher wissen, daß viele Völker des Erdkreises Geschichten von grausamen Königen, schönen Prinzessinnen, hungrigen Bauern, neidischen Brüdern und bösen Stiefmüttern erzählen, aber auch, daß am Schluß eine Hochzeit stattfinden muß, nach der das Brautpaar glücklich und zufrieden bis ans Ende seiner Tage leben wird.

Nur in den sizilianischen Märchen nicht, die Laura Gonzenbach in den 1860er Jahren gesammelt und aufgeschrieben hat. Dort enden die Erzählerinnen – es sind fast immer Frauen – ihre Geschichten mit ganz anderen Wendungen. »Die Alte sitzt ohne Zähne da«, »wie ein Bündel Wurzen«. – »Und wir«, sagen sie, »halten ihnen die Kerzen«; wir »sitzen hier und schauen einander an«, »haben das Nachsehen« und »sind leer ausgegangen«. Erst dieses Dementi macht das Unglaubliche glaubhaft.

Ein Brauch aus vergangenen Jahrhunderten, zurückgewonnen

Früher kam es nicht selten vor, daß ein Verfasser sich, über die Druckauflage hinaus, ein »durchschossenes Exemplar« binden ließ, in dem sich jede Seite durch ein leeres Blatt spiegelte. In seiner Papiergeschichte *Weiße Magie* hat Lothar Müller Sinn und Zweck dieser Übung erörtert, von der heute nur noch eine Schwundform übrig ist: der Blindband als bloßes Muster, der Verleger und Autor als Entscheidungshilfe dient. Das ist schade. Denn ein durchschossenes Buch ließe, anders als die Mode des elektronischen Gequassels, nicht nur handgreifliche Kommentare des wirklichen oder imaginären Lesers zu, sondern auch Korrekturen, Verbesserungen und *second thoughts* des Verfassers. Die leeren Seiten könnten auch für Illustrationen und andere Beigaben genutzt werden.

Solche Bücher wären ein Mittel, um den Buchdruck aus seiner selbstverschuldeten Routine zu erlösen. Lawrence Sterne und Jean Paul haben gezeigt, wie das geht.

Unangenehm, der sauertöpfische, grämliche Ton, den viele dieser Notizen anschlagen. Er paßt schlecht zur heiteren Gemütsverfassung des Beobachters, der weit davon entfernt ist, sich zu beklagen. Nur daß er nicht umhin kann, zu bemerken, was sich vor seinen Augen und Ohren abspielt – und das ist beklemmend.

Leute, die vor dem Seismographen sitzen und zwischen zwei Beben in aller Ruhe frühstücken, kennen solche Dilemmata. Im Vergleich zu ihnen ist, wer nur zu Hause vor sich hin kritzelt, ein bloßer, harmloser Amateur, der sich ein wenig Luft macht über alles, was ihn verstört.

Das irre Wischen

Das alte Wortfeld wird nach und nach ausgezehrt. Den *Löschwisch* gibt es nicht mehr, der einst als Feuerpatsche diente; auch der *Flederwisch* ist verschwunden. Schul- und Schiefertafeln werden nicht mehr abgewischt. Nur selten wird der Fußboden noch feucht geputzt; kaum daß noch jemand ihn aufwischt. In der Aquarellmalerei hat sich die Wischtechnik erhalten.

Auch kann man noch hören, daß jemand einem andern »eine wischt« oder ihm eins auswischt. Ein Zettel, eine Notiz, eine Nachricht ist bis heute ein »Wisch« geblieben. Sogar erwischt kann werden, wer bei einem Vergehen nicht aufgepaßt hat.

Dennoch überwiegt inzwischen eine ganz andere Bedeutung, die dem Mobiltelefon geschuldet ist. Allenthalben trifft man Menschen an, die damit beschäftigt sind, wie die Irren auf kleinen Bildschirmen herumzuwischen. Das tun sie mit einem oder mit zwei nebeneinandergelegten oder gespreizten

Fingern. Damit lassen sich Bilder und Texte auf und ab bewegen oder *scrollen*, vergrößern oder verkleinern. Schwer zu sagen, was sich darüber hinaus durch diese universelle Gestikulation noch alles bewirken läßt.

Die Augenwischerei hat durch den Fortschritt der Technik jedenfalls eine ganz neue Wichtigkeit erreicht.

Als Scheibenwischer könnte man Mitmenschen bezeichnen, die überall, auf der Straße, beim Essen, im Bett, im Auto, in der Wüste oder an beliebigen anderen Orten, mit den Fingern auf kleinen durchsichtigen Bildschirmen herumfuchteln. Sie führen zu diesem Zweck eigene Geräte mit, die sie ungern aus der Hand geben. Vor etwa dreißig Jahren war diese eigentümliche Form der stummen Gestikulation gänzlich unbekannt.

Der Präsident der Bundesrepublik, als ehemaliger protestantischer Pfarrer eine Idealbesetzung, fand eine Metapher für die nationale Befindlichkeit, indem er zwischen einem hellen und einem dunklen Deutschland unterschied. Neu an dieser Entdeckung war nichts; selbstverständlich hat das die Medien nicht daran gehindert, sie breitzutreten.

Unbemerkt ist dagegen geblieben, daß das Flüchtlingsdrama eine unfreiwillig komische Kehrseite hat. Die verdienstvolle Münchner Diakonie bittet eindringlich, von weiteren Sachspenden abzusehen. Man wisse nicht mehr, wohin damit, weil den Sammelstellen die Überfüllung drohe. Container von allem möglichen Plunder müsse man entsorgen. Das koste viel Geld. »Wir wollen ja nicht so sein«, sagen sich die Spender, was die Frage, wer oder wie man sein möchte, offenläßt.

Sein wahrscheinlich letztes wichtiges Buch lag vor ein paar Jahren auf meinem Tisch: *On China* (2011); zehn Jahre davor las ich *The Trial of Henry Kissinger* (2001), Christopher Hitchens Anklageschrift gegen diesen Menschen.

Es war mir nicht vergönnt, ihn ganz und gar loszuwerden, obwohl ich nie zu den *Kissinger-Boys-and-Girls* gehörte. Dort, in Harvard, hatten sich gegen Ende der fünfziger Jahre unter seiner Ägide Dutzende von vielversprechenden Aufstiegskandidaten aus aller Welt eingefunden, von Henry ausgewählt, finanziert und verwöhnt, unter ihnen Ingeborg Bachmann, der ich freundschaftlich verbunden war, und Siegfried Unseld, mein künftiger Verleger. Ich freilich bin ihm erst später in dessen Frankfurter Villa begegnet. Henry – mit diesem Vornamen ließ er sich anreden – bestand darauf, nur englisch zu sprechen, mit einem Akzent, der mir bekannt vorkam. Ich fragte ihn, ob er aus Fürth stamme. »Woher wissen Sie das?« Ich antwortete, daß ihn seine Dialektfärbung auch dann verriete, wenn er das Amerikanische bevorzuge. *He was not amused.*

Bei unserem nächsten Treffen ging es hemdsärmeliger zu, obwohl das beherrschende Thema der Krieg in Vietnam war. Er fand es »interessant«, daß ich ihn für einen Kriegsverbrecher hielt. Das sei eine gute Frage.

Unter Nixon war er zum Sicherheitsberater des Präsidenten aufgestiegen und hatte dafür gesorgt, daß das offiziell neutrale Kambodscha vier Jahre lang bombardiert wurde. »*Anything that flies on anything that moves*« – das waren seine Vorgaben für den Stabschef Alexander Haig. Unter den Opfern waren etwa 100000 Zivilisten.

Daß jede Kritik an Henry abprallte, fand ich eindrucksvoll. Die letzte Begegnung mit ihm, an die ich mich erinnere, fand Ende der Achtziger im Salon von Joachim Sartorius statt, der damals das Künstlerprogramm des Deutschen Akademischen Austauschdienstes leitete; als Gastgeberin für die Stipendiaten fungierte Karin Graf, seine Frau. Politiker waren nicht eingeladen. Plötzlich wurde an der Wohnungstür Sturm geläutet. Vor der Tür stand Henry, begleitet von bewaffneten Leibwächtern, die er sogleich verscheuchte. Große Freude bei den Gastgebern über den Überraschungsbesuch des Friedensnobelpreisträgers. Nach einer Weile lud Henry mich ein, neben ihm auf dem Sofa Platz zu nehmen. Er mußte wohl davon gehört haben, daß ich ab und zu Bücher veröffentlichte, und fragte mich, woran ich arbeitete. Bei glänzender Laune erkundigte er sich, ob ich ihn nach wie vor für einen Kriegsverbrecher hielte. Ich bewunderte sein gutes Gedächtnis und versicherte ihm, daß ich bei dieser Ansicht bliebe. »Darüber sollten wir in aller Ruhe sprechen! Bitte rufen Sie mich an, sobald Sie wieder in New York oder in Washington sind. Hier haben Sie meine private Telefonnummer, unter der ich zu erreichen bin. Auf keinen Fall weitergeben!« ermahnte er mich, schlug mir auf die Schulter und ging.

Lieber Mandeville als Rousseau! Weniger verklemmt und weniger hysterisch als der Verfasser *Émiles* und der *Bekenntnisse*, sieht er klarer und kann auf die Heuchelei verzichten.

»Ich schmeichle mich in der Hoffnung, daß mein Mist ein wenig Furore machen und Geschimpfe hervorrufen wird. Und ohne dieses Geschimpfe geht es nicht, denn in unserem Zeitalter [...] ist das Geschimpfe die leibliche Schwester der Reklame.«

Anton Tschechow an A. N. Pleschtschejew, September 1889, in:
A. Č. Sein Leben in Bildern, herausgegeben
von Peter Urban, Zürich 1987, S. 98

Seine Fähigkeit, sich niemals wichtig zu nehmen, ist unter Schriftstellern erster Güte einmalig. Manchmal spricht Tschechow geradezu wegwerfend von sich und seiner Arbeit. Es ist wahr, daß er unter seinen zahllosen Geschichten auch vieles verfaßt hat, was seinen Ansprüchen nicht genügte. Der Grund dafür ist sehr einfach: Er mußte nämlich seinen ganzen Clan, Eltern, Brüder, Schwestern, Neffen und Vettern, mit schäbigen Honoraren von Zeitungsverlegern durchfüttern, und als er endlich Erfolg hatte, gab er sein Geld durch hemmungslose Gastfreundschaft und durch diskrete Spenden aus.

Was sind wir, mit ihm verglichen, für träge, humorlose, eingebildete Zwerge!

Gesammelte Werke oder gar Gesamtausgaben zu Lebzeiten drucken zu lassen ist nicht nur anmaßend; es ist zwecklos. Siegfried Unseld unternahm Anfang der 1990er Jahre den rührenden Versuch, mir etwas Derartiges vorzuschlagen. Ich wies ihn auf die vielen Sammelbände von Grass und Walser hin, die wie altbackene Semmeln im »Modernen Antiquariat« zu Schleuderpreisen feilgeboten wurden, und machte ihn darauf aufmerksam, daß ich noch nicht beerdigt war.

Zugegeben, unter dem Fallobst finden sich allerlei alte und neue Fetzen; das geschieht allein aus pragmatischen Gründen. Ich habe keine Lust, in Pappschachteln oder Archiven zu wühlen, wenn ich solche Papiere irgendwann brauchen sollte.

Immer noch, oder schon wieder, Tschechow!

»Kürze ist die Schwester des Talents.«

»Man sollte sich erst zum Schreiben hinsetzen, wenn man innerlich eiskalt ist.«

In seinen Stücken reden alle darüber, daß man arbeiten müsse. Sie beneiden jeden Tagelöhner, weil der sich nicht wie sie in der öden Provinz langweilt. Nur daß aus ihren Vorsätzen nie etwas Rechtes wird. In den *Drei Schwestern* wird viel geweint, doch läßt der Dichter keine Rührseligkeit aufkommen. Seine Gegengifte sind Banalität, *non sequitur* und schierer Nonsens. Tschechows Ohr für alles Alltägliche nimmt, unzeitgemäß und gegen jede Theaterroutine, Tonfälle vorweg, die erst im *Ulysses* wieder auftauchen.

»Du fragst, was ist das Leben? Das ist, als wollte man fragen: Was ist eine Mohrrübe? Eine Mohrrübe ist eine Mohrrübe, mehr ist dazu nicht zu sagen.«

An Olga Knipper, 20. April 1904,
in: A. Č. Sein Leben in Bildern

Bemerkenswert, wie ein Mensch zugleich extrem gefährlich und ein monumentaler Langweiler sein kann. Nicht nur Hitler, auch Mussolini, Ceauşescu, Kim Il-sung, Bokassa, Idi Amin, Mobutu, Saddam Hussein und *tutti quanti*. Schwer verständlich, warum das Publikum sich von den Medien bis heute die Details ihres öden Daseins auftischen läßt!

Die Gewaltherrscher sind sehr verschieden in ihren Methoden, doch es fällt auf, daß sie allesamt ästhetisch blind und taub sind und daß die Langeweile, die sie verströmen, terroristische Ausmaße annimmt. Eine lebhafte Unterhaltung ist mit ihnen nicht möglich; eher ist von ihnen zu erwarten, daß sie den, der gerade mit ihnen spricht, früher oder später umbringen lassen. Das ist monoton, also zuwenig für eine spannende Erzählung.

Nicht selten stößt man in Europa auf Menschen, die amerikanische Präsidentschaftswahlen ernst nehmen. Es ist lange her, daß das den Amerikanern einfiel. Der durchschnittliche Bürger der USA ist klug genug, sein politisches Engagement den wirklich wichtigen Problemen zu widmen: Wer soll Feuerwehrchef, Schulleiter oder Hundefänger werden?

In nationalen Fragen läßt der Amerikaner hingegen einem kindlichen, unschuldigen Humor freien Lauf. Auf diesem Niveau besetzt die Politik dieselbe Nische, die das Freistilringen für den Faustkampf bereithält. Sie ist ein Unterhaltungsspektakel, bei dem Narren von einem Teilstaat zum andern Tourneen absolvieren, einander mit theatralischen Gesten angreifen, wobei die Sieger sich nach einfachen Regeln abwechseln. Wer diese Sportart liebt, ist dabei – alle andern gucken weg.

> *Johan Hakelius, »Verdens Gång«, in: Axess [Stockholm], Nr. 6, 2015, übersetzt von H. M. E.*

Für *oblique*, lateinisch *obliquus*, fehlt ein deutsches Wort. Es kann »schräg« oder »indirekt« bedeuten, eine unentbehrliche Form der Wahrnehmung. Das Gesichtsfeld umfaßt normalerweise 180 Grad, wobei jedes einzelne Auge 150 Grad erfassen kann; nur wo beide Augen das gleiche Feld sehen, ist Tiefenwahrnehmung möglich, nämlich bei 120 Grad.

Aber wie und was sehen wir aus den Augenwinkeln? Gewöhnlich geschieht das unbewußt. Doch kann auch der schräge Blick vielsagend sein, und das gilt auch im übertragenen Sinn. Jedes direkte Vorgehen ist beschränkt. Dem Beobachter entgeht mehr, als er weiß. Ihm bleibt alles verborgen, was er nicht unmittelbar ins Auge faßt, und das heißt fixiert. Unbefangenheit sieht anders aus.

»Ich sehe was, was du nicht siehst« – das ist mehr als ein Kinderspiel.

»Der Text ist (sollte sein) jene ungenierte Person, die Vater Politik ihren Hintern zeigt.«

Roland Barthes, Die Lust am Text,
Frankfurt am Main 1974

Wo bleibt das Weiß, wenn von Schwarzmarkt, Schwarzgeld
und Schwarzarbeit die Rede ist? Wahr ist, daß es sich immer
um Grauwerte handelt. Jede Nachforschung bringt tausendfa-
che Nuancen dieser Skala an den Tag.

Wem soll Max Mustermann sein Geld anvertrauen? Lenins Losung »Vertrauen ist gut, Kontrolle ist besser« kann beim Staat
und in der Finanzwirtschaft keine Geltung beanspruchen. In
diesem Fall muß es heißen: Vertrauen ist unangebracht, Kontrolle unmöglich.

Eine Vorkehrung gegen den Altersstarrsinn: die Kunst, sich
langsam und möglichst unauffällig vom Leben zu verabschieden.

Normalitätsschock

Nicht nur, daß man nicht geköpft wird, daß nur selten Schüsse fallen und Bomben explodieren, auch sonst ist Europa für Ankömmlinge schockierend normal. Richter, Ärzte und Polizisten zu bestechen ist nicht üblich. Aus dem Wasserhahn fließt Wasser, aus den Steckdosen Strom.

Allerdings stimmt der Anblick, den Europa den Wanderern bietet, keineswegs mit der Reklame überein, die ihnen vom Bildschirm her vertraut ist. Der Komfort, den Flüchtlingslager bieten, ist ungenügend; anders als im Werbespot gibt es auf den Straßen Bettler; vielen Leuten fehlt es an Bargeld; die Suche nach einer Wohnung ist überaus mühsam; und der Aufenthalt in Ämtern kostet viel Zeit.

Überraschende Wohltaten können unter diesen Umständen ebensowenig ausbleiben wie tiefe Enttäuschungen.

Flüchtlinge und Einwanderer werden in Europa gerne ausgefragt, meist in philanthropischer Absicht. Vorwürfe und Klagen, die sie erheben, kommen dabei nicht zu kurz. Ein Thema scheint die Frager nicht zu interessieren. Das ist der Kulturschock, dem sie überall in den reichen Ländern ausgesetzt sind. Schon der Besuch eines gewöhnlichen Supermarktes muß ihnen aufs Gemüt schlagen, wenn sie bisher dem Hunger ausgesetzt waren. Warum gibt es in diesen Geschäften fünfzig verschiedene Sorten von Joghurt? Früchte, die aus Chile oder aus Indien eingeflogen werden? Überall riesige Windräder, unverständliche Fahrkartenautomaten. Stromsperren sind unbekannt, Häuser, Kirchen und Stadien sind mit Reklametafeln zugepflastert. Es gibt Gerichte, die nicht bestochen sind, sogar Politiker, die davon absehen, das ganze Land auszuplündern. Überall sind nackte Frauen zu sehen.

Niemand scheint der Befremdung der Ankömmlinge die Aufmerksamkeit zu widmen, die ihr gebührt. Das ist schade, denn sie könnte den Einheimischen manchen Aufschluß über ihre eigene Lage bieten.

Das sogenannte *Kubark-Manual* der CIA ist im Internet zugänglich. Es beschreibt wissenschaftlich exakt die Foltermethoden der amerikanischen Geheimdienste. Der Text weist durch zahlreiche Schwärzungen, typographische Blockaden, wie man sie aus europäischen Publikationen aus dem 19. Jahrhundert kennt, auf die Zensur hin. Ein solches Schriftbild ist immer besonders suggestiv; es könnte deshalb auch als literarische Trope dienen. Heinrich Heine kannte sich mit diesem stummen rhetorischen Mittel aus und wandte es gerne an.

Auch was ein Autor in seinem Manuskript und was ein Regisseur in einem Drama streicht, könnte man auf diese Weise sichtbar machen.

Botho Strauß – *laudator temporis acti*. Vergangenheit, Gegenwart, Zukunft – wem, außer ihm, täte da nicht die Wahl weh?

Die Fremdenlegion als Vorbild

Überall sollen die Deutschen neuerdings eingreifen, doch dazu hat die Mehrheit der Bewohner des Landes nicht die geringste Lust. Auch unsere Bundeswehr besteht größtenteils aus Pazifisten.

Jedoch existiert eine Minorität, die mit diesem Zustand unzufrieden ist. Sie besteht aus Hooligans, aus Schlägertrupps, die sich als Nazis kostümieren, obwohl sie von 1933-1945 keine Ahnung haben, und aus irgendwelchen »Autonomen«. Darunter sind versprengte Angehörige von Sekten zu verstehen, die sich aus unbekannten Gründen der Linken zurechnen.

Gemeinsam ist solchen Gruppen, daß sie gehorsams- und disziplinbedürftig sind und sich nach Anführern sehnen. Eine gewisse Risikobereitschaft ist ihnen nicht abzusprechen. Mit Baseballschlägern, Gebrüll und krassen Tätowierungen allein sind sie nicht ausgelastet. Gegen Drill haben sie nichts einzuwenden. Sie wollen »ihren Mann stehen« und sind jederzeit bereit, sich einem Kommando zu unterwerfen.

Nach bewährtem französischen Vorbild ließen sie sich leicht zu Einsätzen fern der Heimat rekrutieren, wo immer sie gebraucht würden, in Burundi, Tadschikistan oder Bangladesch. Dem deutschen Publikum wären solche Truppen als eine neue Form der Entwicklungshilfe darzustellen. Zugleich hätte man lästige und kostspielige Schreihälse dieser Sorte für längere Zeit vom Hals. An einer ausreichenden Besoldung sollte das Projekt ebensowenig scheitern wie an strenger Bestrafung, wenn die Legionäre durch Dienstvergehen, Ungehorsam und Fahnen-flucht auffallen.

Wie sollte ein derartiges Kommando heißen? »Einsatzgruppe« – das wäre historisch zu belastet; »Special Forces« klingt zu angelsächsisch; der Ausdruck »Fremdenlegion« sollte tunlichst vermieden werden. Die Bundesrepublik ist schließlich keine Kolonialmacht! Wie wäre es mit einem »Flexiblen Friedenskorps«? Gewiß würde es den Rekruten schmeicheln, wenn sie die Abzeichen und Symbole einer Elitetruppe tragen dürften.

Nach Ablauf ihrer Dienstzeit sollte ihren Angehörigen ein ruhiger Lebensabend beschieden sein. Am Stammtisch könnten sie als Rentner ausführlich von den Gefahren im Dschungel und in der Wüste berichten, die sie erfolgreich überstanden haben und denen sie ihre späte zivile Läuterung verdanken.

»Warum Tiere auf Schwärme fliegen«

»Sind Schwärme wirklich schlauer als der Einzelne? Und nach welchen Regeln funktionieren sie, gibt es überhaupt Regeln?«

Iain Couzin geht diesen Fragen im Max-Planck-Institut für Ornithologie in Radolfzell nach.

Die Mitglieder eines Schwarms folgen simplen Regeln, wenn sie auf andere reagieren: Sie bewegen sich bevorzugt zu anderen hin und richten ihre Bewegungsrichtung an ihnen aus. Gleichzeitig halten sie einen Mindestabstand ein und vermeiden Zusammenstöße. Viele in Gruppen lebende Tiere folgen dem Mehrheitsprinzip: Die Mitglieder schlagen in der Regel die Richtung ein, in die sich die Mehrheit der Nachbarn bewegt. Uninformierte oder unvoreingenommene Individuen beeinflussen maßgeblich die kollektive Entscheidungsfindung.

Wenn Individuen ihre Fähigkeiten in ein Kollektiv einbringen, kann diese Gruppe dadurch Eigenschaften entwickeln, die keines der Individuen für sich besitzt. Aus einem solchen Verband kann dann eine Art Superorganismus entstehen. Beispiele für Schwarmintelligenz sind Ameisenstaaten oder auch das Internet.

Nach Max-Planck-Forschung, Heft 1, 2017, S. 69

Alle sind sich darüber einig, daß Ameisen, Termiten und Bienen genetisch fixierten Programmen unterliegen, denen sie ihr Überleben verdanken. Wer mit einem Stock einen Ameisenhaufen angreift, wird feststellen, daß sich viele Dutzende von Bewohnern sofort an die Reparaturarbeit machen, ohne daß dafür ein Befehl nötig wäre.

Offensichtlich sind dem Menschen solche Mechanismen der Selbststeuerung nicht gegeben. Um sich als Gattung zu behaupten, sind wir somit auf schwache Garantien wie die Vernunft, das Gewissen und die Erziehung angewiesen. Wir benötigen Brauchtümer wie Gesetze, Moralvorstellungen und Religionen, mit einem Wort das, was wir im Singular oder im Plural für Kultur halten.

Eine semantische Bemerkung

Schwärme sind nicht leicht zu übersetzen. Auf französisch heißt ein Schwarm von Bienen oder von Menschen *un essaim*, von Vögeln *une volée*, *une nuée* von Insekten, ein Wort, das aber auch von Menschen gebraucht wird. Die *essaimage* ist die Schwarmphase.

Die Italiener nennen den Schwarm gleichermaßen, ob von Insekten oder Menschen die Rede ist, *un sciame*. Bei Fischen sagen sie *un branco* und bei Vögeln heißt es *uno stormo*. Die Schwarmphase läßt sich mit *la sciamatura* übersetzen.

Den Vogel schießen die Briten ab. *A swarm* steht für den Allgemeinbegriff, aber die englische Sprache verfügt über Dutzende von Bezeichnungen, für die sich im Wörterbuch keine Entsprechung findet. Die Briten können sehr wohl zwischen *a flock of geese*, *a school of fish*, *a pride of lions* und *a shoal of herring* unterscheiden. Nicht einmal vor einem *murder of crows* schrecken sie zurück.

Wer zu spät kommt, den bestraft das Leben. Michael Gorbatschow hat diesen Satz nie gesagt. Wie er sprichwörtlich geworden ist, läßt sich kaum mehr exakt rekonstruieren. Angeblich geht er auf eine Äußerung des Pressesprechers Gennadi Gerassimow zurück, die noch dazu auf englisch gefallen sein soll. Allerhand andere Versionen gehen auf den Empfang Gorbatschows am Flughafen Berlin-Schönefeld oder auf eine Rede vor dem Politbüro zurück.

Fest steht nur, daß – wie für die meisten Sprichwörter – auch das Gegenteil zutrifft: Auch wer zu früh kommt, den bestraft das Leben.

Ist das Erziehung oder Genetik? Warum sind alle Enzensberger-Brüder Pedanten? Diese Erbschaft ist weit entfernt von der unbefangenen Art der Familie Ledermann, die gern alle fünfe gerade sein ließ, wenn ihr die Ordnung zu lästig fiel.

Naheliegend ist das Vorbild des Vaters Andreas E., der minutiöse Aufzeichnungen von seinen Reisen hinterließ und von seinen Fotografien Datum, Blende, Belichtungszeit vermerkte. Die Bleistifte auf seinem Schreibtisch, nach Härtegrad gestaffelt, mußten parallel zueinander liegen und waren stets mit einem Federmesser angespitzt.

Alle seine Söhne waren oder sind Pedanten. Christian, ein Philologe reinsten Wassers, brachte mindestens fünfzehn Jahre mit dem Projekt einer Naturphilosophie zu, für die er ein handschriftliches Material von dreißigtausend Notizen sammelte. Martin war ein Typograph, der auf Anhieb die *Akzidenz Grotesk* von der *Futura* und die *Helvetica* von der *Univers* unterscheiden konnte und sich mit minutiösen Silbentrennprogrammen hervortat. Ulrich kann man getrost als *caractère scrupuleux* bezeichnen. Er ist unfähig, etwas aus der Hand zu geben, solange es ihm unfertig vorkommt, was dazu führt, daß ihm meist ein neues Vorhaben dazwischenkommt, bevor er das alte abschließt.

Selbst in der Generation der Enkel schlagen solche Prägungen durch, wenn auch gemildert durch gelegentliche Episoden von Chaos und Schlamperei.

Schrumpfende Idyllen

Die Vorstellung vom Lebensabend hat etwas Zutrauliches. Der »Alterssitz« und der »Ruhestand«, solche Wörter klingen inzwischen wie ein Echo aus dem Biedermeier. Aber das einundzwanzigste Jahrhundert stößt seine Zeitgenossen wie Billardkugeln hin und her, ohne daß klar wäre, wer den Queue in der Hand hält und welche Spielregeln gelten.

Alle murren. Immer mehr Fremde! Was wird aus den Renten? Ob die Versicherung zahlt? Wann kommt die nächste Mieterhöhung? Daß unsere Kinder es besser haben werden als wir, glaubt kein Mensch mehr. Warum müssen immer nur die Banken gerettet werden? Überall Restrukturierungen, Sparprogramme, Fusionen. Irgendwas aus Brüssel oder aus Moskau. Dann ist auch noch der Führerschein weg. Ganz zu schweigen von den Sorgen um die Gesundheit, die Krankenkasse, das Arbeitslosengeld II und den Klimawandel. Jeden Tag eine neue Krise in der Zeitung, Bürgerkriege in Ländern, von denen man nie gehört hat, und Unterhaltungen in der U-Bahn, von denen man kein Wort versteht.

Die Metaphern der Krise: Es werden fortwährend Pakete geschnürt. Was drin ist, sieht man nicht, nur daß sie immer größer werden. Es werden ferner Schirme aufgespannt. Auch sie nehmen riesige Proportionen an. Wird an Wolkenbrüche gedacht, an Hitzschläge, handelt es sich um Fallschirme, mit denen die Piloten gerettet werden sollen? Das bleibt unklar. Kann man sie nach Gebrauch wieder schließen, oder landen sie womöglich im Fundbüro?

Gleichzeitig werden Brandmauern errichtet, je höher, desto

besser. Kein Gedanke an Berlin! Das ist die Fensterlosigkeit als Ideal, so wie im Horrorfilm der Mann, der sich selbst eingemauert hat.

Auch an gewalttätigen Metaphern fehlt es nicht. Die Feuerkraft muß erhöht werden. Die Finanzminister der Eurogruppe gebärden sich als Panzerknacker-Bande, als Volkssturm oder als Mudschaheddin, die mit der »dicken Berta« oder der *Bazooka* gegen den Feind angehen, den sie gleichzeitig aufpäppeln, weil er »systemrelevant« ist.

Ein Gesellschaftsspiel

An Wahrsagern, die einen Kollaps der Weltwirtschaft verheißen, hat es selten gefehlt. Die ersten ökonomischen Zusammenbruchstheorien haben schon mindestens zweihundert Jahre auf dem Buckel. Marx hat die Thesen seines Vorgängers Malthus erbittert zurückgewiesen, aber auch mit seiner Prognose hatte er nicht viel Glück.

Wer heute lebt, muß sich angesichts des nie stillstehenden Krisenkarussells auf alles gefaßt machen. Um dem resultierenden Schwindelgefühl etwas entgegenzusetzen, haben wir im privaten Freundeskreis ein Gesellschaftsspiel ersonnen, das auch als Trainingsprogramm dienen kann.

Dabei wird vorausgesetzt, daß allen Bewohnern des Landes mitgeteilt wird, sie müßten fortan mit der Hälfte ihrer finanziellen Mittel auskommen. Seit Mitternacht seien alle Konten, Guthaben, Renten, Pensionen und Forderungen nur noch 50 Prozent wert.

Wie würden die Mitspieler auf eine solche Lage reagieren? Selbstverständlich gleicht die Versuchsanordnung einem

Trockenschwimmen, bei dem niemand ertrinken kann. Aber immerhin regt sie die Phantasie an. Die spontanen Antworten der Teilnehmer zeichnen sich durch ihre Vielfalt aus und regen zu lebhaften Diskussionen an. Ein paar Beispiele:

Als erstes wird das Auto abgemeldet; das Fahrrad ist ab sofort das Verkehrsmittel der Wahl. Alle Abonnements werden gekündigt. Restaurantbesuche kommen nicht mehr in Frage. Nie mehr Mineralwasser; was aus dem Hahn kommt, ist ebensogut.

Wer einen kleinen Garten vor oder hinter dem Haus hat, kann Rüben, Kartoffeln und Salat anbauen. Alles, was an *Fit-* oder *Wellness-Studios* gemahnt, fällt sofort weg, desgleichen Nachhilfeunterricht, Klavierstunden, Tennisclubs und Mitgliedschaften in irgendwelchen Vereinen. Dann die verdammten Daueraufträge! Fort mit allen Versicherungen! Keine Spendenquittungen mehr. Überflüssige Klamotten, Bilder und Spielsachen werden verkauft, ebenso wie Schmuck. Motorrad, Tiefgarage und Auto muß man ganz loswerden.

Nur, wer soll das alles kaufen? Den andern sitzt das Geld auch nicht mehr so locker wie früher.

Allein die Reichen bleiben übrig. Sie sind unschlagbar. Die Aktienkurse sind zwar im Keller, aber die Reichen werden doch so leicht die Nerven nicht verlieren! Auch mit einer halbierten Million nagt man nicht am Hungertuch.

Zur Überraschung der Spielerrunde stellt sich heraus, daß mehr beim alten bleibt, als die meisten glauben; nur daß am Tag nach dem »Schnitt« noch mehr Deutlichkeit herrscht als zuvor.

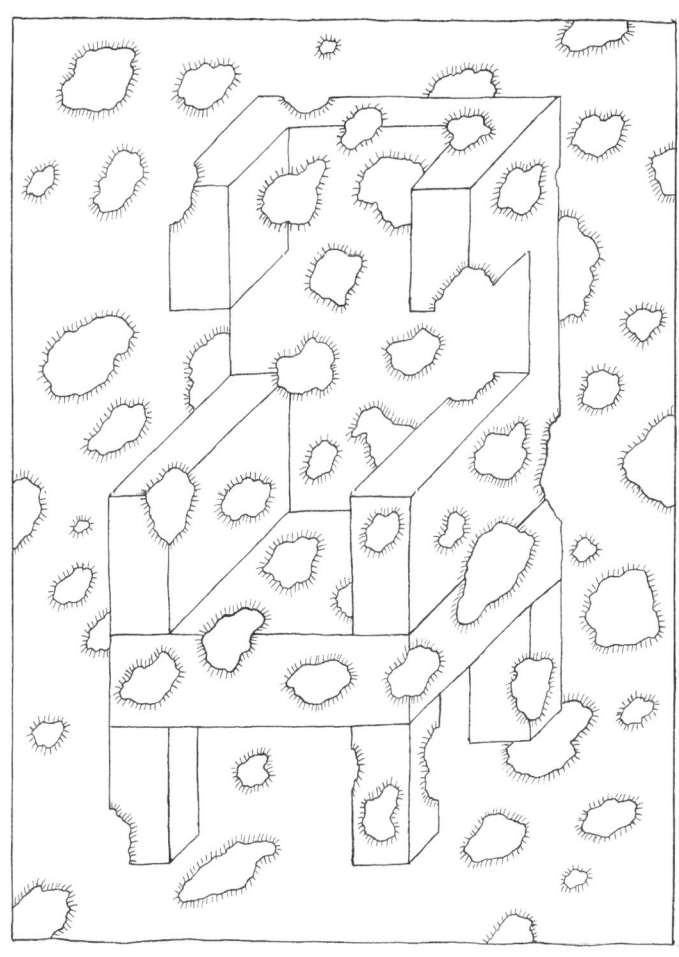

Ein steter Tropfen reicht aus, um den müden Menschen, der zu schlafen versucht, wachzuhalten. Er wird überlegen, woher dieses schwache, doch unerbittlich insistierende Geräusch rührt, aus dem Bett steigen und nach dem Leck suchen. Daß eine chinesische Folter darin besteht, den kahlgeschorenen Schädel des Opfers regelmäßig mit einem Wassertropfen zu netzen, mag eine Legende sein.

Doch ist unser Gehörsinn zweifellos auf die Regel geeicht, daß kleine Ursachen große Wirkungen hervorrufen können. Wir schützen uns vor diesem Risiko durch eine unbewußte partielle Taubheit. Würden wir die vielfachen, andauernden Geräusche wahrnehmen, die unser Körper erzeugt – sie würden uns zum Wahnsinn treiben. Zum Glück hören wir unseren Pulsschlag nicht, weder das laute Ächzen des Blutes in den Schlagadern, das der Arzt im Stethoskop oder im Ultraschall vernimmt, noch den dumpfen Ton der Herzklappen zwischen Vorhof und Kammer oder das helle, kurze Vibrieren der Blutsäule, wenn sich die Klappen der Aorta schließen. Ebenso blendet das Gehirn das dauernde Knurren, Gluckern und Blubbern im Magen und im Darm gnädigerweise aus, solange es sich in normalen Grenzen hält. Auch die Atemgeräusche bleiben unter der Wahrnehmungsschwelle, solange sie nicht auskultiert werden und solange es nicht in der Lunge rasselt, pfeift und giemt.

Einmalige Geräusche wie ein Knacken im Fingergelenk, im Knöchel, im Kiefer oder im Ohr mögen lästig oder schmerzhaft sein. Aber sie gehen vorüber.

Nur der stete Tropf nicht, der kein Ende nimmt.

Was den Namen Alexander von Humboldt in Anspruch nimmt, ist nicht zählbar: über hundert Tierarten, über zweihundert Pflanzenspezies, Dutzende von Orten, Straßen, Gebirge, Parks, Schiffe, Minerale, mindestens ein Strom, ein Gletscher, ein Fluß, ein Flughafen, ein See, eine Bucht, ein Sumpf – da kommt auch der eifrigste Anhänger nicht mit. Auch im Weltraum ist der Gelehrte mit einem Krater, einer Gebirgskette und zwei Asteroiden vertreten. Niemand wird sich mit einer Liste der vielen Wäschereien, Imbißbuden, Pensionen und Cafés abmühen, denen man im iberischen Amerika auf Schritt und Tritt begegnet.

Humboldt ist der einzige Deutsche, der es zum idealen Weltbürger gebracht hat. Dennoch fehlt es nicht an Gründen, ihn zu bedauern. Am schwersten fällt ins Gewicht, daß der Neunzigjährige am Ende auf seinen Kammerdiener angewiesen war, dem er den Rest seines Vermögens übertrug, so daß er seinem Wohlwollen auf Gedeih und Verderb ausgeliefert war.

Gerhart Baum, ein Liberaler, ein politischer Kopf, der ein paar Jahre lang als Innenminister tätig war, stellt den Begriff des Zeitgeistes in Frage. Was die Medien betrifft, wäre es richtiger, von einem Monats-, Wochen- oder Tagesgeist zu sprechen. Länger, sagt er, trage das Gedächtnis der Leitartikler, der Fernsehkommentatoren und der *Talk-Show*-Größen nicht.

»Wenn es möglich wäre, ein Diagramm der Kunstwelt anzufertigen, würden wir sehen, daß sie (abgesehen von den Künstlern) aus ungefähr 750 Kunstbeflissenen in Rom, 500 in Mailand, 1750 in Paris, 1250 in London, 2000 in Berlin, München und Düsseldorf, 3000 in New York, und, über die restliche bekannte Welt verstreut, vielleicht noch einmal 1000 weiteren be-

steht. Das ist die Welt der Kunst; sie zählt etwa 10 000 Seelen –
das reinste Dorf.«

Tom Wolfe, The Painted Word, New York 1975. Dabei ist es
bis heute geblieben.

Eine Expedition in das Gesundheitssystem

Der Anlaß – ganz ohne Anlaß geht es nicht – könnte nicht trivia-
ler sein: ein schwacher, dumpfer Kopfschmerz, der kommt und
geht und keineswegs unerträglich ist. Ein erster Arzt hört sich
geduldig die Beschwerde an, greift zum Telefon und verschafft
dem Patienten einen Termin bei einem Kollegen, der ein Kopf-
schmerzzentrum und eine Praxis für Neurologie betreibt.

Noch am selben Tag werden folgende Untersuchungen an-
gestellt:

Blutabnahme, Blutdruckmessung, Ultraschallsondierung,
Elektroenzephalogramm, Ophthalmoskopie mit *Laser-Scanning*.
Die nächste Überweisung führt zum Radiologen. Der nimmt
eine Kernresonanz-Spektroskopie vor, mißt den Radiofrequenz-
puls und prüft mit einer Angiographie den Zustand der Blutge-
fäße. Eine Diagnose kann erst erfolgen, wenn die Ergebnisse
dieser Untersuchungen ausgewertet sind; dann wird sich zeigen, ob eine Behandlung nötig ist.

Der Patient ist eingeschüchtert, weil ihm die technischen
Methoden, die hier angewendet werden, neu sind; die Prompt-
heit, mit der die Etappen auf dem Weg wie auf einem Rangier-
bahnhof miteinander korrespondieren, der damit verbundene
Daten- und Papiertransfer imponieren ihm. Unglaublich muten der Aufwand und der exotische Luxus an, die hierzulande
offenbar üblich sind.

In Sierra Leone, auf den Inseln Sachalin oder Borneo könnte der angebliche Patient von Glück reden, wenn ihm jemand eine Tablette Acetylsalicylsäure, besser bekannt unter dem Markennamen *Aspirin*, gäbe, um ihn zu beruhigen.

Ein Auszug aus diversen Krankenakten

Die soziale Umwelt älterer Leute gleicht einem Wartezimmer. Kaum haben sie das vorgeschriebene Rentenalter erreicht, kreisen ihre Unterhaltungen um irgendwelche Beschwerden. Da die meisten Ärzte weder Zeit noch Geduld aufbringen, sich länger mit ihnen zu beschäftigen, tauschen die Senioren, als warteten sie in einer Praxis, untereinander ihre Krankengeschichten aus. Dazu bietet sich nicht nur die Wirtschaft an der Ecke, das Café, der Schrebergarten oder die Bank im Stadtpark an, sondern auch das Telefon. Mit zunehmendem Alter nimmt der Anteil solcher Gespräche zu.

Diese Unterhaltungen sind gewöhnlich ausführlich und repetitiv. Ihr Horizont schrumpft mit der Todesnähe. Von den Teilnehmern wird erwartet, daß sie sich in der Hoffnung auf Gegenseitigkeit auch längst Bekanntes anhören, Teilnahme zeigen und Trost spenden.

Langeweile und Überdruß sind unvermeidliche Alterserscheinungen.

Der gekaperte Markt

Er ist eine elementare Erfindung, die viel älter ist als das Geld. Der Markt hat schon existiert, als an Industrie und Kapitalismus noch lange nicht zu denken war. Ihn abzuschaffen hat sich als unmöglich erwiesen. Das ist auch dem Kommunismus nie gelungen. Selbst im Bürgerkrieg, im Konzentrationslager und im Gulag hat er überlebt. Auf Geld ist er nicht angewiesen. Dienste, Arbeit, Privilegien und andere Leistungen können auch ohne Münzen, Scheine und Konten ausgetauscht werden. Seine Farbe ist dem Markt egal. Zwischen Weiß und Schwarz kennt er zahlreiche Nuancen. Seine offiziell geregelte Form stellt nur einen Bruchteil der Transaktionen dar, die er ermöglicht.

Die sogenannte Marktwirtschaft nimmt diese menschliche Erfindung zu Unrecht für sich in Anspruch. Die Geld-, Finanz- und Devisenmärkte sind seine globale Schrumpfform, so wie die Piraterie eine Spezialisierung der Schiffahrt darstellt. Auch das gern gebrauchte Adjektiv »sozial« kann nichts daran ändern, daß es sich um eine zivilisierte Form des Raubes handelt.

Zweierlei Verderbnis

Da die Korruption eine weitverbreitete Erscheinung ist, drohen Übersicht und Urteil verlorenzugehen. Schon deshalb wäre es empfehlenswert, zwischen ihrer unvermeidlichen und ihrer überflüssigen Form genauer zu unterscheiden.

Stammes- und Clangesellschaften sind auf Loyalitäten und Verbindlichkeiten angewiesen, denen der einzelne sich nicht entziehen kann. Ein afrikanischer Dorfbewohner, dem es durch seinen Elan gelingt, eine Position in der Hauptstadt zu erlangen, womöglich sogar bei einer Behörde, ist verpflichtet, seine Angehörigen zu unterstützen. Geld allein genügt seiner Familie nicht. Er muß auch versuchen, seinen Geschwistern, Neffen, Nichten und Vettern, nach Maßgabe seiner Möglichkeiten, Vorteile zu verschaffen, und sei es auch nur, daß er sie bei der Suche nach einer Beschäftigung als Nachtwächter oder Dienstbote bevorzugt. Er würde, wenn er diese Pflicht versäumte, Ehre, Ansehen und Respekt einbüßen.

In diesem Sinn geht es hier also um eine unhintergehbare Form der Korruption. Es versteht sich, daß sie nicht nur in vormodernen oder »unterentwickelten« Gesellschaften üblich ist. Auch in reicheren Ländern, die sich ihrer Rechtsstaatlichkeit rühmen, spielen Bestechlichkeit und Vetternwirtschaft eine ganz erhebliche Rolle. In Europa läßt sich dabei ein gewisses Nord-Süd-Gefälle beobachten. Die Skandinavier reagieren auf solche Verhältnisse mit moralischem Unmut, während Italiener und Spanier sie achselzuckend hinnehmen. Balkanvölker betrachten sie, wie die Griechen, wie das Wetter, als eine Naturerscheinung. Doch selbst der französische Staatspräsident hält jederzeit ein Geheimfach seines prächtigen Schreibtischs bereit, aus dem er, ohne daß er darüber Rechenschaft abzulegen braucht, Banknotenbündel verteilen kann.

Hier handelt es sich freilich um gleichsam verdünnte, gedämpfte Korruptionsformen, weil an der Gewaltenteilung im Prinzip festgehalten wird. Der Rückgriff auf die Justiz bleibt also möglich. In Deutschland konnte es geschehen, daß ein Bundespräsident, der sich, wie verlautbart wurde, einen unbezahlten Urlaub schenken ließ, zurücktreten mußte. Notorisch korrupte Kartelle, Sportverbände und Funktionäre blieben hingegen lange Zeit unbehelligt.

Die Abgrenzung zwischen notwendiger und überflüssiger Korruption fällt nicht immer so leicht. Ein Verkehrspolizist im Kongo ist derart unterbezahlt, daß er ohne Bestechlichkeit nicht überleben kann. Warum ein wohlhabender amerikanischer Abgeordneter über eine Gefälligkeit wie die Gabe eines Pelzmantels für seine Frau stolpert, ist weniger einleuchtend.

Vollends unbegreiflich, an pathologischen Realitätsverlust grenzend, ist der Überschuß an Geldgier der meisten Diktatoren, Alleinherrscher und Potentaten, die sich in den ärmsten Ländern der Welt in phantastischem Umfang bereichern.

Die sinnlose Korruption ist die schlimmste.

»Wenn du das Maul hältst, kommt keine Fliege rein.«

Angeblich russisches Sprichwort

Sterbetafel

Mit jedem Lebensjahr nimmt unvermeidlich die Zahl derer zu, die das Zeitliche gesegnet haben. Diese schlichte statistische Tatsache ist nicht nur Versicherungsmathematikern bekannt. Damit sie weniger allgemein bleibt, empfiehlt es sich, sie auf den Einzelfall hin zu konkretisieren.

Dabei sollte man sich nicht auf seine Erinnerungen verlassen, schon weil auch das Gedächtnis tendenziell Schwächen zeigt. Solche Lücken lassen sich füllen, indem man, soweit vorhanden, alte Adressenverzeichnisse zu Hilfe nimmt. Man wird dort manchen Eintrag finden, der auf Bekanntschaften hinweist, die man längst vergessen hat. Was ist aus dem dicken Mitschüler mit den großen Ohren geworden? Lebt die oder jene flüchtige Liebschaft aus Buenos Aires noch? Auf der Sterbetafel müssen ja nicht nur Freunde stehen, die man wirklich vermißt. Wo sind eigentlich die Feinde von früher geblieben?

Ob man es wahrhaben will oder nicht, man ist auch allerhand hochgestellten Personen begegnet. Manche werden nach dem Verlust ihrer Macht den Medien entfallen sein. Beiläufig werden die Namen von Berühmtheiten, öfter als man denkt, auf der Liste erscheinen. Es kann bei der alphabetischen Reihenfolge zu unangenehmen Nachbarschaften kommen. Ganz verkehrt wäre es freilich, wollte man die Kriegsverbrecher, Wichtigtuer, Schwindler, Gangster, Hetzer, Hochstapler und Raufbolde nicht berücksichtigen. Es ist zu spät, um sie zu bestrafen. Mögen sie also in unverdientem Frieden ruhen.

Die Frage, ob diese oder jener überhaupt noch unter den Lebenden weilt, ist natürlich heikel. Das ist in manchen Fällen nicht mehr zweifelsfrei zu ermitteln. Ohnehin ist jede Sterbetafel provisorisch. Sie ändert sich von einem Tag auf den andern. Der sie verzeichnet, wird sie nicht vollenden, sondern früher oder später selbst auf ihr erscheinen.

Nur auf der Erde gelingt es, zu rauchen. Anderswo, auf dem Mond oder im Weltraum, fehlt es dazu an Luft und an Wärme. Auch muß ein Lichtstrahl da sein, damit das Auge dem blauen Faden folgen kann, wie er zuerst senkrecht aufsteigt, sich alsbald verzweigt und unberechenbare Wirbel erzeugt, die sich nie wiederholen, weil die Brownsche Bewegung der Moleküle immer neue Figuren hervorruft. Das Nikotin ist nur ein Nebeneffekt des Tabaks. Entscheidend sind die träumerischen Absencen des Rauchers.

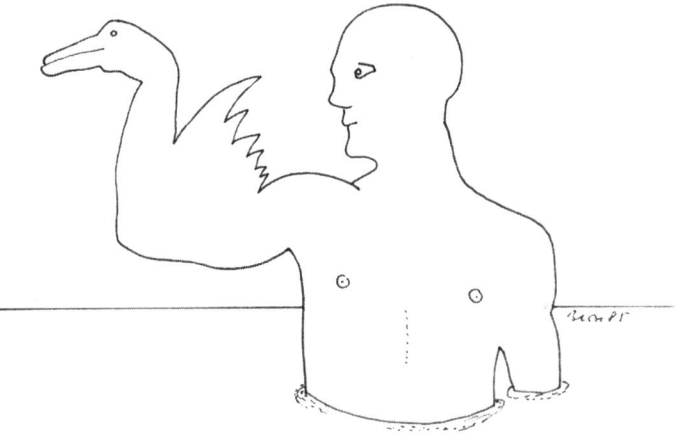

Jeder, der sich zu Fuß durch eine Stadt bewegt, sieht etwas anderes. Das hängt ganz davon ab, worauf er achtet. Der berühmte Flaneur, von dem Baudelaire, Simmel und Benjamin schwärmen, ist auch nur ein Passant, der sich einbildet, er sei ein Dandy, ein Künstler oder ein Philosoph.

Andere Wanderer sind glücklicherweise in der Mehrzahl. Sie alle aufzuzählen ist unmöglich. In jeder Großstadt kann man, um nur ein paar Beispiele zu nennen, Demonstranten, Marathonläufern, Touristen, Postboten, Türstehern und fliegenden Händlern begegnen.

Immer mehr Leute telefonieren im Gehen. Privatdetektive, Alkoholiker, Sozialarbeiter sind viel unterwegs. Bettler, Sandwich-Männer, Drögler, Bauernfänger und Taschendiebe kennen ihre Reviere auswendig. Im Park wimmelt es von Joggern und von Menschen, die ihre Hunde ausführen. Der Spaziergänger wird, ob er will oder nicht, auf Flüchtlinge treffen, auf Straßenmusikanten, Stadtstreicher, Streifenpolizisten, Obdachlose,

Pflasterer und Kanalarbeiter. Unauffälligkeit wissen Agenten, Attentäter, Exhibitionisten zu schätzen. Autofahrer müssen auf Schilder achten und darauf, was alles verboten ist; wenn sie einen Parkplatz suchen, passen sie auf, wo eine Lücke frei wird.

Ganz andere Interessen verfolgen die Immobilienmakler auf der Suche nach lohnenden Objekten, die Stadthistoriker und die Architekten. Ein Generalstäbler sieht die Stadt mit völlig anderen Augen als ein Kartograph, ein Müll- oder ein Taxifahrer.

Am seltensten kommt ein Fußgänger vor, der nur geht, um zu gehen.

Händler hatten noch nie einen guten Ruf bei den Geschichtsschreibern. Die traditionellen Gelehrten ließen sich ungern zu Leuten herab, die gewinnsüchtig waren, das heißt reicher und wendiger als sie selber. Statt sie auszufragen, hielten sie sich lieber an die Autoritäten ihrer Codices.

Der Renaissancehistoriker Anthony Grafton, einer jener wahren Europäer, die man heute in den Vereinigten Staaten findet, teilt diese Ansicht nicht. Er weiß die Fähigkeiten der Händler zu schätzen. Was sie vor den Professoren auszeichne, sei ihr weiter Horizont. Sich in feindlicher Umgebung behaupten und Geld verdienen konnten sie nur, indem sie sich auf fremde Welten, unbekannte Völker, Sprachen und Sitten einließen und mehr als ihre Mitwelt von Nautik, Geographie und Buchhaltung verstanden. Die Händler, scheint Grafton zu sagen, sind die Geburtshelfer der Neuzeit gewesen.

Nachrichtensperre

Zwei Drittel der Sendezeit widmen sich folgenden Themen: Lottozahlen, Parteitagsreden, Kirchentagen, Gedenkminuten, Querelen unter Fraktionsvorsitzenden, Börsennotierungen, Mordprozessen und Schlagerwettbewerben. Den größten Anteil nehmen Sportberichte ein, die politisch irrelevant sind.

Von solchen Banalitäten werden Ereignisse von weitreichender Bedeutung auf den Platz verwiesen. Das Fernsehen hat vor ihnen kapituliert.

Cordon sanitaire. Ein unerbetener Ratschlag

Ein halbvergessenes Konzept, das sich im neunzehnten Jahrhundert auf dem Balkan zur Abwehr von Seuchen bewährt hat. Clemens Brentano erzählte im Jahre 1817 von einer Pestepidemie in Kroatien. Ein ungarisches Grenadier- und Husarenregiment war damit beauftragt, den *cordon sanitaire* zu sichern. Selbst Briefe konnten den Pestkordon nicht passieren, ohne durchräuchert zu werden. Der Held der Geschichte, ein Maler namens Wehmüller, »gefährde, wenn er auch höchst unwahrscheinlich den Pestkordon durchschleichen sollte, jenseits an der Pest zu sterben«. Als er es dennoch versucht, wird er sicherheitshalber selber geräuchert. Brentanos Märchen endet, wie sich das gehört, gut.

Aber in Wirklichkeit war die Quarantäne durchaus ernst gemeint.

Der Begriff des Kordons hat im Französischen eine ältere militärische Vorgeschichte. Im Littré heißt es: »*Ligne de défense établie, soit aux frontières d'un État, soit aux limites d'une pro-*

vince, d'un département, et composée de troupes ayant pour con-
signe de s'opposer à l'introduction des hommes, des animaux et de
tous autres objets suspects provenant des lieux où règne une mala-
die contagieuse.«

Im geopolitischen Sinn wurde die Idee politisch derart ver-
allgemeinert, daß von ihrem ursprünglichen Sinn nichts übrig-
blieb. Sie diente im kalten Krieg nur noch als Bezeichnung für
eine umstrittene Pufferzone und deren Eingrenzung.

Merkwürdig, daß in heutigen Konflikten kaum noch jemand auf diese alte Methode zurückkommt. Statt zerfallene,
von Sekten oder Warlords beherrschte Gebiete zu bombardieren
oder mit Bodentruppen zurückzuerobern, ließen sie sich mit relativ geringem Aufwand umstellen und mit Waffengewalt iso-
lieren. Nur wer sich legitimiert, könnte sie verlassen oder in sie
eintreten. Fahrzeuge würden konfisziert, Flugzeuge abgeschos-
sen, Schiffe versenkt. Jeder Geldverkehr und jeder Außenhandel mit der eingeschlossenen Zone wären unterbunden.

Zustände wie in den Provinzen, die im Chaos versinken, im
Kaukasus, in Somalia, im Kongo, im Irak und in Teilen Syriens
und Afghanistans wären durch einen solchen Kordon vielleicht
einzudämmen. Den dortigen Machthabern würde bald die Luft
ausgehen.

Über den Limes

Eine römische Erfindung, deren Ursprung häuslich und ganz
harmlos anmutet. Ein *limen* ist zunächst nichts weiter als eine
Schwelle vor der Tür des Hauses. Ein *limes* will höher hinaus.
Er will nicht nur ein Feld oder ein Gelände umfassen, sondern am Ende das ganze Reich. Den Plural dieser Grenzen,

limites, bewahrt das Wort *limitieren* auf. Bei den Angelsachsen ist *off limits*, wer keinen Zugang hat.

Es gibt einen ausführlichen *Wikipedia*-Artikel, der die Entstehung des Limes, seinen Aufbau und am Ende auch seinen Niedergang beschreibt. Eine solche Demarkationslinie muß klar bezeichnet, sie muß so gut wie möglich kontrolliert werden. Sie dient der Aufklärung und muß gegebenenfalls auch verteidigt werden. Der Aufwand, den diese Ziele erfordern, ist enorm.

Der Limes war einst das größte Bauwerk auf dem Kontinent. Allein der Hadrianswall war über hundert Kilometer lang. In Deutschland haben die Archäologen Reste einer noch längeren Strecke ausgegraben. Es gab Palisaden, Mauern, Tore, Hunderte von Wachtürmen und Dutzende von befestigten Kastellen. Farbig bemalte Schranken und mit Stacheldraht bewehrte Zäune, mit denen sich Nationalstaaten schmücken, sind erst viel später üblich geworden.

Ohne Bürokratie ging es schon bei den Römern nicht ab. Die Identität der Menschen, die unterwegs waren, musste festgestellt werden. Das Militär ist auf Befehlsketten, Marschbefehle und Losungen angewiesen. Zöllner müssen Ausweise und Pässe überprüfen, das Gepäck durchsuchen, ja nach Tarifvorschriften Geld einnehmen und am Ende Durchlaß gewähren.

Große Flüsse geben natürliche Grenzen her. Dagegen bereitet ein »nasser Limes« an den Meeresküsten erhebliche Schwierigkeiten. Auch hohe Gebirge und tiefe Wälder sind hinderlich. Eine lange »grüne Grenze« läßt sich kaum effektiv sichern. Letzten Endes gibt es überhaupt keinen Limes, der unüberwindlich wäre. Das wissen die Beamten und die Soldaten ebensogut wie die Schmuggler, Schleuser und Paßfälscher, die jederzeit bereit sind, sie zu bestechen.

Das römische Reich war zu seinen besten Zeiten ein mächtiger Attraktor. Hinter der Grenze lockte ein Leben, in dem es genügend Brot gab; der Migrant durfte mit einem höheren

Grad von Sicherheit und einem entwickelten Rechtssystem rechnen.

Naivität kann man den Römern nicht nachsagen. Eine totale Abschottung hatten sie nie im Sinn. Ihre Grenze erlaubte den Außenhandel nicht nur, sie lud ihn ein. Der Limes glich einer Membran, die einen osmotischen Austausch zwischen verschiedenen Kulturen und Verkehrsformen beförderte. Gleich hinter den Wachtposten entstanden Buden und Verkaufsstände, spontane Märkte, die sich mit der Zeit zu Flecken und Städten entwickelten. Der Ernstfall trat erst ein, als das Reich zu schwach wurde, um sich gegen Invasionen zu verteidigen.

Die Mathematiker haben das Konzept übernommen und machen von einem eigenen, logisch gepanzerten Limes-Begriff Gebrauch. Es geht dabei um die größtmögliche Annäherung an einen Grenzwert, der immer näher rückt, ohne daß er jemals zu erreichen wäre.

Die Implikationen für das heutige Europa liegen auf der Hand.

Weiteres zur Frage des Limes

»Diese in öder Gegend verlassen stehenden Mauerteile können immer wieder leicht von den Nomaden zerstört werden, zumal diese damals, geängstigt durch den Mauerbau, mit unbegreiflicher Schnelligkeit wie Heuschrecken ihre Wohnsitze wechselten und deshalb vielleicht einen besseren Überblick über die Baufortschritte hatten als selbst wir, die Erbauer.«

Franz Kafka, Beim Bau der Chinesischen Mauer, 1917

Die veraltete Zukunft

Die Wahrsagerei ist eine sehr alte Kunst. Die Menschen haben sich schon immer Gedanken über die Zukunft gemacht, aber sie haben sich gewöhnlich auf Orakel, Prophezeiungen, Hellseher, Auguren und Sterndeuter verlassen. Erst im vergangenen Jahrhundert haben sie eine Wissenschaft daraus gemacht: die Zukunftsforschung oder Futurologie.

New Scientist heißt seit 1956 eine führende britische Wissensschaftszeitschrift, die ein hohes Ansehen genießt. 1964 fragte sie hundert Wissenschaftler und Techniker aus fünf Kontinenten danach, wie die Welt in zwanzig Jahren aussehen würde. Die Experten waren wichtige Leute, darunter mindestens vier heute vergessene Nobelpreisträger. Auch Werner von Braun und Norbert Wiener waren mit von der Partie.

Eine Auswahl ihrer Prognosen ist auch auf deutsch erschienen: *Unsere Welt 1985* (München 1965), ein Werk, das längst vergriffen, jedoch antiquarisch für ein Butterbrot zu haben ist. Robert Jungk gab sich in seinem Vorwort hoffnungsvoll:

»Den größten Nutzen wird die ›Futurologie‹ aus der immer weiter Verbreitung von erschwinglicheren und handlicheren Datengeräten ziehen, die es mit sich bringen wird, daß jede Behörde bis in die kleinste Gemeinde, jedes Unternehmen bis zum kleinsten Betrieb, ja vermutlich sogar viele Einzelpersonen eigene ›Vorausberechnungen‹ als eine Übung betreiben werden, die so selbstverständlich werden kann wie heute der Blick auf die Uhr.« Und der englische Redakteur Nigel Calder behauptete: »Alles in allem kristallisiert sich ein Bild der Welt im Jahre 1985 heraus, das der Wahrheit so nahe kommt, wie das auf Grund unseres heutigen Wissens möglich ist.«

Insgesamt nehmen sich die Prognosen der Befragten nach einem halben Jahrhundert ziemlich altbacken aus. Wer sich über sie lustig machen wollte, hätte leichtes Spiel. Aber schon eh und je hat sich blamiert, wer glaubte, er könnte die Zukunft am Schopf packen. Auch das wissenschaftliche Kostüm, das die modernen Auguren anlegen, hat daran nichts geändert.

Noch ein vergessenes Buch

Jean-Christophe Rufin ist müde geworden. Aus dem 1952 geborenen französischen Arzt und Aktivisten der *Médecins Sans Frontières* ist inzwischen ein »unsterbliches« Mitglied der französischen Akademie, ein Botschafter, Staatssekretär und mittelmäßiger Romancier geworden. Vielleicht deshalb ist sein wichtigstes Werk, *L'empire et les nouveaux barbares* (Paris 1991, deutsch unter dem Titel *Das Reich und die neuen Barbaren*, Berlin 1993), in Vergessenheit geraten, obwohl das heutige Europa manches von ihm zu lernen hätte.

Man kann gegen seine Thesen allerhand einwenden. Intellektuell sozialisiert durch das Pariser *Institut d'études politiques* und hypnotisiert von der Geschichte der Kolonisation und ihrer Abwicklung, hält er eisern am Begriff der dritten Welt fest, obwohl es 1991 gar keine zweite Welt mehr gab. Er trauert den »wohlerzogenen Guerilleros« früherer Jahre nach, als er noch an Befreiungsfronten und Revolutionen glaubte. Seine Erfahrungen in Afrika haben ihm bald alle Illusionen über solche »Rebellen« ausgetrieben. Auch ein letzter Einwand gegen diesen scharfsinnigen Essay läßt sich erheben: Rufin legt sich auf einen binären Code fest, der fünfzehn Jahre später anachronistisch anmutet. Er verläßt sich nämlich auf die Polarität zwischen Osten/Westen und Norden/Süden, eine Vereinfachung, die seine Perspektive trübt.

Um so schlagender sind seine Beobachtungen jedoch über die Konflikte, mit denen wir es im 21. Jahrhundert zu tun haben. Hier erreicht das Buch eine unheimliche Aktualität:

»Seit dreißig Jahren«, sagte er damals, »ist der gesamte Süden übersät von Aufständen, von lang andauernden und mörderischen Guerillakriegen ethnischen, religiösen und revolutionären Charakters. Terror und Gegenterror wechseln sich ab. Die Konfliktzonen schließen sich ab, sie splittern sich auf, und der Terror wird zur allgemeinen Regel.«

Was dabei herauskommt, sind nicht neue Staaten, sondern *failed states*, deren Liste seitdem immer länger geworden ist: Somalia, Afghanistan, Mali, der Irak, der Sudan, der Kongo, der Tschad und der Jemen …

Bestürzend nimmt sich nach fünfzehn Jahren ein Kapitel aus, das von der Logik des Limes handelt. Rufin stützt sich dabei auf das Studium zahlreicher antiker Autoren und Historiker. Er zitiert Schriften von Polybios, Plinius, Tacitus und Ammianus Marcellinus. Auch auf das Schicksal Marc Aurels geht er ein. »Ihre Interessen konvergieren in ihrer gemeinsamen Gegnerschaft zur Welt der neuen Barbaren«, deren Eigenart sich »im Wachstum ihrer Bevölkerung, im Umfang und äußeren

Bild ihres Elends, in den jahrhundertealten Wurzeln ihrer Konflikte, in der Gewaltsamkeit ihrer Ideologien« und in der »Fähigkeit zum Hereinbranden, zur Migration, zum Überfluten« zeige. »Niemals war die Ungleichheit des Bevölkerungsdrucks so groß wie zwischen den beiden Ufern des Mittelmeers.«

Dem heutigen Leser hält er eine Passage aus Macchiavellis *Betrachtungen über die erste Dekade des Titus Livius* vor, die ihn nicht trösten kann:

»Denn alle Gewalt und aller Zwang, um ein Volk im Zaum zu halten, ist unnütz, außer in zwei Fällen. Entweder du hast immer ein gutes Heer ins Feld zu stellen, wie die Römer, oder du zerstreust und vernichtest das Volk, löst es auf und zersplitterst es derart, daß es sich nicht mehr vereinigen kann, um dir zu schaden. Denn machst du es arm, so bleiben den Beraubten die Waffen, und entwaffnest du es, so schafft die Wut Waffen. Tötest du die Häupter und fährst fort, die Menge zu bedrücken, so wachsen sie neu wie die Häupter der Hydra.«

Standardantwort auf alle Anfragen, die mir Interviews und Meinungen zu den Vorfällen der Kalenderwoche abfordern: »Wer aktuell ist, stirbt früher.«

Die Entwendung einer lateinischen Vokabel

An größeren Massakern sind gewöhnlich zwei Tätergruppen beteiligt: der Staat als Unterdrücker und seine Gegner, die wahlweise als Aufständische, Rebellen, Befreiungsfronten oder Terroristen firmieren. Beliebt ist auch der Ausdruck Milizen.

Militia ist lateinisch und heißt schlicht und einfach Kriegsdienst. Aber was das deutsche Wort bedeuten soll, wenn es ein Nachrichtensprecher in den Mund nimmt, ist schwer zu sagen. Meint er nun die »Roten Garden«, die SA, irgendein Freikorps oder eine kurdische Brigade?

In der Sowjetunion gehörte einst jeder kleine Verkehrspolizist der Miliz an, in der DDR gab es sogenannte Betriebskampfgruppen, und im Nachkriegspolen hieß die Polizei »Bürgermiliz«.

Bis heute gibt es in Österreich einen »Milizstand«, den zu definieren zu umständlich wäre; in der Schweiz ist ein Milizionär, wer wehrpflichtig ist und nach einer dürftigen Ausbildung zu ein paar Übungen einberufen wird; seine persönliche Waffe und seine Uniform hat er zu Hause im Schrank.

Legitime und illegale Organisationen voneinander zu unterscheiden ist nicht immer so einfach. Niemand weiß genau, was ein *Paramilitär* ist. Die *Contras* in Nicaragua? Die Revolutionswächter im Iran? Die Nationalgarde in den Vereinigten Staaten von Amerika? Die SS? Die lateinamerikanischen Todesschwadronen? CIA und FBI? Von *Warlords* oder Drogenhäuptlingen befehligte kriminelle Horden? Die Gefolgschaft eines selbsternannten Kalifen? Der Katalog nimmt kein Ende, so wie das tödliche Durcheinander, das in jedem latenten oder offenen Bürgerkrieg gedeiht und vor dem die Sprache versagt.

Wie so oft haben die Engländer eine üppige Auswahl von Bezeichnungen für alte Herren, die allmählich merken, daß sie der Außenwelt auf die Nerven gehen. So wie hier. Auch ich fühle mich immer mehr als *old geezer, old sod, old dodderer, fogey, grouser* usw. und mache gleichwohl munter weiter.

Die Symmetrie ist etwas für Mathematiker. Eine Idealisierung, die zugleich eine Vereinfachung darstellt. Zwar findet sich auch in der Natur eine Menge von Symmetrien. Alle Lebewesen haben Achsen, in denen sich etwas spiegelt, zum Beispiel Augen oder Gliedmaßen. Aber warum sind diese Symmetrien nie vollständig? Die perfekte Form der Kugel ist unerreichbar. Jedes Ei, jede Aprikose weicht davon ab, auch die einfachsten Geschöpfe, wie an den Amöben und den Bakterien, wenn man sie genau betrachtet, zu sehen ist. Alles weist Unterschiede auf. Die beiden Hälften stimmen nie überein. Woran liegt das? Ökonomisch betrachtet, ist diese Vielfalt verschwenderisch und kostspielig, ganz so, als käme es der Natur auf die Wirtschaft gar nicht an, als wäre sie nur ein obsessiver Wunschtraum der Buchhalter, der Techniker und der Architekten.

Noch mehr über das Phantom des Geldes. Die sogenannte Geldpolitik hat dafür gesorgt, daß es nur noch eine gespenstische Existenz führt. Sie arbeitet mit Spritzen und Pumpen, um das untote Fiat-Geld, wie in Edgar Allan Poes Geschichte *The Facts in the Case of M. Valdemar*, am Leben zu erhalten. Als der Erzähler seine Versuchsperson aus der Magnetisierung entläßt, fällt der Körper des Scheintoten augenblicklich in sich zusammen und hinterläßt nur eine »ekelhafte, stinkende Masse«.

Der Dichter hat seine Erzählung ausdrücklich als *hoax* bezeichnet, also irreführenden Schwindel.

Auch die Scheine, welche die Notenbanken drucken, sind bloßer Schein. Im Jargon der Geldpolitik heißt das Verfahren *Quantitative Easing*. Die abergläubischen Assoziationen liegen auf der Hand, etwa beim völlig willkürlich festgesetzten Inflationsziel von zwei Prozent, an das sich die Europäische Zentralbank klammert, und bei dem Billionenaufwand, mit dem sie die Finanzmärkte flutet. Wir hören auch von anderen Erscheinungen des Mesmerismus: von EFSM, ESM, EBA, ESMA, EIOPA, ELA, *Target* I und II. Die Esoterik erreicht ihren Höhepunkt bei der ANFA, die so geheim ist, daß selbst Signor Draghi ins Stottern kommt, wenn es erwähnt wird. Bekannt ist nur, daß es sich um ein *Agreement on Net Financial Assets* handelt, das der französischen und der italienischen Notenbank erlaubt, so viele Banknoten zu drucken, wie sie gerade Lust hat.

Für die Verkündigungssprache der Finanzzauberer gibt es ein präzises englisches Wort: *mumbo-jumbo*. Im Wörterbuch definiert man es wie folgt: unverständliche Rede, Kauderwelsch, Geschwafel; rituelle, möglichst komplizierte und obskure Aussage, die zur Verhüllung und Verwirrung dient; eine übernatürliche Macht, die sich in einem Fetisch verkörpert.

Man kann, eine gewisse Überzeugungskraft vorausgesetzt, wie sie jeder tüchtige Staubsaugervertreter aufbringt, jedermann etwas einreden. Damit begnügt sich freilich kein ordentlicher Jurist. Er verfügt über ein ganzes Kompendium von Einreden. Für den Laien liegen sie leider nicht auf der Hand.

Zu unterscheiden sind vor allem die peremptorischen und die dilatorischen Einreden. Den einen haftet etwas Dauerhaftes an, während die anderen bestenfalls Aufschub gewähren. So die Einrede des nicht erfüllten Vertrages oder der groben Fahrlässigkeit.

Dagegen stehen längere Einreden wie die der Verjährung, der Bereicherung und der Arglist, ganz zu schweigen von der Einrede aus einem *pactum de non petendo.*

Aber das ist noch gar nichts verglichen mit der Hülle und Fülle der Einwendungen. Diese sind auf keinen Fall mit den Einreden zu verwechseln. Grob gesprochen kann es sich um a) rechtshindernde, b) rechtsvernichtende und c) rechtshemmende Einwendungen handeln.

Ihre Zahl ist schwindelerregend. Leider kann hier nur eine kleine Auswahl geboten werden. Einwendungen zu erheben sollte nicht schwerfallen. In Frage kämen:

die Unzumutbarkeit, die Erschöpfung, die Dürftigkeit, das Verschweigen, der Vorsatz. Sittenwidrig! Teilnichtig! Mangelhaft erklärter Wille! Schuldumschaffung! Verstoß gegen ein Verbotsgesetz! Mitverschulden! Scheingeschäft! Entreichung! Verstoß gegen höherrangige Vereinbarungen! Widerruf einer Auslobung! Wirtschaftliche Unmöglichkeit!

Aber nicht nur mit solchen Einwänden kann ein Advokat auftrumpfen, sondern auch mit einer »nicht gesetzlich geregelten Konfusion«. – Wer hätte das gedacht!

Wie viele Reformvorhaben sabotiert der Referentenentwurf zur Urheberrechtsnovelle des Justizministeriums die Ziele, die sie zu erreichen glaubt, nämlich die »verbesserte Durchsetzung des Anspruchs der Urheber und ausübenden Künstler auf angemessene Vergütung«. Unter dem Abschnitt C des Entwurfes heißt es: »Alternativen: Keine.« Wir sollten also den Mund halten.

Das betrifft besonders die Schriftsteller. Wenn der § 40a so, wie er dasteht, Gesetz wird, entzieht er ihren Verlagen die Geschäftsgrundlage. Welcher unabhängige Verleger würde in einen Autorenvertrag investieren, der schon nach fünf Jahren durch Rückruf annulliert werden kann? Diese Frist soll nicht etwa von dem Tag an gelten, an dem das Buch erscheint, sondern von dem Augenblick an, da ein Verlagsvertrag unterschrieben wird.

Offenbar weiß keiner der Referenten, wie ein Verlag operiert. Es dauert nämlich normalerweise fünf Jahre, bis ein Manuskript abgeliefert, lektoriert, gesetzt, korrigiert, angekündigt, beworben, gedruckt, vertrieben und ausgeliefert ist.

Diese Ignoranz ist dadurch zu erklären, daß die Ministerialbeamten sich nur mit Film- und Fernsehproduzenten abgesprochen haben. Auch die Internetkonzerne konnten mitreden. Kein namhafter Autor oder Verleger wurde konsultiert.

Dazu sah eine Urheberrechtskonferenz, die Anfang Dezember 2015 in Berlin stattfand, ebenfalls keine Veranlassung. Juristen, Verbandspräsidenten, Netzpolitiker und Lobbyisten blieben unter sich. Günther Oettinger, der Brüsseler Kommissar für digitale Wirtschaft, hielt bei diesem Treffen eine Rede. Für die früher so genannten »Verwerter« von Urheberrechten erfand er einen originellen Namen. Egal ob Webdesigner, Filmproduzenten, Erzeuger von Bildpostkarten oder T-Shirts, Software-Programmierer, Zeitungsherausgeber, Reklameagenten – sie alle sollen von nun an »Formatierer« heißen. Unter diese Kategorie fallen Oettinger zufolge auch Lyrik-, Schulbuch- und Wissenschaftsverleger.

Unter dem Formatieren eines Datenträgers versteht man, daß man ihn mit einem Datensystem versieht, also mit einer Struktur, in welcher die Dateien auf einer Festplatte oder in der sogenannten *Cloud* abgelegt werden. Die Vier hinter der Null scheint der digitalen Industrie so gute Geschäfte zu verheißen, daß die Industrien 0.1, 0.2 und 0.3 auf dem Müllhaufen der Geschichte Platz nehmen müssen.

Inhalte, die in diesem Jargon als *Content* bezeichnet werden, spielen dabei für die *Provider* keine Rolle. Mit den lästigen Büchern und ihren Lesern soll endlich Schluß sein! Wer was zu sagen hat, soll von nun an *mailen, twittern, bloggen* und *posten*, und nur was einen tüchtigen Börsenwert auf die Waage bringt, soll übrigbleiben. Das sind die amerikanischen Großkonzerne und ein paar Verfasser, die zuverlässig Bestseller und Drehbuchvorlagen liefern.

Das ist Spitze!

Hinauf, empor – *excelsior*! Nach Höherem streben alle, die sich diese Steigerung gefallen lassen. Das sind unter anderen die Vertreter, die Kandidaten, Sportler, Konferenzen, Politiker, Funktionäre und Reiter. Auch Spitzengespräche soll es geben.

Nicht zu vergessen die Spitzentitel, Spitzendeckchen, Spitzensteuersätze, Spitzenbüstenhalter, Spitzenleistungen, -Tänzer und -Qualitäten, Kirchturm-, Zigaretten-, Finger-, Konzern- und Nasenspitzen.

Oben scheint immer noch Platz zu sein.

Der Klassenkampf ist keineswegs zu Ende, er hat sich in gewisser Weise sogar verschärft, das heißt, wir haben es mit seiner pulverisierten, bis zur Unkenntlichkeit verfeinerten Form zu tun. Er spielt sich nicht mehr, wie einst, nur in der Außenwelt ab, sondern auch in der eigenen Brust, dort, wo sich die immerzu therapiebedürftige Psyche befindet, gleich unterhalb der Zirbeldrüse.

»Frieden gibt es da unten nur mit Gewalt«, sagt der afghanische Taxifahrer, der seit zwanzig Jahren in München lebt, und freut sich über jedes militärische Eingreifen des Westens in der Heimat seiner Familie.

»Das Gehen ist ein beständig verhindertes Fallen.«

F. W. J. Schelling

Nassenbeuren (und anderswo)

Wer in Freiburg im Breisgau das Augustiner-Museum besucht, wird sich über eine schmale Tafel des Malers Matthias Grünewald wundern. Auf dem Bild aus den Jahren 1517-1519 scheint ein Papst Schnee zu schippen, und zwar tut er es im Hochsommer, genauer gesagt, im August des Jahres 358.

Die Legende besagt, daß die Madonna damals im Traum einem kinderlosen Patrizierpaar erschienen ist. Sie versprach, ihren Kinderwunsch zu erfüllen; doch sollte ihr zu Ehren eine Kirche errichtet werden, und zwar an der Stelle, wo mitten in Rom am nächsten Morgen Schnee liege. Das Paar wandte sich an den Papst Liberius. Auch ihm war die Madonna im Traum erschienen. Am andern Tag war der Esquilin mit Schnee bedeckt.

Heute steht an diesem Ort die Kirche Santa Maria Maggiore. Seitdem wird das Mirakel *Sancta Maria ad Nives* am 5. August an vielen Orten gefeiert, auf La Palma, in Aufhausen in der Oberpfalz, im oberbayrischen Kirchbrunn, auf der Secker Hochalm in der Steiermark, im Allgäu bei Nassenbeuren, im spanischen Vitoria – und vermutlich anderswo.

Mariä Schnee hat bisher alle Klimaschwankungen überstanden.

»Wer hat das Recht, seine Erinnerungen zu schreiben?« – »Jeder.« Weil niemand verpflichtet ist, sie zu lesen.

Um seine Erinnerungen zu schreiben, braucht man weder ein großer Mann zu sein noch ein berühmter Bösewicht, weder ein bekannter Schauspieler noch ein Staatsmann; dazu genügt es, einfach ein Mensch zu sein, etwas zu erzählen zu haben und nicht nur erzählen zu wollen, sondern auch einigermaßen erzählen zu können.

»Aber die Aufzeichnungen können doch auch langweilig sein, das beschriebene Leben farblos und trivial?«

»Dann werden wir sie nicht lesen.«

Dieser Dialog findet sich in *Alexander Herzen, »Vorwort zu den Kapiteln des vierten Teils, die im Polarstern veröffentlicht wurden«, in: Mein Leben. Memoiren und Reflexionen*, Bd. 1, aus dem Russischen von Hertha von Schulz, Berlin 1962

Die Poesie der Schreckensmänner

In den meisten Gewaltherrschern steckt ein kleiner Lyriker. Das ist eine Tatsache, die auch den angesehensten Dichtern zu denken geben sollte. Joachim Sartorius hat sich der Verfasser von nebenberuflich tätigen Poeten, die als Killer tätig waren, liebevoll angenommen in seiner Sammlung *Niemals eine Atempause. Handbuch der politischen Poesie im 20. Jahrhundert* (Köln 2014).

Vollständigkeit ist schon angesichts der Quellenlage unerreichbar. Die folgende Blütenlese verfährt in aufsteigender Linie. Den Anfang macht ein eher unbedeutender Hochstapler aus Serbien, der es immerhin geschafft hat, als Massenmörder in Den Haag vor Gericht zu stehen. Radovan Karadžić hat insgesamt fünf Gedichtbände veröffentlicht. Er schrieb:

> Ich habe mich vom Guten abgewendet
> und brenne wie eine Zigarette
> auf meinen neurotischen Lippen.
> Von allen fertiggemacht,
> warte ich in der Morgendämmerung
> auf meine große Stunde.
> Endlich werde ich
> die Morgenbombe werfen,
> und man wird nur noch

das Lachen eines launischen
einsamen Mannes hören.

Im Vergleich dazu wirkt Osama bin Laden mit seinem Lobge-
sang auf die Selbstmordattentäter, die 2000 den amerikanischen Zerstörer *Cole* im Hafen von Aden in die Luft spreng-
ten, geradezu entwaffnend ehrlich und anspruchslos:

> Ihr verschwendet eure Zeit.
> Den Dschihad gebe ich nicht auf,
> solange vergiftete Dolche
> unser Volk durchbohren,
> solange ihre Kreuze
> in dunkler Nacht angreifen
> und das heilige Arabien
> beschmutzen.

An Saddam Hussein fällt vor allem die Sentimentalität seiner
Gedichte auf:

> Binde deine Seele los.
> Du bist die Geliebte meiner Seele.
> Kein Haus hätte mein Herz beschützt,
> so wie du es getan hast …
> Du bist die beruhigende Brise.
> Du erfrischst meine Seele.
> Und unsere Baath-Partei
> erblüht wie ein grüner Ast.
> Ich opfere meine Seele für dich
> und für unsere Nation.

Immerhin läßt der Despot noch durchblicken, daß ihm die
Macht am Herzen liegt. Davon merkt man einem der erfolg-
reichsten Mörder des 20. Jahrhunderts nicht das Geringste an.

Mao Tse-tungs Kalligraphien sind zartsinnig und geschmackvoll:

Ode an die Winterkirsche

Schönheit, die nicht wetteifert mit dem Frühling.
Nur ein Wächter, des Frühlings Kommen zu melden.
Warte ab die Berge in blütenprächtiger Zeit!
Sie, im dichten Drängen die Mitte, lächelt.

(1961/62, zur Zeit der Hungersnot nach dem »Großen Sprung vorwärts«.)

Einsam weilt hier
nur noch der Wanderer.
Ich hebe den Becher mit Wein
und trinke dem Wellengang zu,
da die Flut meines Herzens
den hohen Wogen folgt.

Unübertroffen ist der Dichter Jossif Wissarionowitsch Dschugaschwili nicht nur durch die Zahl seiner Opfer. Er ist auch der Rührseligste. Seine eigene Rolle beschreibt dieser Lyriker schon mit sechzehn Jahren als Seminarist in Tiflis:

Morgen

Eine Rosenknospe war erblüht
Und reckte sich, das Veilchen zu berühren.
Die Lilie erwachte
Und neigte den Kopf in der Brise.
Hoch in den Wolken die Lerche sang
Ein zwitschernd Loblied,
Während die frohe Nachtigall

Mit sanfter Stimme sagte:
Sei voll von Blüten, o liebliches Land.
Frohlocke, Staat der Iberier,
Und du, o Georgier, durchs Lernen
Mach deiner Heimat Freude.

In dieser Welt ging er von Tür zu Tür
wie ein Gespenst, die Leier im Arm,
der er träumend schöne Melodien entlockte.
Die Wahrheit und eine himmlische Liebe
Waren wie ein Sonnenstrahl zu vernehmen.
Aber das Volk, statt ihn zu rühmen,
reichte dem Wanderer einen vergifteten Becher
und sagte: Trink und sei verdammt.
Wir wollen die Wahrheit nicht
Und keine himmlischen Melodien.

Damit ragt der Georgier in dieser kleinen Blütenlese durch
seine Wehleidigkeit hervor.

Über Fusseln, die auch als Flusen bezeichnet werden, hat Niklas Luhmann schon das Entscheidende bemerkt: »Beim Bürsten von Bürsten bleiben einige Fussel hängen.« Ein handliches Instrument, um diesem Dilemma zu entrinnen, ist die Fusselrolle. Unsicher ist, wann und von wem sie zum Patent angemeldet wurde. Auch ob es F-rol*le* oder F-rol*ler* heißen muß, muß unentschieden bleiben. Jedenfalls wird das Gerät mit der Hand betrieben.

Wer die Abteilung für Haushaltwaren in einem Kaufhaus besucht, wird überrascht vor einem Regal stehen, auf dem sich in

Reih und Glied Apparate versammeln, die elektrisch betrieben werden. Eine einheitliche Bezeichnung fehlt. Sie nennen sich Flusen-, Knötchen- oder Fusselentferner, heißen aber auch Wollrasierer oder sogar Fusselfräser. Ein Topmodell verspricht weitere Verlockungen. Nicht nur nimmt das Design Rücksicht auf die Ergonomie. Die Maschine brüstet sich auch mit einer extragroßen Scherfläche, einem Scherkopf mit Sicherheitsschalter, zwei Geschwindigkeitsstufen und mit einem Abstandshalter, der sich mühelos auf vier Schnittlängen einstellen läßt.

Man reibt sich die Augen vor dem Aufwand, den der Markt in unseren Breiten zugunsten von Hausfrauen (und selbstverständlich von emanzipierten Männern) treibt.

Was Kinder brauchen: Papier

Papier ist geduldig. Es jammert nie, höchstens knistert es ein bißchen, oder es raschelt. Du kannst es knicken, rollen, knüllen, schneiden, und das ist noch lange nicht alles, was du mit einem Blatt Papier machen kannst.

Wenn du es richtig faltest, wird ein Flieger daraus, und es erhebt sich in die Lüfte.

Ein bißchen anders kniffen, und es wird zu einem Schiffchen, das du vorsichtig aufs Wasser setzen mußt, dann schwimmt es unter der Brücke durch, und du kannst zuschauen, wie es auf dem Fluß tanzt und immer kleiner wird, bis es ganz weit hinten davongetrudelt ist.

Oder du weichst eine alte Zeitung in warmem Wasser ein und wartest eine Weile. Dann holst du den Papierbrei heraus und drückst ihn fest zusammen. Du kannst eine Maus oder einen Elefanten daraus kneten. Wenn die winzige Maus und der riesige Elefant getrocknet sind, kannst du sie bunt anmalen.

Vielleicht habt ihr noch einen alten Ofen im Haus, oder einen Kamin, oder ihr wollt im Sommer draußen im Garten grillen. Was machst du dann? Du holst dir aus dem Papierkorb, was deine Eltern weggeschmissen haben, knüllst die Zettel, die Briefkuverts und die Prospekte zusammen und zündest sie an. Aber Vorsicht! Beim Zündeln ist schon manches Unglück passiert. Trotzdem, ohne Papier geht es nicht.

Auch bei einer Schnitzeljagd, oder wenn du ein Geschenk einpacken willst, oder als Serviette, oder als Taschentuch tut das Papier gute Dienste. Ich weiß wirklich nicht, was ich auf dem Klo machen würde, wenn es kein Papier gäbe.

Und wie ist es mit dem Taschengeld? Natürlich, Münzen gibt es genug, aber stell dir vor, du wolltest dir einen Pullover und ein T-Shirt und ein Paar Schuhe kaufen, und dann müßtest du das alles mit Pfennigen und Groschen zahlen. Da brauchtest du einen großen, schweren Geldsack. Praktischer sind da ein paar Scheine, und woraus sind die Scheine?

Manchmal willst du wahrscheinlich ein Haus, eine Wiese, einen Mond oder einen Hasen malen. Manche Künstler nehmen dazu eine Leinwand und einen Rahmen aus Holz, aber das ist ziemlich teuer. Ehrlich gesagt finde ich es auch zu umständlich. Ein Malkasten und ein ordentlicher Zeichenblock tun es auch. Dreimal darfst du raten, woraus so ein Block besteht.

Übrigens fällt mir noch etwas ein, wozu man das Papier brauchen kann: zum Schreiben. Du brauchst ja nicht gleich an die Hausaufgaben zu denken, an den Aufsatz und an die Bruchrechnungen, die dir sicher schon zum Hals heraushängen. Nein, man kann ja auch was anderes schreiben: Gedichte zum Beispiel, oder Briefe, oder Einkaufszettel. Sogar Musik kann man schreiben, wenn man nämlich die Notenschrift gelernt hat. Ich behaupte sogar: Wer schreiben kann, hat mehr vom Leben!

Nun könnte es sein, daß du einen Computer hast, und dann denkst du vielleicht: Es geht doch auch ohne Papier. Aber Vorsicht! Plötzlich ist das, was du geschrieben hast, einfach weg. Du hast auf die falsche Taste gedrückt, oder der Computer stürzt ab, oder er wandert auf den Sperrmüll, und was dann?

Papier ist geduldig. Es ist etwas zum Anfassen. Und wenn es gut ist und kein Schund, dann hält es unglaublich lange. Manches, was die Leute vor fünfhundert Jahren geschrieben haben, können wir heute noch lesen.

Ach ja, das Lesen hätte ich fast vergessen! Und dabei ist es wahrscheinlich das Wichtigste. Unglaublich, was es alles zu lesen gibt! Kluge und blöde Bücher, kluge und blöde Zeitungen, Landkarten, Flugtickets, Liebesbriefe, Tagebücher, Speisekarten. Das alles und noch vieles mehr. Du kannst dir aussuchen, was du am liebsten liest.

Mit dem Lesen hat es keine Eile. Die Bücher im Regal machen keinen Mucks. Sie halten still. Sie warten und warten, so lange, bis du Lust hast, sie herauszuholen und darin zu blättern. Ich sag es ja: Papier ist geduldig.

Rätselhaft, woher die deutsche Vorstellung rührt, im Vereinigten Königreich herrsche »die feine englische Art«, ganz so, als wären die Inseln von Gentlemen bewohnt. Man täte gut daran, sich zu erinnern, von wem die Europäer Ausdrücke wie *mob, gang, hooligan* und *lynching* übernommen haben. Ein Blick in die englische Presse, Mindestkenntnisse von den Sitten und Verkehrsformen in den feinsten *public schools* und in den Kneipen, das Benehmen der Fußballfans (ein Wort, das sich vom Fanatismus ableitet) – das alles sollte genügen, um allen Illusionen über die bewunderten Inselvölker ein Ende zu machen.

Decency

Diese Tugend ist nicht leicht zu übersetzen. Anstand? Fairneß? So etwas Ähnliches hat seinerzeit George Orwell darunter verstanden und damit alles andere gemeint als Schicklichkeit, guten Geschmack oder gar Dekorum. Er sah darin ein urenglisches Verhalten. Diese Haltung war ihm wichtiger als jede Ideologie, seine eigene eingeschlossen. Das hat ihn schon damals in Widersprüche verwickelt und ihm bei der Linken, der er sich zurechnete, endlose Scherereien gebracht.

Orwells Integrität steht in der literarischen Welt ziemlich einzig da, weil sie ohne Illusionen auskommt und sich jeder Sentimentalität widersetzt. Heute wirkt sie anachronistisch; denn inzwischen ist sie auf seiner Heimatinsel fast gänzlich ausgestorben.

»I am always amazed when I hear people saying that sport creates goodwill between the nations, and that if only the common peoples of the world could meet one another at football or cricket, they would have no inclination to meet on the battlefield. Even if one didn't know from concrete examples (the 1936 Olympic Games, for instance) that international sporting contests lead to orgies of hatred, one could deduce it from general principles. […]

Serious sport has nothing to do with fair play. It is bound up with hatred, jealousy, boastfulness, disregard of all rules and sadistic pleasure in witnessing violence: in other words it is war minus shooting.«

George Orwell, »The Sporting Spirit«,
in: The Collected Essays, Bd. 4, S. 61-63

»Politics, everywhere destructive, have dried up the place, frozen it, cracked it, and powdered it to dust. In the sixteenth century human life was disordered and talent stultified by the obsession of theology; today we are plague-stricken by politics.«

Evelyn Waugh in seinem Vorwort zu
»When the Going was Good«, London 1946

Humble bragging wird oft mit Bescheidenheitsprahlen übersetzt. Das ist aber nur die halbe Miete. Katharina findet dafür eine weniger höfliche Formulierung: *Protzjammern.* »Schon wieder so eine lästige Einladung!« – »Immer diese Kongresse!« – »Zuviel Post! Zu viele *E-Mails*!«

Trotz Verbot nicht tot

Diese schlagkräftige Parole geht offenbar auf Joseph Goebbels zurück.

Im Mai 1927 herrschten in Teilen Berlins bürgerkriegsähnliche Zustände. Nach einem Auftritt Hitlers erließ der Polizeipräsident Zirngiebel ein Verbot der NSDAP. Im Juli gründete Goebbels die Zeitung *Der Angriff* und erfand den Slogan »Trotz Verbot nicht tot« – eine geniale markentechnische Formulierung, mit der sich jeder Jugendliche angesprochen fühlt. Auch wenn ihnen ihr Urheber unbekannt ist, tut sie im rechtsradikalen Milieu bis heute ihre Wirkung.

Ihr Geheimnis ist, daß sie keinen spezifischen Inhalt nötig hat. Jeder, dem ein Verbot mißfällt, könnte sich auf sie berufen – auch der Raucher, der ins Abseits gestellt wird, die Muslimin, der man das Kopftuch verwehrt, oder der Student, der seine Dissertation bei *Wikipedia* abschreibt.

Woher kommt es, daß Politiker sich der Aufgaben von Verpakkungsarbeitern und Spediteuren annehmen? In Kabinettssitzungen, Ausschüssen und Verhandlungen beschäftigen sie sich immer öfter mit dem Schnüren von Paketen. Ob es sich dabei um Geschenke oder um unverlangte Werbesendungen handelt, bleibt offen.

Die Ware ist so zahlreich, daß die Pakete numeriert werden müssen, damit sie nicht verwechselt werden; so wurde unlängst ein »Zweites Asylpaket« beschlossen. Andere Sendungen betreffen die Renten, Kindertagesstätten oder Sozialleistungen.

Die Auslieferung und die Zustellung der Pakete nehmen die

Politiker nicht selbst vor; das überlassen sie einem Heer von Bürokraten.

Unklar bleibt, ob ihre Wohltaten jemals bei den Empfängern ankommen werden.

Ein Vergleich zwischen den Werken von Wilhelm Busch und des Marquis de Sade zeigt, daß jeder Vers und jeder Strich des Deutschen von einer souveränen Menschenkenntnis zeugt. Dagegen gleicht die Phantasie des Marquis einem Leierkasten, und sein Humor hat den Charme eines Preßlufthammers.

Daß die Pariser Liebhaber de Sades und ihre zahllosen Nachbeter diesen Unterschied nie bemerkt haben, läßt an ihrer Urteilsfähigkeit zweifeln.

Die gegenwärtige Kampagne für die Abschaffung des Bargeldes ist leicht zu erklären. Jeder Rest von Freiheit ist für Regierungen, Geheimdienste und Banken äußerst störend. Längst ist es nicht mehr der Kommunismus, der die Enteignung anstrebt; dazu wird er nicht mehr benötigt.

Eine Kleinigkeit ist bei dieser Debatte bisher nicht thematisiert worden. Was ist mit den Bettlern? Daß dieser ehrwürdige, universelle, jahrtausendealte Berufsstand vom Aussterben des Bargeldes bedroht wird, scheint niemanden zu interessieren. Hut und Teller sollen leer bleiben, so wie die Matratze des letzten Sparers.

Unsere Allwissenschaftler, *vulgo* Kosmologen, haben die Dunkle Energie und die Dunkle Materie erfunden. Für die dunkle Sprache, den dunklen Geist und die dunklen Götter sind sie nicht zuständig. Ihr Kosmos kommt ohne solche Kleinigkeiten aus.

Die Trostlosigkeit kommt nicht von selbst zustande. Sie muß aus dem Boden gestampft werden. Dazu braucht cs Flächennutzungspläne, Investoren, DIN-Vorschriften, Grundbuchämter und Steuervergünstigungen. Jede architektonische Ödnis muß alle Jahre durch einen Technischen Überwachungsverein überprüft werden. Um unverwüstlich zu sein, benötigt das Trostlose eine Betriebserlaubnis.

Die Schwarzweißmalerei macht bei näherer Betrachtung einen lückenhaften Eindruck. Zwar stehen Astrophysiker mit dem Schwarzen Loch und mit dem Weißen Rauschen auf vertrautem Fuß. Doch den Ökonomen, die sich gern mit der Schwarzarbeit, dem Schwarzmarkt, dem Schwarzhandel und dem Schwarzgeld beschäftigen, fehlt es an der Kehrseite. Sie müssen ohne Weißhandel und ohne weiße Arbeit auskommen. Auch eine weiße Kunst scheint es nicht zu geben, und einen weißen Markt kann es unmöglich geben.

Selbst die besten Steueranwälte sind überfordert mit der Aufgabe, Waschmaschinen und Kläranlagen zu ersinnen, aus denen sich weißes Geld schöpfen ließe. Der Grauschleier haftet allem an, was wir in der Tasche oder auf dem Konto haben.

Der erste Held des Rückzugs

In der *Anabasis* beschreibt Xenophon von Athen als Heerführer und Chronist nicht, wie üblich, seine Erfolge, sondern die Kunst des Rückzugs. Mit einem Heer von anfangs zehntausend Mann führte er die schwierigste aller militärischen Operationen an; die geordnete Retraite nach einer verlorenen Schlacht. Er übernahm das Kommando also in einer ausweglosen Situation. Die griechische Truppe unter seinem Kommando mußte Tausende von Kilometern im Winter zurücklegen, bis sie unter großen Strapazen und hohen Verlusten Byzanz erreichte.

Es spricht für sich, daß Xenophon diese Schrift erst Jahrzehnte später unter dem Pseudonym *Themistogenes von Syrakus* herausgegeben hat und daß er von sich selbst in der dritten Person spricht.

Den Helden des Rückzugs weiß das Publikum gewöhnlich keinen Dank.

Ein Gespräch über die Hölle

Katharina widerspricht Jean-Paul Sartre, der behauptet hat, die Hölle seien die andern. Richtiger wäre es zu sagen, daß man dort mit dem eigenen Dämon allein sei.

Eine einschlägige Anekdote weiß von einem atheistischen Journalisten in Schweden zu berichten. Er soll dem Bischof, den er interviewte, eine Falle gestellt haben, indem er ihn fragte, ob er an die Hölle glaube. Selbstverständlich, habe der Theologe geantwortet, der ebenso aufgeklärt wie bibelgläubig war. Allerdings sei die Hölle leer. Das liege an der Barmherzigkeit Gottes.

Ein Skeptiker wird sich mit dieser Auskunft nicht so leicht zufriedengeben.

Mich jedenfalls stört am Höllenglauben eher der Singular. Wäre es nicht einleuchtender, wenn es für jeden Sterblichen eine eigene private Hölle gäbe? Die einzigen Strafen wären in diesem Fall die Isolation und die Langeweile. Das wäre übrigens eine ökonomisch günstige Lösung; denn dazu bedürfte es keines Teufels, keines Feuers und keiner Folterknechte.

»Das gläubige, heitere Vertrauen, das manche Schriftsteller der Nachwelt schenken, kann ich kaum begreifen, geschweige denn selber haben. Obwohl ich die Mitwelt noch weniger schätze als sie mich, bin ich doch weit entfernt davon, die Generationen, die nach mir kommen werden, für besser, edler, vorurteilsloser, vernünftiger zu halten als jene, die mit mir leben.«

Joseph Roth, »Ein Blick auf die Nachwelt« (1929),
in: Das journalistische Werk 1929-1939, Köln 2009, S. 73

Eigenartig der Brustton, in dem jüngere Leute von »ihrer Generation« sprechen, so als handle sich's um eine wohldefinierte Kohorte. Wer so redet, setzt voraus, daß er alle repräsentiert, die dasselbe Geburtsdatum vorweisen können. Niemand hat ihm ein solches Mandat anvertraut.

Elektronik als Massenbetrug. Ein Wutausbruch

Viele beschweren sich darüber, daß es angeblich »langlebige Konsumgüter« gibt, die von vornherein so gebaut werden, daß sie in wenigen Jahren im Müll landen: Kühlschränke, Küchenmaschinen, Staubsauger und so weiter.

Weit gründlicher gehen die Hersteller von elektronischen Geräten vor. Diese Konzerne behaupten, daß sie der technische Fortschritt immerzu zu Innovationen zwingt. Dabei schlagen sie ein derart manisches Tempo an, daß ihre Produkte schon am Tag ihres Erwerbs veraltet sind. Die künstliche Obsoleszenz verkürzt mit jedem neuen Modell, das auf den Branchenmessen vorgestellt und gefeiert wird, ihre Lebensdauer.

Die Verschrottung ist den Geräten eingebaut, und zwar der *Hard-* ebenso wie der *Software*. Die Betriebssysteme werden in immer kürzeren Zyklen ausgetauscht. Das gilt gleichermaßen für Rechner, Telefone, Brillen, Armbänder und Implantate.

Auffällig ist auch, daß Unternehmen, die der Kommunikation dienen sollen, sich einigeln, um sie zu verhindern. Dazu haben sie einen eigenartigen Soziolekt entwickelt, dessen Grundlage ein spezielles *Pidgin*-Englisch ist. Stummelwörter wie *Spotify, Instagram, Matse, Bot, Iversity, Moocs, d!economy* und *EyeAm* sind charakteristisch für diesen Jargon. Auf den »User« prasseln immer neue Abkürzungen herunter: VGA, WXGAm DD3L, DIMM, SATA, HDMI usw. Unaussprechlichkeit gilt als Vorzug: ITK, CFI, Airbnb, SXSW … Es kommt darauf an, sich möglichst unverständlich auszudrücken. Das gehört zur Geschäftsgrundlage.

Was eine *Bitcom* von einer *Bitcoin* und einer *Blockchain* unterscheidet, soll sich nur dem Fachmann erschließen. Von den Propagandisten der Digitalisierung wird auch die Null in Dienst genommen. Mit jeder natürlichen Zahl nach dem Komma wird eine Revolution ausgerufen.

Darunter leidet auch, was man früher unter Intelligenz verstanden hat. Diese Eigenschaft wird nicht nur Häusern und Automobilen, sondern auch Kühltruhen und Zahnbürsten zugeschrieben. Das kleine »i« wird auf alle möglichen Apparate gepappt. Es soll suggerieren, daß Objekte wie *iPhones*, *iPads*, *iMacs* und *iPods* über das Vermögen verfügen, zu denken.

Anders als Aristophanes sind die milliardenschweren Sophisten dieser Industrie taub für den chaotischen Chor der Wolken. Sie kennen keinen Plural mehr. Eine einzige solche Erscheinung genügt ihnen, sich alle Daten anzueignen, nach denen sie gieren. Sie wird in keine andere Sprache übersetzt und heißt einfach die *Cloud*.

Der Kentaur

Sagenhafte Dichter sind selten. Waren sie es immer? Das ist schwer auszumachen. In unseren Tagen sehen die meisten Lyriker aus wie leitende Angestellte oder respektable Angehörige eines freien Berufs. Viele sind es. Wer den Facharzt Dr. Benn in Berlin kennengelernt hat, sah sich einem äußerst höflichen, soignierten und eher reservierten Herrn gegenüber, der leise sprach. Wer dem Verlagsdirektor Mr. Eliot begegnete, hatte es mit einem Gentleman zu tun, der als Insignien seiner Würde einen sorgfältig ausgerollten Regenschirm und einen mehr oder weniger steifen Hut trug.

Vielleicht war das gut so; viel von der herkömmlichen Dämonie der Musensöhne war aufgetragen wie Schminke, der poetische Furor Zeichen mühsam verlängerter Pubertät, die Exaltation aufgewärmte Romantik, mit der sich brave Bürgersöhne in Szene setzten.

Aber es hat auch wirkliche Tornados von Versen gegeben, Dichter, die, erstaunlich und gewaltig wie Kentauren, wie seltsame Ungeheuer mitten unter den erschrockenen Leuten auf der Straße, in den Cafés, auf Versammlungen und Gesellschaften erschienen sind. Eine dieser Elementarerscheinungen hieß Wladimir Wladimirowitsch Majakowski.

Im Lexikon steht: »Geboren 19. Juli 1893 in Bagdadi, Georgien (heute nach M. Majakowski genannt), gestorben 14. April 1930 (Selbstmord). Führer des russischen Futurismus. Wichtigster literarischer Wortführer der Oktoberrevolution von 1917. Bediente sich in seinen Dichtungen grotesker und übertriebener Metaphern, überraschender Assoziationen und Vorstellungen, um die von ihm erwünschten Wirkungen zu erzielen. Beeinflußt von Marinetti, dem Begründer des italienischen Futurismus. Schrieb ein *Mysterium buffo* für die Bühne und allegorische Poeme, ferner zwei satirische Komödien.«

»Professor, legen Sie Ihr Fahrrad von Brille beiseit!
Ich erzähle selbst / von mir / und meiner Zeit! –«

hätte Majakowski geschrien, wenn ihm diese Lexikonnotiz zu Gesicht gekommen wäre. Er hat geahnt, wie man mit ihm verfahren würde, und hat sich dagegen zur Wehr gesetzt. *Aus vollem Halse*, so heißt sein letztes Gedicht, und es heißt darin:

Verehrte Genossen Nachkommen!
Wenn ihr einst / graben werdet / in verkohlten Tagen
nach unsrer Zeit, die dann längst verglommen,
werdet ihr / vielleicht / auch nach mir fragen.
Und vielleicht erklärt euch / euer Geschichtler,
die Fragen erstickend / mit gelehrtem Gefasel,
hier hätte mal gelebt / ein hitziger Dichter
und heftiger Feind von lauwarmem Wasser.

Ich, Fäkalienfahrer / und Wasserexperte,
gerufen und erfaßt / von der Revolution.

Majakowskis Ahnung hat ihn nicht getrogen: Seine Zeit ist tatsächlich verglommen. Es war die Zeit, in der die großen Banken krachten und in der die Berliner sich die *Dreigroschenoper*
ansahen, während schon die SA marschierte. Es war die Zeit
von Hitler und Stalin, die Zeit der *roaring twenties*, und in
Rußland war es die Zeit des Hungers und der Hoffnungen,
die fieberhaft heroische Zeit der Revolution. Aber selbst in
seiner eigenen Zeit, für uns Heutige selber sagenhaft, ist Majakowski wie eine Sagenfigur erschienen. Täuschen wir uns
nicht! Damals sowenig wie heute schätzte es die Bürokratie,
schätzten es die inkrustierten Manager der Macht, wenn einer
da schrie:

Loslassen! Ihr könnt mich nicht halten!
Ich muß Sturm heulen aus kupferner Kehle!
Ich bin überall! Ich darf, was ich will!

Der solche Verse schrieb, war ein Berserker, aber ein großmüti-
ger, ein gütiger, ein Berserker, der die Leute liebte. Und so
schrieb er mit seiner Löwenhand Plakate zum höhern Ruhm
der Kommune, füllte Riesensäle zwischen Leningrad und Sibirien und heulte seine Verse in die Menge, bis sie vor Begeisterung kochte, reiste um die Welt, um ihr die Wahrheit, seine
Wahrheit, die Wahrheit der Revolution zu verkünden, malte seine Vision von der Zukunft auf alle Wände mit feuriger Schrift,
machte kein Federlesen, nahm keine Rücksicht, nicht auf die
andern, nicht auf sich selber, und schoß sich mit sechsunddreißig Jahren, gefürchtet und geliebt, berühmt und verzweifelt,
eine Kugel in den Kopf.
Sein Sterben wie sein Leben hat etwas Rätselhaftes: Es setzte
Legenden an. Freunde und Feinde zerbrachen sich den Kopf

über diesen Selbstmord. Auch das sah er voraus. Dies sind die
letzten Zeilen, die er schrieb:

> Ich sterbe. Macht keinen dafür haftbar!
> Und bitte kein Geschwätz! Der Verstorbene hatte nie etwas
>   dafür übrig.
> Der Fall ist jetzt erledigt. Ich bin mit dem Leben quitt!
> Kein Lamentieren! Kein Geseire! Denen, die bleiben, Glück!

Zu einer solchen Figur passen keine akademischen Nachrufe,
keine subtilen Suchereien nach Einflüssen, keine kleinkarier-
ten Auslegungen. Wer über Majakowski Dissertationen schreibt,
wird der Rache seines Opfers nicht entgehen:

> Schluß jetzt mit / Versekaun / und -schmatzen!
> Betäuben die Meute / mit Dreifingerpfiffen,
> ein Gottverflucht / ihr in die Fresse kratzen!
> Daß das Geschmeiß gleich auseinanderfliege,
> flatternd / mit seinen dunklen / Rockschoßfetzen!

Er haßte aus ganzem Herzen den literarischen Obskurantismus,
das Schneckenhaus des reinen Geistes, der puren Poesie, die
sich auf Metaphysik zurückzieht, wenn man von ihr verlangt,
sie möge Rede und Antwort stehen. Er hat sich nie gescheut,
die Karten seiner Kunst auf den Tisch zu knallen; sein Amt
sah er nicht als das eines Priesters, sondern als das eines Arbei-
ters. Ohne Zögern hat er seine Werkstatt geöffnet, erklärt, was
an seinem Handwerk zu erklären war. Er sah das Gedicht als
einen Gebrauchsgegenstand, sprach von Rohmaterial, Halb-
und Fertigfabrikat, scheute keine rationale Analyse des dich-
terischen Prozesses. Die lyrischen Konventionen warf er durcheinander wie die Schachfiguren einer verlorenen Partie, aber
er eröffnete eine neue und ersparte sich keine Rechenschaft.
Majakowski hat die Dichtung entmythologisiert, aber die Sage

vom großen Dichter hat ihn, der sie zerreißen wollte, eingeholt. Der ein Traktat mit dem Titel verfaßte *Wie macht man Verse*, der den Schleier des Geheimnisses von seiner Produktion zu ziehen glaubte, bleibt unbegreiflich, unwiederholbar, ein Ungeheuer, das noch über seine eigene Selbstauslegung triumphiert.

Majakowski kann nicht veralten. Er ist wie jedes Fabelwesen seiner und aller Zeit voraus. Wo er erscheint, wird immer Überraschung sein, Panik oder Verzauberung. Wohlgelitten ist er nirgends, nicht in seiner Heimat, wo man millionenfach druckt, was in das Konzept des Tages paßt, wo er selber aber, die Sage Majakowski, wie eine unterirdische Tellermine umgangen, eingezäunt, gemieden wird; nicht bei uns, bei uns schon gar nicht, wo man nur noch die synthetischen Monster der Technik liebt und unter Verkehrsampeln und Auspufftöpfen an das Erscheinen eines sagenhaften Dichters, des großen und seltenen Kentauren Majakowski, nicht denken kann, ohne zu erbleichen.

(Jörg-Dieter Kogel, ein Redakteur des Bremer Senders, sendet diesen Text über Majakowski an seinen Verfasser, der ihn längst vergessen hat. Kogel hat die Altersgrenze erreicht. Beim Aufräumen seines Büros fiel ihm ein vergilbtes *Radio Bremen Handbuch* aus dem Jahr 1959 in die Hände. Dort ist »Der Kentaur« abgedruckt. Passagen, die vergilbt sind wie das Papier, auf dem sie gedruckt sind, und sich anhören, wie aus der Zeit gefallen. Ihr Verfasser war von der Lust ergriffen, etwas zu entdecken, was ihm unbekannt war. Die Übersetzungen der russischen Verse stammen vermutlich von Hugo Huppert, Siegfried Behrsing und Karl Dedecius.)

Ziellos

Target bedeutet auf englisch Ziel. In der Sprache der Finanzwirtschaft ist es ein gebräuchlicher Ausdruck, der mit Großbuchstaben geschrieben wird. Kaum jemand weiß, was Target heißen soll. Dieses Akronym steht nämlich für *Trans-European Automated Real-time Gross Settlement Express Transfer System.*

Als die Geschäftsbanken den Krisenländern der Eurozone keine Kredite mehr gaben, weil dort die Leistungsbilanz hoch defizitär war und die Kapitalflucht aus dem Süden zunahm, sahen sich die Notenbanken, angeführt von der EZB, veranlaßt, nach dem Motto »*whatever it takes*« einzugreifen.

Die sogenannten *Target*-Salden sind, wie Hans-Werner Sinn erklärte, »eine goldene Kreditkarte« für den Süden, mit der sie sich bei Nullzinsen unbegrenzt verschulden können. Die Forderungen der Gläubiger wären bei einem Kollaps des Euro-Systems wertlos.

Kein Wunder, daß die Erfinder es vorziehen, sich unverständlich auszudrücken.

»Sinnlos ist es, von den Göttern zu erbitten, was einer sich selbst zu verschaffen imstande ist.«

Epikur, 65

Das einzige Säugetier, das dichtet, ist der Mensch.

Wie rasch die Gruppentheorie verblassen kann

Am Himmelfahrtstag hat Olga Mannheimer zu einem üppigen Gabelfrühstück auf der Terrasse ihres Hauses in Widdersberg eingeladen. Unter den Gästen: eine gescheite und lebhafte Wissenschaftsredakteurin aus Frankfurt und ein Logistiker, der für eine große Hamburger Reederei die Strecken, Zeitpläne und Kosten der Containerschiffahrt berechnet. (Diese riesigen Frachter auf den Weltmeeren kommen mit einer Besatzung von vierundzwanzig Seeleuten aus. Meistens sind es Filippinos. Ganz anders, erklärt der Experte, geht es auf den Schüttgutschiffen zu, die auf anderen Routen verkehren und für die andere Kalkulationen gelten.)

Allen Gästen gemeinsam ist eine bemerkenswerte Vorliebe für die Literatur; einer stellt seine Villa für einen Salon zur Verfügung, zu dem er allerhand Autoren einlädt.

Auf einem langen Waldspaziergang unterhalte ich mich mit einem jungen Mathematiker aus Braunschweig. Seine Fachgebiete sind die Kombinatorik und die algorithmische Optimierung komplexer Prozesse. Das Gespräch dreht sich um die Frage, wie sich entscheiden läßt, welche Probleme lösbar sind und welche nicht. Dabei fallen natürlich Namen wie Frege, Gödel und Turing. Benjamin Stiller, so heißt er, wartet mit der These auf, daß die Frage ohne einen formallogischen Rahmen ins Leere läuft.

Das ist amüsant, obwohl ich nur hie und da einen dilettantischen Einwurf riskieren kann. Dann kommt Stiller plötzlich auf die Gruppentheorie zu sprechen. Ich weiß noch, wie mich vor zwanzig Jahren die Entdeckung des jungen Évariste Galois entzückt hat. Jedes Kind kann verstehen, was eine Symmetrieoperation ist. Man braucht nur an einem geometrischen Objekt zu drehen, es umzuklappen oder zu verschieben. Die Menge der Symmetrien bildet eine Gruppe. Das bedeutet jedoch, daß das Produkt von zwei solchen Operationen wiederum eine Gruppe ist.

Bis dahin konnte ich noch folgen. Doch die nächsten Schritte führten in ein Labyrinth von Symmetrien, in dem ich mich bald verirrt habe. Ganz besonders sind es die endlichen einfachen Gruppen, die sich hartnäckig jeder Vereinfachung widersetzten. Von ihnen gibt es offenbar achtzehn Familien und dazu noch genau sechsundzwanzig Außenseiter. Das sind die sporadischen Gruppen, deren größte ein Monster ist, das in einem unvorstellbar hochdimensionalen Raum lauert. Damals, vor zwanzig Jahren, hatte ich mich in dieses algebraische Gestrüpp vorgewagt, auch wenn ich mich schon bald darin verhedderte und steckenblieb.

Nun aber, auf dem Waldspaziergang, konnte ich mich nicht einmal mehr auf die einfachsten Operationen besinnen. Es ist erschreckend, wie schnell man vergißt, was nicht zur täglichen Routine wird. Mathematiker müssen, wie Pianisten, ständig üben, sonst droht eine Art Muskelschwund des Gehirns, und bald fällt ein Amateur in den Stand des algebraischen Analphabeten zurück. So ist es mir bei diesem Ausflug nach Widdersberg ergangen.

Es ist seltsam, daß überzeugte Nationalsozialisten das Treiben der Neonazis hinnehmen, ohne zu protestieren. Sie können doch nicht völlig ausgestorben sein! Warum empören sie sich

nicht über die Ahnungslosigkeit ihrer Nachfolger, dieser hirn-
losen, ideologisch ungefestigten Epigonen? Diese Leute verfügen nicht einmal über eine ordentliche Weltanschauung und
zeigen keinerlei Neigung, sich der »Ehre«, von der Himmler
schwärmte, würdig zu erweisen.

Die Idee von einem »bedingungslosen Grundeinkommen«
rumort nicht nur in der Schweiz und in Kalifornien. Sie stört,
aber das ist nichts Neues. Zum erstenmal scheint sie einem Engländer namens Thomas Spence (1750-1814) eingefallen zu sein.
Das geht aus seinem 1796 veröffentlichten Essay hervor: *The
rights of infants; or, the imprescriptible right of mothers to such
a share of the elements as is sufficient to enable them to suckle and
bring up their young in a dialogue between the aristocracy and a
mother of children. To which are added, by way of preface and
appendix, strictures on Paine's Agrarian justice.*

Darin schlug Spence die lebenslange Zahlung eines *quarterly dividend* an alle Mitglieder der Gesellschaft vor. »After all
public expences are defrayed, we shall divide it fairly and
equally among all the living souls in the parish, whether male
or female; married or single; legitimate or illegitimate; from a
day old to the extremest age.« Gespart würden dadurch alle
Ausgaben für die staatliche und philanthropische Umvertei-
lung. »Under the system of the End of Oppression, the people
will receive, without deduction, the whole produce of their
common inheritance.«

Das hört sich fast zu gut an, um wahr zu werden.

Die Riemannsche Vermutung hat den Nachteil, daß nur ausgefuchste Mathematiker sie verstehen. Ein Laie hat keine Chance. Trotzdem ist sie berühmt, und ganze Scharen von klugen Leuten haben versucht, sie zu widerlegen oder zu beweisen, angefangen bei Riemann selber, der versuchte, sie durch eine Menge von numerischen Berechnungen der Nullstellen im kritischen Bereich der komplexen Zetafunktion abzusichern. Vergebens!

Das hat seine Nachfolger nicht davon abgehalten, diese Zahlenspiele weiterzutreiben. 1982 sind bereits über hundert Millionen weitere Nullstellen gefunden worden. Mit Hilfe neuer Großrechner wurden bis 2004 eine Billion von ihnen überprüft. Ausnahmslos alle liegen auf der Geraden mit dem Realteil ½ und stimmen mit der Riemannschen Vermutung überein. Leider ist sie damit keineswegs bewiesen.

Wie bitte? Bewiesen ist damit nur, daß die Mathematiker auf das verzichten, was die meisten anderen Leute ihren *common sense* nennen. Man kann das, je nach Belieben, stur oder heroisch finden.

»Lügen wie ein Augenzeuge.«

Russische Redensart

Fußball ist kein Opium, sondern *Ecstasy*, Amphetamin und *Crack* fürs Volk.

Nur wer sich lange mit den Meisterwerken des japanischen Farbholzschnitts beschäftigt hat, kann mitreden. Trotzdem möchte ich einen Zwischenruf riskieren. Eines weiß ich nämlich sicher: daß diese Menschen sich nicht als Originalgenies oder als Malerfürsten fühlten. Im Edo des neunzehnten Jahrhunderts hat es den Champion der Kunst, den Star, der ganz allein das Sagen hatte, nie gegeben.

Auch der namhafteste Künstler fing mit einer schwarzweißen Skizze an, die er seinem Verleger zeigte und dem Holzschneider vorlegte. Der klebte das Blatt seitenverkehrt auf den gemaserten Stock aus dem härtesten Holz, dem der Wildkirsche, und schnitt eine Konturplatte. Feinheiten überließ er dem Meister; die Details übernahm einer seiner Schüler oder ein Kopist im Auftrag des Verlegers.

Ein Künstler, der so arbeitet, wird auf einem ersten Musterabzug nicht nur die Farben vorgeben. Er entscheidet auch darüber, wie sie allmählich verfließen und ob die Maserung stimmt. Dann wird in der Werkstatt für jede einzelne Farbe ein Druckstock geschnitten und ein Probedruck abgezogen. Erst wenn das Ergebnis dem Meister genügt, kann gedruckt werden. Auf dem Blatt ist so gut wie immer ein Titel angegeben, manchmal auch ein kalligraphisches Gedicht. Die Auflage wird vom Verleger gestempelt und vom Künstler, vom Plattenschneider oder vom Drucker signiert. Schließlich verewigt sich mit seiner Sigle der offizielle Zensor, ohne den im Kaiserreich natürlich nichts geht.

Die großen Meister kennt man im Westen als Hokusai und Hiroshige. Beide schlüpften, sooft es ihnen gefiel, unter einen anderen, selbstgewählten Namen. Sie alle liebten den Nebel, den Schnee und den Regen. Ihre erotischen Blätter waren von einer Deutlichkeit, die an Spott und Karikatur grenzt. Auf den Straßen und Brücken trugen die Lastträger riesige Bündel; die *jeunesse dorée* ging einkaufen oder ins Theater. Luxus und

Armut teilten sich die Landschaft; beide waren unvermeidlich.

Wie schnell und unermüdlich diese Künstler arbeiteten! Sie illustrierten *Comics* und Alben, verschönerten Wirtshausschilder und Fächer. Ihre Werke zählen nach Tausenden. Die Auflagen, die sie mit ihren Holzschnitten erzielten, waren erheblich größer. So kommt es, daß sich keiner, der einen Hiroshige oder einen Hokusai haben möchte, zu ruinieren braucht. Ein solches Blatt kann jedermann für ein paar hundert Dollar oder Euro erwerben. Für Andy Warhols *200 One Dollar Bills* war bei *Sotheby's* in New York und in London das Hunderttausendfache fällig.

Ob die japanischen Holzschnitt-Meister sich am Ende lustig gemacht haben über den Kunstbetrieb, dem sie ausgeliefert waren?

Ihr Humor war so fließend wie das Leben, das sie schilderten.

Von Katsushika Hokusai gibt es ein Blatt, auf dem ein riesiger Elefant zu sehen ist. Eine Schar von winzigen Menschen, die nie im Leben ein solches Tier erblickt haben, versucht sich daran, diese eigentümliche Erscheinung abzutasten. Sechs dieser Zwerge hangeln sich an den Füßen, dem Bauch, dem Schwanz und dem Rüssel des Giganten hoch; vier andere klammern sich an seinem breiten Rücken fest, und eine Zwergin hängt an seinem Stoßzahn. Alle diese kleinen Forscher leiden unter einem Handicap: Sie sind blind.

Kein Kritiker, kein Sponsor, kein Galerist, kein Investor und kein Kulturminister wird sich auf diesem alten Bild wiedererkennen.

Auf lateinisch werden es die Märchenerzähler der Kosmologie schwerhaben, schon weil in dieser Sprache nur vom *Universum* die Rede sein kann, das die von ihnen bevorzugten *Pluriversen* nie aus den Angeln heben werden.

Noch ärger ergeht es ihnen im Deutschen. Das All ist ein *Singularetantum*; einen Plural gibt es nicht. Singularitäten kommen zwar vor, doch *Alle* bedeutet etwas anderes, und *Alls* gibt es nicht. Damit ist der Fall erledigt.

Der kluge Fotograf Roland Fischer fegt das Gerede von der Identität vom Tisch. Er sagt, dieser Begriff habe sich erst epidemisch ausgebreitet, seitdem die Leute anfingen zu bezweifeln, wer sie sind. Abgesehen von den Philosophen, beschäftigt sie diese Frage erst seit der Industrialisierung, der Ausbildung von Nationalitäten. Erst in der Moderne kann von Identitätspolitik die Rede sein. Ohne Staatsangehörigkeit, erkennungsdienstliche Behandlung, Ausweispapier und Chipkarte geht es dabei nicht ab. Sakrosankt wird die Identität erst, wenn ihr Verlust bevorsteht.

Einmal, als ich auf der Suche nach Illustrationen im British Museum zu tun hatte, kam ich mit einem Konservator ins Gespräch, dessen Spezialgebiet die Restaurierung antiker Statuen war, besonders, wie er sagte, die Heilung der Bronzekrankheit. Ich fragte ihn, was das sei. Er zeigte mir ein Exemplar seiner Monographie zu diesem Thema. »Es gibt einen Kollegen in Tokio, der sie verwendet hat, einen in Boston, einen in Berlin. Ich hatte also drei Leser, und vielleicht ein paar weitere, die ich nicht kenne. Alle andern verstehen nichts davon.«

»Du bist gut!« Das wird meistens tadelnd oder wenigstens vorwurfsvoll gesagt. Ein Fall von toter Ironie.

Beim Wiederlesen einer alten Zeitschrift

Im *Kursbuch 9* vom Juni 1967 finde ich ein Dossier mit der Überschrift »Kronstadt 1921 oder die Dritte Revolution«. Es handelt von einer Episode der kommunistischen Geschichte, die nicht nur von den Anhängern der Partei, sondern auch von ihren Gegnern vergessen worden ist, obwohl sie heute ominös, um nicht zu sagen prophetisch anmutet. Dafür stehen die Jahreszahlen 1953, 1956, 1989.

Das Dossier von 1967 hatte keine wesentlichen politischen Folgen, außer für seinen Verfasser. Der sowjetische Schriftstellerverband war bekanntlich nicht nur ein Parteiorgan. Er arbeitete Hand in Hand mit dem KGB und unterhielt eine Dienststelle zur lückenlosen Beobachtung ausländischer Publikationen. Die Autoren wurden, je nachdem, was sie veröffentlichten, in Kategorien eingestuft: Genossen, Sympathisanten (*fellow travellers*), fortschrittliche bürgerliche, politisch irrelevante, antisowjetische und reaktionäre Schriftsteller.

Was mich angeht, so konnte ich mich lange Jahre des Status eines »fortschrittlichen bürgerlichen Autors« erfreuen. Das hatte praktische Vorteile. Man wurde mit Einladungen in die Sowjetunion, mit Visa und Reisemöglichkeiten bedacht, die andern verweigert wurden. Im Grunde genossen solche Leute ein höheres Ansehen als die Genossen und die Sympathisanten, die nur als nützliche Idioten betrachtet wurden.

Da ein fleißiger Mitarbeiter in der für Westdeutschland zuständigen Abteilung auch das *Kursbuch* auf seinem Radarschirm hatte, büßte ich von einem Tag auf den andern meinen »fort-schrittlichen« Status ein und galt fortan als unzuverlässiger, wenn nicht als antisowjetischer Autor.

So konnte mein bescheidener Beitrag zu einer deutschen Vierteljahresschrift zumindest in Moskau für Aufregung sorgen. Das lag nicht daran, daß ich provokatorische Absichten gehegt hätte. Schuld war eher die Tatsache, daß der Verfasser nie einen Gedanken auf die Frage verwandte, was dem *Komitet Gosudarstvennoj Bezopasnosti* bei seinen Äußerungen durch die Rübe ging.

Falsche Selbsteinschätzung (Selbstverortung), auf einem Geburtstag vernommen: Die Bulgaren glauben, sie seien Russen. Die Rumänen bilden sich ein, sie seien Franzosen. Die Griechen halten sich für Griechen, obwohl sie Türken sind.

»Bey der letzten zum Untergang neigenden Welt sind durch Gottes Gnade noch manche schöne Sachen erfunden worden wovon die Alten nicht das geringste gewußt haben. Unter denselben ist auch die Papiermacher-Kunst mittelst welcher aus alten zerrissenen Lumpen ein schönes Papier bereitet werden kan. Ob nun gleich dem Erfinder dieser Kunst dafür eine ewige Ehren-Seule von allen Menschen-Kindern gebühret ist doch seine Person und Nahme bis *dato* im verborgenen blieben, daß man nicht wissen mag wer derselbe höchst nützliche Mensch gewesen.«

Aus: E. G. Happelii grössester Denckwürdigkeiten der Welt oder so genandte Relationes Curiosae, Hamburg 1685, S. 675

Wie ist es möglich, mitten im Kapitalismus längere Zeit zu überleben?

Auch Giganten sind sterblich. *PanAmerican, Woolworth, Kodak, AEG, Enon, Lehman Brothers* – ihr Reichtum, ihre Reputation, ihr weltbekannter Markenname hat keine dieser Firmen vor dem Untergang bewahrt. Pleiten gehören zum Betriebssystem. Der berühmte Ökonom Joseph Schumpeter hat seinen Schülern schon 1942 eingeschärft: »Der Prozeß der schöpferischen Zerstörung ist das für den Kapitalismus wesentliche Faktum. Darin besteht der Kapitalismus und darin muß auch jedes kapitalistische Gebilde leben.«

Wenn das so ist, wie hat dann *Pirelli*, eine kleine, vor 140 Jahren in Mailand gegründete Gummifabrik, diese manische Dynamik nicht nur überstanden? Wie konnte dieses Unternehmen sogar stetig wachsen und zu einem Weltkonzern werden?

Ich weiß es nicht; denn ich bin kein Experte. Deshalb muß ich mich bei der Beantwortung dieser Fragen mit ein paar Vermutungen begnügen.

Erstens: Die Leute, die ein solches Unternehmen führen, müssen, wie erfahrene Boxer, gute Fußarbeit leisten, das heißt, sie müssen beweglich sein und den Aktionen ihrer Rivalen zuvorkommen.

Zweitens: Ohne gute Nerven geht es nicht. Auch Beobachtungsgabe und Beharrlichkeit gehören zur Grundausstattung derer, die überleben.

Drittens: Flexibilität bedeutet nicht kurzfristiges Denken. Ganz im Gegenteil. Wer nur auf den nächsten *quarterly report* schaut, wird nicht lange durchhalten.

Diese drei Regeln gelten übrigens auch im kleinsten Maßstab, zum Beispiel für Ein-Mann-Unternehmer, zu denen Maler, Regisseure, Komponisten, Schauspieler oder Schriftsteller gehören.

Schumpeter hat auch in diesem Fall recht behalten. 2014 übernahm der russische Ölkonzern 13 Prozent der *Pirelli*-Aktien. Ein Jahr später kaufte das chinesische Staatsunternehmen *ChemChina* die italienische Firma auf. Der Kaufpreis für die Anteilseigner lag bei 7,1 Milliarden Euro. Dagegen hat der Verfasser dieser Bemerkungen als Ein-Mann-Unternehmer ein Stehvermögen bewiesen, das Schumpeters Regel Hohn spricht. An seinen betriebswirtschaftlichen Kenntnissen kann das nicht liegen. Vermutlich hat er bisher einfach Glück gehabt.

Mehrere Gründe, warum du dich nicht in die Geschäfte der Seefahrer einmischen solltest:

Du ziehst trockene Füße vor. Du fürchtest, seekrank zu werden. Du glaubst, Wasser habe keine Balken. Du hast keine Ahnung vom Geschäft der Reeder und vom Völkerseerecht.

Warum bist du dennoch überzeugt, daß die »christliche Seefahrt«, und nicht nur sie, eine kriminelle Branche ist?

»*Navigare necesse est, vivere non est necesse*«, Seefahrt tut not, Leben tut nicht not, soll der für die Getreideversorgung Roms zuständige römische Feldherr Gnaeus Pompeius Magnus (106-48 v. Chr.) den Seeleuten zugerufen haben, als diese wegen eines Sturms nicht auslaufen wollten. Offensichtlich saß der Mann auf dem Trockenen.

Die Freiheit der Meere, das *Mare liberum* ist der Titel einer Schrift des niederländischen Rechtsgelehrten Hugo Grotius. Er wollte damit den holländischen Anspruch auf freien Handel mit Indien gegen Portugal durchsetzen. Daraus ist ein Grundsatz des völkerrechtlichen Gewohnheitsrechts geworden, wonach die hohe See der Staatsgewalt einzelner Staaten entzogen ist und bleiben muß, so daß sie der freien Nutzung aller durch Schiffahrt, Fischerei und Ausbeutung des Meeresgrundes offensteht. (Diese Freiheit soll nur durch die gleiche Freiheit anderer begrenzt sein.) Die Proklamation von Sperrzonen, die Errichtung von Blockaden und ihre zwangsweise Durchsetzung seien daher grundsätzlich völkerrechtswidrig.

Diese Grundsätze wurden durch die Pariser Seerechtsdeklaration vom 16. April 1856 und die Genfer Seerechtskonvention von 1958 völkerrechtlich anerkannt.

Die Freiheit der Meere wurde damit eingeengt, weil das Abkommen begrenzte Hoheitsrechte der Küstenstaaten in einer angrenzenden Dreimeilenzone zuließ und sogar das Kontinentalschelf einbezog. Darüber hinaus versuchten die Anrainer, ihre Territorialgewässer auszudehnen. Das ist ihnen durch die Seerechtskonvention vom 10. Dezember 1982 gelungen.

Dem Beobachter stellen sich einige Fragen, die diese Abmachungen nicht beantworten.

Warum darf man auf Piraten nicht schießen?

Warum werden seeuntüchtige Schiffe, die das Leben von Flüchtlingen aufs Spiel setzen, nicht konfisziert?

Warum werden die Boote von Menschenhändlern und Schleppern nicht versenkt?

Warum dürfen Kreuzfahrtschiffe Venedig und andere Hafenplätze zerstören?

Warum führen Moldau, Bolivien und die Mongolei Register für Handelsschiffe, obwohl sie keine Küsten haben?

Warum dürfen Handelsschiffe Treibstoffe verbrennen, die an Land verboten sind, weil sie Wasser und Luft verpesten?

Warum verursachen Schiffsmaschinen einen Lärm im Meer, der zum Aussterben vieler ozeanischer Arten führt?

Warum verfügen die Marschall-Inseln, mit einer Bevölkerung von 70 000 Bewohnern, über ein Flaggenregister, das rapide wächst und 30 Prozent der US-amerikanischen Handelsflotte beherbergt?

Warum bezeichnen zwei Drittel aller iranischen Schiffe Malta als Heimathafen? Warum hält Panama den Weltrekord mit 6400 Fahrzeugen, die seine Flagge tragen, von denen über 5000 im Besitz ausländischer Reeder sind? An zweiter Stelle steht Liberia, eines der ärmsten Länder Afrikas, mit 2600 Schiffen, von denen 1200 deutsche Eigner haben.

Weshalb herrschen auf Handelsschiffen Arbeitsbedingungen, die an die Sklaverei erinnern? An Land würden Unternehmer, die solche Regeln ihren Leuten zumuten, zumindest bestreikt, in aller Regel aber bestraft und im Gefängnis landen.

Aus der Reklame für Kreuzfahrtschiffe geht hervor, daß die Anbieter immer auf einer Reihe von Heimathäfen registriert sind, die mit der Bestimmung dieser Kreuzfahrer nichts zu tun haben. Die gesamte Flotte der *Carnival Cruise Lines* ist angeblich in Panama zu Hause, obwohl sie dort gar nicht operiert. Die *Queen Mary 2*, die *Queen Victoria* und die *Queen Elizabeth* der *Cunard Line* sind nicht im Vereinigten Königreich, sondern in Bermuda registriert.

Das liegt am System der sogenannten *flags of convenience*, der »Bequemlichkeitsflaggen«, das auf die 1920er Jahre zurückgeht. Damals verabschiedete der amerikanische Kongreß ein Gesetz zum Schutz der Seeleute und Bestimmungen zur Sicherheit an Bord. Die Schiffseigner reagierten daraufhin, indem sie ihre Schiffe »ausflaggten«, um Kosten zu sparen. Es kam zu einem Wettbewerb der in Frage kommenden Regierungen von Kleinstaaten, die sich bestechen ließen. Die Internationale Gewerkschaft der Transportarbeiter listet 34 solcher Täter auf, darunter Tonga, den Libanon, Liberia, Malta, Myanmar, Kambodscha, Antigua und Barbuda. 2009 fuhr die Hälfte der Welthandelsflotte, in Bruttoregistertonnen gemessen, unter den fünf führenden Schwindelflaggen.

An Beweisen dafür, daß sich Drogen-, Zigaretten-, Öl-, Menschen- und Waffenschmuggler diese internationalen Regeln zunutze machen, hat es nie gefehlt.

Seit 1959 gibt es eine Unterorganisation der Vereinten Nationen, die *International Maritime Organization* (IMO), in London. Sie verfügt über eine Vollversammlung der 171 Mitgliedsstaaten, einen Rat, zahlreiche Ausschüsse, einen Generalsekretär mit einem dreihundertköpfigen Sekretariat. Sie hat vierzig internationale Abkommen zustande gebracht, die auf dem Papier stehen. Ihr Motto lautet: »Sichere, geschützte und effiziente Seefahrt auf sauberen Meeren.«

Finanziert wird dieser Laden durch Mitgliedsbeiträge, die sich nach der Tonnage der registrierten Schiffe richten. Hauptzahler sind Panama, Liberia und die Bahamas. Wie so oft sind Böcke die bevorzugten Gärtner der Vereinten Nationen.

Was die unverdächtigen Skandinavier betrifft, so spielen sie im Reedereigeschäft eine durchaus respektable Rolle. Die Familie Olsen führt von Oslo aus ein weitverzweigtes Konglomerat. Die *Fred. Olsen*-Gruppe veröffentlicht keine Umsatz- und Gewinnzahlen. Sie beschäftigt sich mit der Kreuzfahrt, dem Öltankerverkehr, dem Fährgeschäft und einer Reihe von anderen Geschäftszweigen. In den Schatten gestellt wird sie von der Firma *Maersk* in Kopenhagen, der größten Container-Reederei der Welt.

Eine letzte Frage: Seefahrt mag not tun, aber gilt das auch für die Seeleute? Das sind Menschen, die nur Ärger und Kosten verursachen. Seriöse Forscher sind damit beschäftigt, sie durch Maschinen zu ersetzen. Roboter und künstliche Intelligenz – es wäre doch gelacht, wenn der technische Fortschritt dem Elend der Matrosen nicht bald ein Ende setzen würde.

Wenn mein Freund Gaston schlechter Laune war, nannte er seine Landsleute »kolonisierte Affen«. Er war in Chile geboren, und es störte ihn, wie eifrig die Einwohner seines Landes sich der Zivilisation der Vereinigten Staaten hingaben.

Dasselbe könnte man von den Deutschen der Gegenwart sagen, zumindest von denen, die den Ton angeben: den hochbezahlten Angestellten, die sich *CEO*s nennen, den Bankern, den Ökonomen, den Marktmännchen und -frauen, die einen eigenen Dialekt sprechen, den sie *Marketing* nennen, den vielen Naturwissenschaftlern, deren Ehrgeiz darin besteht, ihre Kenntnisse auf englisch zu verkünden, den *Nerds* und den *Usern* in der IT-Branche mit ihren Nullen, die von *Big Data* und »Industrie 4.0« faseln. Den Vogel schießen natürlich die Reklamefuzzis ab mit ihrer *PR*. Die meisten scheinen weder Deutsch noch Englisch zu beherrschen. Sie bevorzugen einen Soziolekt, der einer Mehrheit des Publikums unverständlich ist, ohne Rücksicht auf die Wirkung, für die sie bezahlt werden. Ihr ganzer Stolz richtet sich darauf, *Sale* zu rufen, wenn sie Verkauf meinen, und kleine Schildchen an Ladentüren aufzuhängen, auf denen *Open* oder *Closed* steht. Man sollte solche Leute meiden.

Wer ist souverän?

»Wer über den Ausnahmezustand entscheidet.« Dieser Satz hat andere nicht ruhen lassen. Die Nachahmung garantiert den Ruhm seines berüchtigten Verfassers.
Wer den Normalzustand gewährleistet (Peter Sloterdijk).
Wer über die Zwangsvollstreckung entscheidet (derselbe).
Wer eigene Risiken in Gefahren für andere zu verwandeln vermag (Joseph Vogl).
Wer die globalen Kommunikationsräume beherrscht (Herfried Münkler).
Vernünftig ist, wer den Ausnahmezustand vermeidet (Odo Marquard).
Wer vergißt, was nur schwer zu ändern ist (Heribert Prantl).
Nicht, wer viel hat, sondern wer wenig braucht (Niko Paech).
Wer töten kann, ohne einen Mord zu begehen (Giorgio Agamben).
Wer seine Abhängigkeiten selber wählen kann.

»Es ist ein lustig Ding, darüber nachzudenken, daß es Menschen auf Erden gibt, die, nachdem sie alle Gesetze Gottes und der Natur verworfen haben, sich selbst welche machen, die sie genau befolgen; zum Beispiel die Soldaten Mohammeds, die Diebe, die Ketzer usw. Und so auch die Logiker.«

Blaise Pascal, Pensées, B 393

Arbeits- und Parkplätze sind enger miteinander verwandt, als man glauben sollte. Beide werden gesucht und genießen eine hohe Wertschätzung. Nicht nur haben sie Besitzer, die sie mit allen Kräften verteidigen. Beide müssen eigens beschafft und durch Abkommen, Verträge und Verordnungen gesichert werden; die einen durch Tarifverhandlungen, die andern durch Bauvorschriften, die für Tiefgaragen sorgen. Man kann Park- und Arbeitsplätze auch vermieten. Während jedoch der Besitzer eines Arbeitsplatzes bezahlt wird, muß der Benutzer eines Parkplatzes in der Regel bezahlen. Arbeitshäuser sind, abgesehen von Gefängnissen, nicht mehr üblich; dagegen schießen Parkhäuser allenthalben aus dem Boden.

Wer einen sicheren, unkündbaren Arbeitsplatz hat, braucht sich nicht um ihn zu kümmern. Die Arbeit wird ihm zur Verfügung gestellt. Ob seine Tätigkeit sinnlos, langweilig, überflüssig oder schädlich ist, spielt keine Rolle. Es kommt kaum vor, daß sich ein »Arbeitnehmer« über zuwenig Arbeit beklagt. Politische Einigkeit herrscht darüber, daß es zu viele Arbeits- und Parkplätze nicht geben kann.

»Da man nicht umfassend sein und nicht alles wissen kann, was man überhaupt wissen könnte, muß man von allem etwas wissen. Denn es ist viel besser, etwas von allem zu wissen als alles von einem.«

Blaise Pascal, Pensées, B 37

An den Rat dieses scharfsinnigen, gottesfürchtigen und unglücklichen Geistes halte ich mich gerne. Hier ist einer der Gründe, die er angibt:

»Manche Autoren sagen, wenn sie von ihren Werken sprechen: mein Buch, mein Kommentar, meine Geschichte ... Richtiger sollten sie sagen: unser Buch, unser Kommentar, unsere Geschichte usf., weil im allgemeinen mehr vom Gute der andern als von ihnen darin steht.«

Blaise Pascal, Pensées, B 43

Aber dann versucht er zu beweisen, daß das Christentum die einzige Ausnahme von der Regel ist. Allerdings nimmt die Definition dessen, was einen Beweis ausmacht, eine ganz andere Bedeutung an, die schlecht zu einem großen Mathematiker paßt. Er begnügt sich mit einem Stellenkommentar, der alles aus einer Offenbarung, nämlich aus der Bibel, ableitet: Sein vergeblicher Scharfsinn verheddert sich in einer *petitio principii*, in einem klassischen Zirkelschluß.

Den alten Adam ist dieser Spezialist der Kasteiung nie ganz losgeworden. Sich dem Papst zu beugen, hat er nicht über sich gebracht. Die Jesuiten haßte er aus ganzer Seele und wollte sie lieber der ewigen Verdammnis als der Feindesliebe anvertrauen.

Für seine geniale Rechenmaschine ließ er mehr als fünfzig Modelle bauen; in der Praxis bewährt hat sich keines davon, obwohl er den Computer richtig eingeschätzt hat: »Die Rechenmaschine zeigt Wirkungen, die dem Denken näher kommen als alles, was Tiere vollbringen; aber keine, von denen man sagen könnte, daß sie Willen haben wie die Tiere.« (B 340)

Noch kurz vor seinem Tod hat der schwerkranke Mann es nicht lassen können, sich mit unerhörten Erfindungen herumzuschlagen. Man sagt ihm nach, daß er den Plan verfolgte, in Frankreich ein Netz von Omnibussen zu organisieren, das der ganzen Bevölkerung offenstehen sollte, statt, wie die privaten Kutschen, nur wenigen Privilegierten zu dienen.

All diese Widersprüche mögen gegen seine Lehrmeinung sprechen. Aber gerade sie nehmen für ihn ein. Seine menschlichen Züge werden auch Ungläubige mit ihm versöhnen.

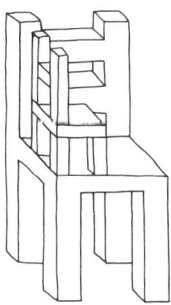

Nugae, Bagatellen, hat Catull seine Gedichte genannt. Ein ausgezeichneter Titel. Auch Leibniz wußte, warum er seine Schrift, »betreffend die Ausübung und Verbesserung der teutschen Sprache« (1680), mit der Überschrift *Unvorgreifliche Gedanken* versah.

»Die Würde des Menschen ist unantastbar.« Der erste Artikel des Grundgesetzes gilt nicht auf Flughäfen. Dort herrscht der Ausnahmezustand. Jeder, der, statt zu fliegen, geflogen werden will, muß sich alle paar Schritte weit Identitätskontrollen, Leibesvisitationen und Durchleuchtungen unterziehen. Er wird ständig überwacht und beargwöhnt. Gefährliche Waffen wie Schuhlöffel, Nagelscheren, Feuerzeuge und Korkenzieher werden konfisziert. Ununterbrochen wird er von plärrenden Lautsprecherdurchsagen mit Warnungen, Verboten und Befehlen überschüttet. Sein langer Weg wird durch Gatter eingehegt wie auf einem Schlachthof, als wollte man ihm bedeuten: »Hammel, wollt ihr ewig fliegen?«

Jeder Vergleich mit einem Internierungslager oder gar mit einem KZ oder einem Gulag verbietet sich. Das Geld der Passagiere wird nicht beschlagnahmt, sondern freiwillig an einer langen Reihe von Läden abgegeben, die Andenken, Klamotten und andere nutzlose Gegenstände feilbieten.

Der Luftverkehr ist die bei weitem demütigendste Art der Fortbewegung. Der Gang zu Fuß muß im Vergleich dazu als Triumph der Zivilisation gelten.

»Sicherheitskräfte« und Geheimdienste auf der einen Seite und »Befreiungsfronten«, »Rebellen« und Terroristen auf der anderen – sie sind voneinander abhängig. Diese gegenseitige Beziehung ist natürlich nichts Neues. Sie geht mindestens bis auf die Französische Revolution zurück. Fouché und Vidocq waren Virtuosen dieses Faches. Auch die Ochrana in Rußland liefert dafür reichliche Beispiele; man braucht nur an Figuren wie Asew und Savinkow zu denken.

Es geht dabei nicht nur um Täuschung, Fälschung, Infiltration und Erpressung, um Doppelagenten und *agents provocateurs*, sondern vor allem um banale Motive wie Planstellen, Posten und Geldgier.

Insgesamt weisen staatserhaltende und staatsgefährdende Apparate viele Ähnlichkeiten auf. Man sollte die Parallelen zwischen »Diensten« wie der National Security Agency und dem »Islamischen Staat« nicht unterschätzen.

Mit zunehmendem Alter nimmt nicht unbedingt der Horizont, wohl aber die Reichweite ab. Noch vor zehn Jahren fand ich nichts dabei, vier oder fünf Stunden lang zu Fuß zu gehen; heute kann es passieren, daß schon nach zweieinhalb die Knie nur mühsam vom Fleck wollen.

Auch geographisch nehmen die Einschränkungen zu. Früher ging es bei mir gewissermaßen global zu. Halbe Tage im Flugzeug zuzubringen war kein Problem. Heute bin ich zum Europäer geschrumpft; ich komme nicht nur ohne Sydney und Santiago de Chile, sondern auch ohne New York aus. Flughäfen meide ich soweit wie irgend möglich. In der Bahn halte ich mich, ohne zu klagen, bis zu sechs Stunden auf.

Wenn das so weitergeht, werde ich mich eines nicht allzu fernen Tages mit der unmittelbaren, zu Fuß oder mit Taxi, Bus oder Tram erreichbaren Umgebung begnügen müssen. Daß es Schlimmeres gibt, bezweifle ich nicht.

An der politischen Klasse in der Bundsrepublik fällt ihr Mangel an Geldgier auf. Während es in unseren Nachbarländern üblich ist, daß so gut wie alle Parteipolitiker sich nach Belieben die Taschen vollstopfen, regt man sich hierzulande schon auf, wenn ein Minister, ein Fraktionschef oder ein hoher Beamter seinen Dienstwagen für einen privaten Abstecher mißbraucht oder sich einen schönen Urlaub bei einem Milliardär gönnt, ohne zu bezahlen. Wolfgang Schäuble, der heutige Finanzminister, verursachte wegen einer Zahlung von 100000 D-Mark einen karrieregefährdenden Skandal, obwohl er das Geld auf Umwegen seiner Partei zukommen ließ, ohne auch nur einen einzigen Pfennig auf sein Privatkonto umzubuchen. Daraufhin mußte er im Jahr 2000 als Partei- und Fraktionsvorsitzender zurücktreten.

Über solche Petitessen können seine Kollegen in Frankreich, Italien und Spanien, die sich gewohnheitsmäßig aus der Staatskasse bereichern, nur mitleidig lachen, auch wenn sie in dieser Beziehung mit Politikern in Afrika, Lateinamerika und Asien nicht konkurrenzfähig sind.

Deutsche Bundeskanzler und -kanzlerinnen nehmen mit einem Gehalt vorlieb, das hinter dem eines Konzernvorstandes, ja sogar dem eines Sparkassendirektors weit zurückbleibt. Und selbst wenn einer wie G. Schröder nach dem Ende seiner Amtszeit endlich richtig Geld verdienen will, wird das mit moralischem Mißfallen kommentiert.

Die Gründe für dieses deutsche Alleinstellungsmerkmal sind unklar. Möglicherweise hat es etwas mit dem Protestantismus zu tun. Es scheint aber Angehörige der politischen Klasse bei uns zu geben, die sich, wie Angela Merkel, ganz einfach nicht für Geld interessieren. Ein in der Welt einzig dastehender, viel zuwenig gewürdigter Zug.

Medien müssen, anders als Skribenten, aktuell sein. Wer als erster etwas meldet und kommentiert, gilt als vorläufiger Sieger, bis ihm ein anderer die Palme entreißt. Das führt unvermeidlich dazu, daß die Aufmerksamkeitsspanne der Medien schrumpft.

Das läßt sich am Fall Edward Snowdens studieren, um den es, wie man in dieser Sphäre heißt, »still geworden ist«. Die Aufregung ist verpufft und einer endemischen Resignation gewichen. Keiner der Hähne kräht mehr nach ihm, seitdem er keine Titelseiten und keine Schlagzeilen mehr liefert, obwohl sich in der Sache, die er vertritt, nichts geändert hat. Die Überwachung ist nur total geworden.

Die schauderhafte *Belle Époque*, wie sie von Edmond und Jules de Goncourt in ihrem heimtückischen *Journal* beobachtet wird. Kunst und Pornographie, ein unflätiges Vokabular bei den teuersten Diners, ein trautes Einverständnis zwischen Hurerei und Heuchelei.

Das einzige Gegenstück zu diesem Milieu findet sich im 21. Jahrhundert am ehesten in den Vereinigten Staaten von Amerika: dieselbe unheimliche Mischung von Gier, Geschmacklosigkeit, puritanischer Fassade und krassen Klassenunterschieden. Ebenso, wie Paris einst als *Ville lumière* und als *Hauptstadt des 19. Jahrhunderts* galt, so fühlen sich die Leute, die in New York und Los Angeles den Ton angeben, als *Masters of the Universe*. Ähnlichkeiten bieten auch die Interieurs: das manische Insistieren auf dem Design, das damals noch Stil hieß, und die besinnungslose Spekulation auf dem Kunstmarkt.

(Katharina fallen, als ich ihr von diesem Vergleich erzähle, spontan Lehman Brothers, Hollywood-Produzenten, Hedgefonds-Manager und ein Präsident ein, der den treffenden Namen Donald trägt.)

Übrigens fehlt es in den USA nicht an voyeuristischen

Schriftstellern, Drehbuchautoren und Regisseuren, die diese makabre Gesellschaft, wie einst die Goncourts, darzustellen suchen, wiewohl sie Habitus, Gewohnheiten, Obszönitäten und Flüche mit ihr teilen. Als Stellvertreter Baudelaires und Rimbauds werden sie hochgeschätzt, weil sie der Kritik boshafte Schauer des Wiedererkennens über den Rücken jagen.

Vom Glück und Ungemach des Englischen Gartens. Eine Zurede

»Kommunalpolitik« – was das bedeutet, wußte ich zwar, aber für mich blieb es doch immer ein Fremdwort. Gewiß, in jedem Clan, jedem Kraal und jedem Dorf gibt es einen Häuptling, einen Chef, einen Bürgermeister, der sich mit seinem Talent, seiner Leidenschaft und seiner Ambition in das immerwährende Palaver seiner Gemeinde »einbringt«.

Nur hat die Mehrheit der Bewohner ganz andere Sorgen als er, andere Berufe und andere Prioritäten. Sie muß sich um das Essen kümmern, sucht eine Wohnung, braucht Schuhe, Arzneien und Musik.

Ich gehöre dieser Mehrheit an. Deshalb war ich überrascht, als ich mich eines Tages in eine langwierige Auseinandersetzung verwickelt fand, die sich um Tief- und Wasserbau, Planordnungsverfahren, Baulastträger, Planfeststellungsbeschlüsse, Vergabe- und Vertragsordnungen drehte, alles Dinge, von denen ich nicht die geringste Ahnung hatte.

Ich bin Fußgänger und treibe keinen Sport. Als Schriftsteller arbeite ich meistens an einem Schreibtisch. Um nicht zu erlahmen, gehe ich jeden Tag, auch wenn es regnet oder schneit, spazieren, in einem nahe gelegenen Park, dem Englischen Garten in München. Dort kenne ich mich aus.

Dieser Garten ist auf der Erdkugel einzigartig. Nicht nur wegen seiner Größe von ungefähr 375 Hektar, sondern weil er, anders als der New Yorker Central oder der Londoner Hyde Park, es möglich macht, in einer grünen Landschaft vom Stadtzentrum, der Residenz mit Hofgarten, in den Isarauen so weit zu gehen, wie man will, nämlich bis zu der über vierzig Kilometer entfernten alten Bischofsstadt Freising.

Über die Geschichte des Gartens weiß ich nicht viel, weil ich mir Jahreszahlen nicht merken kann. Nur daß sie viel mit der Monarchie der Wittelsbacher zu tun hat, ist sogar mir bekannt. Auch wenn ich am Kleinhesseloher See, gleich neben dem Biergarten, vorbeikomme, bleibe ich manchmal an zwei Denkmälern stehen. Das eine stellt den genialen Hof-Landschaftsgärtner Ludwig von Sckell, das andere den Freiherrn von Werneck dar. Beide waren am Entwurf dieses Gesamtkunstwerks beteiligt. »Auch du, Lustwandler, ehre ihr Andenken«, kann man dort lesen. »Der Staub vergeht, der Geist besteht.«

Ich bezweifle das. Denn das Werk dieser beiden wurde im Lauf der Zeit durch allerhand Übergriffe entstellt. Industrielle, Gastwirte, Kolonisten, Schrebergärtner und andere Interessenten haben sich seither in Teile des Areals eingenistet und sind schwer zu vertreiben. Am Ende war es jedoch die Autolobby, die das Zermürbungswerk vollendete, indem sie den Garten durch eine Schnellstraße entzweischnitt. Dadurch wurde der südliche vom nördlichen Teil der Anlage getrennt. Nur ein einziger Fußgängersteg verbindet sie noch miteinander, mit der Folge, daß die eine Hälfte am Sonntag und bei schönem Wetter überfüllt ist, während die andere vernachlässigt und vereinsamt wirkt.

So war es, bis zwei Münchner auf den Plan traten: das Architektenpaar Hermann Grub und Petra Lejeune. Diese beiden kämpferischen Naturen verlegten sich, statt wie ihre Kollegen im Auftrag irgendwelcher Investoren gesichtslose Würfel in die Gegend zu setzen, seit Jahrzehnten auf die Urbanistik, und das will heißen, auf die Reparatur verwüsteter Innenstädte. Schon 2000 faßten sie den Plan, den Englischen Garten wieder zu vereinigen. Sie schlugen vor, die Schnellstraße zu untertunneln, und versammelten eine wachsende Schar von Fürsprechern und Mithelfern um sich: Gärtner, Stifter, Spender, Ingenieure, Botaniker und sogar Politiker.

So bin auch ich am Ende in die langsamen Mühlen der Kommunalpolitik geraten und habe dabei gelernt, wieviel Geduld, Diplomatie und Beharrlichkeit nötig ist, um die Parteipolitiker zu überzeugen und Schneisen in das Dickicht der Zuständigkeiten zu schlagen. Die Widerstände waren heftig. Lieber mehr *Kitas*, mehr Sozialwohnungen, empörten sich die Populisten. Der Englische Garten ist nur etwas für die Reichen, für die Anwohner von Bogenhausen und Schwabing!

Um diesem Verdacht zu begegnen, stellte die *Umweltstiftung der Allianz* der Initiative eine halbe Million Euro zur Verfügung, um die Münchner nach ihrer Meinung zu befragen. Diese repräsentative Umfrage in der Hand des Instituts TSN Infratest ergab, daß die Bewohner aller Stadtteile, Geschlechter, Altersstufen und Einkommensklassen mit 83 Prozent für die Wiedervereinigung des Gartens votierten.

Seitdem weiß ich, daß ich meine Vorliebe mit der Mehrheit der Münchner und mit allen Gästen der Stadt teile. Ein Heer von Spaziergängern, Radlern und Joggern, Japanern und Pennern, Liebespaaren, Kinderwagen schiebenden Vätern und schwarz verhüllten Muslimas bewegt sich in dieser Landschaft, und es fällt auf, wie reibungslos und friedlich es dabei zugeht.

»Jeder war schuldig und unschuldig zugleich; und das war ein rechter Grund, zornig und bitter zu werden, 1930 wie 1960 …

Er prüfte die Zeugnisse, verwarf sie, richtete nicht. Kein
Schuld- und kein Freispruch war möglich.«

Wolfgang Koeppen, Nachbemerkung zu »Aufklärungen«
von Erich Franzen, Frankfurt am Main 1964

Manchmal gelingen deutschen Ingenieuren erstaunliche Wort-
schöpfungen. Dazu gehört die Vokabel *Funkloch*, zu der es in
anderen Sprachen keine Entsprechung gibt. Diese metaphori-
sche Rede könnte auch außerhalb der technischen Sphäre gute
Dienste leisten: überall, wo die Kommunikation zwischen
Sender und Empfänger, Sprecher und Hörer zusammenbricht,
also bei jedem Ehekrach und bei allen politischen Auseinandersetzungen, die für Argumente taub sind.

»Du holde Kunst, in wieviel grauen Stunden ... hast mich in
eine beßre Welt entrückt.« Diese Verse dichtete Franz von Scho-
ber anno 1816 in Wien, ein Autor, der seinen Nachruhm einzig
und allein Franz Schubert verdankt.
    Von der zeitgenössischen Kunst kann man das nicht behaup-
ten; denn nichts könnte ihr ferner liegen, als hold zu sein.

Wie alt ist eigentlich der Fortschritt? Man wird doch noch fragen dürfen. Er ist eine jüngere Idee, als die meisten glauben. Der deutsche *Fortschritt* ist um ein paar Jahrzehnte hinter seinen französischen und britischen Vettern, der dort die Namen *progrès* und *progress* trägt. Davor bedeutete dieser Ausdruck nur die schlichte Fortbewegung. Sein heutiger Sinn ist, wie sich an der Wortgeschichte zeigt, erst ungefähr zweihundert Jahre alt.

Nur Pascal scheint schon früher etwas geschwant zu haben. In den *Pensées* sagt er: »*Tout ce qui se perfectionne par progrès périt aussi par progrès.*«

»Zuviel Weihrauch macht auch den Heiligen schwarz.«

Sprichwort aus dem Allgäu

Vor einem halben Jahrhundert hat man sich noch über den »Jargon der Eigentlichkeit« echauffiert, aber seither triumphiert die Rede, an der eigentlich nichts eigentlich ist.

»Was aber sind diese *Essais* hier in Wahrheit anderes als auch nur *Grotesken* und monströse, aus unterschiedlichsten Glie-

dern zusammengestückelte Zerrbilder, ohne klare Gestalt, in
Anordnung, Aufeinanderfolge und Größenverhältnis dem reinen Zufall überlassen? Mein Können geht nicht so weit, daß
ich mir zutraue, ein ansehnliches und nach den Regeln der
Kunst formvollendeteres Gemälde in Angriff zu nehmen.«

Michel Eyquem de Montaigne, Essais, Erste moderne Gesamt-
übersetzung von Hans Stilett, Frankfurt am Main 1998, S. 99

Was soll ein stimmberechtigter Staatsbürger der USA wählen,
der weder Monarchist, sondern Republikaner, noch Anhänger
einer Diktatur, sondern Demokrat ist? Die beiden Parteien, die
dort zur Wahl stehen, leisten ihm keine Entscheidungshilfe, und
auch ihre Embleme nützen dem nichts, der weder einen Esel
noch einen Elefanten benötigt.

Und warum wird eine Fahrkarte eigentlich gelöst? Wo war sie,
bevor der Reisende sie erlöst hat? *Wikipedia* greift zur Theologie, um diese Frage zu beantworten: *Erlösung* ist ein Zentral-
begriff in einigen Religionen, der ihr letztgültiges Ziel bezeichnet, den einzelnen Menschen, die Menschheit und/oder
die Welt von allem Negativen zu befreien. Er wird besonders
im Judentum, Christentum und Gnostizismus verwendet. Der
Begriff Erleuchtung im Buddhismus wird oft ebenfalls als Erlösung übersetzt.
    Das Verb *erlösen* im Sinne von *auslösen* bezog sich in der

Antike auf den Freikauf und die folgende Freilassung von Sklaven, womit ihre Sklaverei beendet wurde.

»Die Moderne ist zu etwas Schwammigem geworden. Lauter inzestuöse Gemeinden, die sich im Netz verfangen haben und mit ihren angeblichen Freunden unter sich bleiben wollen. Zugleich aber ärgern sie sich über jeden, der mit den ›sozialen Netzwerken‹ nichts zu tun haben möchte. Aber warum wollen sie ihn reinhaben?« Das fragt Ingrid Caven mich heute am Telefon. Ich weiß es auch nicht.

»Schon der bloße Erfolg wirkte auf mich wie eine Form von Brutalität.«

George Orwell

Und noch etwas:

»Was ich in Spanien gesehen habe und was ich von der inneren Mechanik linker Parteien erlebt habe, hat in mir ein *Entsetzen vor der Politik* wachsen lassen. Ich bin entschieden ›links‹, aber ich glaube, ein Schriftsteller kann nur ehrlich bleiben, wenn er sich von Parteietikettierungen fernhält.«

Lügen haben lange Beine

Jaja, der Kult des laufenden Schwachsinns, die Reizüberflu-
tung, der Zirkus der Medien – natürlich hängt uns das alles
zum Hals heraus: das Dalli-dalli der Selbstfindung, der Selbst-
erfahrung, der Selbstbestimmung, der Selbstverwirklichung
usw. –, ganz abgesehen von den täglich neuen Krisen, die uns
via Satellit ins Haus geliefert werden, den ideologischen, moralischen, kulturellen und ökonomischen Krisen. Zum Verrückt-
werden! Von den persönlichen Krisen gar nicht zu reden, die
auf keine Kuhhaut gehen. Und dann erst die zahllosen Thera-
pien: die Wege zum Selbst, die Geheimnisse der östlichen Weisheit, der *Fantasy*-Schwindel, das esoterische Gegacker.

Und dabei ist das alles schon dagewesen, vor 1800 Jahren:
der prophetische *Nonsens*, die okkulte Banalität, das hochtra-
bende Gequassel, der dumpfe Quark, der grelle Mischmasch;
denn das ist ja das Schöne am Abendland, daß der allerneue-
ste Rummel nie so taufrisch ist, wie seine Ansager glauben,
sondern daß alles, was im *Spiegel* steht, auch das Allerletzte,
Tradition hat. Unsere Idioten können zurückblicken auf eine
große Vergangenheit. Bilden wir uns ja nicht ein, die innige
Verbindung von Kultur und Show-Geschäft wäre auf das Fernsehen angewiesen! Schon die alten Griechen – Lukian von Sa-
mosata zum Beispiel, einer der Superstars der Antike, war im
zweiten Jahrhundert nach Christus in der ganzen zivilisierten
Welt unterwegs, zwischen Athen und Antiochia, Marseille und
Olympia, Rom und Alexandria, von einem Auftritt zum andern. Seine Honorare waren phantastisch, und der Zulauf
zu seinen Open-air-Festivals war enorm. Dieser Karajan der
Sophistik bot Intellektuelles auf höchstem Niveau – gar kein
Vergleich mit den Podiumsdiskussionen im ZDF, mit dem
Deutschen Soziologentag, mit den Symposien der Evangeli-
schen Akademie!

Wir wissen leider nicht, warum (die Überlieferung bewahrt

in diesem Punkt ein hartnäckiges Schweigen), aber eines Tages wurde es diesem genialen Talkmaster zu dumm. Mit vierzig Jahren sagte er alle weiteren Tourneen ab und zog sich ins Privatleben zurück. Statt aber in aller Stille seine Ersparnisse zu verzehren, wurde er zum Renegaten. Er amüsierte sich damit, die Industrie bloßzustellen, die ihn so wohl ernährt hatte. Boshaft und scharfsinnig fiel er über seine intellektuellen Kollegen her. Er schrieb ein *Lob des Parasitentums* und ein *Plädoyer für die Lüge*. Die akademische Mafia hat Lukian bis heute nicht verziehen. Unseriös! Oberflächlich! Zynisch! Leichtfertig! Frivol! Usw. Natürlich hat ihn die katholische Kirche auf den Index gesetzt. Ein byzantinischer Literaturhistoriker hat sich sogar zu der Behauptung verstiegen, Lukian sei bei lebendigem Leibe von Hunden zerrissen worden. Da war der Wunsch der Vater des Gedankens.

Das, was Lukian sagt, ist uns nicht neu. Aber wir merken seinen Dialogen und Lügengeschichten an, daß er das schlechte Alte zum ersten Mal formuliert. Darin liegt ihr Charme. Diese Gesellschaftskritik hat nicht die geringste Ahnung davon, daß sie Gesellschaftskritik ist. Sie hört nicht auf diesen abgedroschenen Namen; und ebenso verhält es sich mit Lukians Kritik der Religion, der Ideologie, der Kultur; sie trampelt nicht, sie kommt auf leichten Füßen daher; übermütig, als wäre sie einer verrückten Laune entsprungen; sie tanzt dem schwachen Tief- und dem tiefen Schwachsinn auf der Nase herum; ja, das ist es, was sie uns voraushat: Sie tanzt.

1985, in einem Magazin der Anderen Bibliothek

Die Seele durch die Psyche zu ersetzen war keine gute Idee.

Ein berühmtes Zitat, das vorgibt, von Einstein herzurühren, aber apokryph ist:

»Zwei Dinge sind unendlich, das Universum und die menschliche Dummheit, aber bei dem Universum bin ich mir noch nicht ganz sicher.«

Vergangenheitsbewältigung, Trauerarbeit, Wiederaufbau und Wiedergutmachung: alles Worthülsen mit einem unangenehmen Mundgeruch, der an Kranzniederlegungen und Evangelische Akademien erinnert. Denn es liegt auf der Hand, daß es unmöglich ist, das Geschehene wiedergutzumachen; daß die Vergangenheit weder aufgearbeitet, geschweige denn bewältigt werden kann; und daß es höchst bedauerlich wäre, wenn der Wiederaufbau die Rekonstruktion der deutschen Zustände vor dem Zweiten Weltkrieg zum Ziel hätte.

Unter amerikanischen Therapeuten tobt seit Jahren ein erbitterter Streit darüber, ob Sigmund Freud ein großer, mit Darwin vergleichbarer Wissenschaftler oder ein Blender war, den es zu entlarven und vom Thron zu stoßen gilt. Eine Französin namens Élisabeth Roudinesco, die als eine Eminenz der Psychoanalyse und als Freuds Pariser Statthalterin gilt, hat vor kurzen ein Buch veröffentlicht, das einer halbherzigen Verteidigung Freuds gleichkommt. Nebenbei geht es darin auch um Jacques Lacan, über den sie eine »definitive« Biographie geschrieben hat. Diesen Guru, der 1981 verschieden ist, beschrieb Roudinesco als »genialen Denker« und »größten Theoretiker der Freudschen Lehre«, nicht ohne die persönlichen Schwächen ihres Helden zu erwähnen: seine Gier, seine autoritäre Haltung, seine eitle Selbstinszenierung, seinen sexuellen Jagdtrieb und die willkürliche Grausamkeit, zu der er neigte. Übrigens war Lacan der Überzeugung, daß der erigierte Phallus der Quadratwurzel aus minus eins entspricht.

Es ist zu befürchten, daß manchen Pariser Intellektuellen kein Popanz zu obskur ist, um ihm nicht zu huldigen.

»Meine Pflicht ist nicht, die Welt zu unterhalten, sondern sie zu ärgern.«

Jonathan Swift

Ohne Cliquen und Claquen kein gut organisierter Literaturbetrieb.

Über die unaufhaltsame Verbesserung der Welt

Der Pessimist hat es leicht. Ihm glaubt jeder. Besonders, wenn er deutsch spricht. Wer behauptet, daß irgend etwas besser geworden ist, steht als Weißwäscher, Schönfärber, als Illusionist und Verharmloser da; im besten Fall gilt er als naiv, aber im Wiederholungsfall setzt er sich dem Verdacht aus, daß er in den Diensten irgendeiner Partei, einer Werbeagentur oder einer Lobby steht. Der Weltverbesserer hat einen schlechten Ruf. Wir wollen uns doch unseren Mißmut nicht nehmen lassen. Was wäre der öffentliche Diskurs ohne unser routiniertes Gejammer, das gerade vor dem Hintergrund des Komforts so beruhigend auf die sensible Seele wirkt!

Daß es den meisten von uns ziemlich gutgeht, ist ja beinah so etwas wie ein schmutziges Geheimnis. Warum wird es so sorgsam gehütet? Mit einem schönen, altertümlichen Wort gesagt: Man möchte es nicht beschreien. Wer zugibt, daß er Glück gehabt hat, muß sofort dreimal auf Holz klopfen, weil ihm sonst womöglich Unheil droht – eine abergläubische Vorstellung, die auch hartgesottenen Zynikern nicht fremd ist. Vielleicht spielt dabei eine Spur von schlechtem Gewissen eine Rolle; was das betrifft, so wäre ein Optimist wohl geneigt zu sagen, daß ein schlechtes Gewissen immer noch besser ist als gar keins.

Daß die Welt immer besser wird, ist also eine Behauptung, die ans Unverschämte grenzt. Wer ernst genommen werden will, tut so etwas lieber nicht, schon aus dem einfachen Grund, weil die Welt größer ist als derjenige, der über sie redet. Deshalb ist es unklug, seine Beobachtungen zu globalisieren. Ergiebiger ist es, an ein paar Details zu erinnern, die bei vielen ernsthaften Leuten in Vergessenheit geraten sind.

Dazu gehört der Besuch beim Zahnarzt. Es ist noch nicht lange her, da sind die Zähne den Leuten einfach ausgefallen, sobald sie über vierzig waren. An einem norwegischen Fjord war noch in den 1950er Jahren ein vazierender Dentist unterwegs, der seine Patienten mit dem Ruderboot aufsuchte. Er führte einen Apparat mit sich, der an eine Nähmaschine erinnerte. Seine Assistentin mußte treten, um den kreischenden Bohrer in Bewegung zu setzen, da es auf den abgelegenen Höfen keinen

Strom gab. Von lokaler Betäubung war bei seinem Handwerk natürlich nicht die Rede.

Die Anästhesie aber ist eine menschenfreundliche Erfindung von grundstürzender Bedeutung. Wem ist der Lorbeer der Unsterblichkeit eher zu gönnen – Hegel und Einstein oder Horace Wells und William T. G. Morton? Da tut jedem Zartfühlenden die Wahl weh. Der eine war ein Dentist aus Hartford, Connecticut, der als erster Lachgas anwendete, der andere ein Kieferchirurg aus Boston, der seine Patienten mit Äther betäubte. Aber auch Charles Frederick Gerhardt, Felix Hoffmann und Heinrich Dreser sollen nicht vergessen sein, die Pioniere der Acetylsalicylsäure, *vulgo* des Aspirins, dessen bescheidene, aber unentbehrliche Kraft bis auf den heutigen Tag so segensreich wirkt.

Man wird einwenden, daß diese Großtaten schon einige Zeit zurückliegen und schon deshalb die Behauptung nicht rechtfertigen können, irgend etwas auf der Welt werde besser. Aber das ist es ja eben! Sobald sich irgend etwas zum Besseren gewendet hat, ist alles Vorangegangene vergessen, und das Erreichte gilt als Selbstverständlichkeit, als ein vom Himmel gefallenes Minimum, das jedermann zusteht.

Diese Gedächtnisschwäche betrifft nicht nur den Sieg über das Zahnweh. Unsere Palliative können sich sehen lassen. Auch sozialpolitisch haben wir es, wenigstens im westlichen Europa, weit gebracht. Ich sage nur: Flächentarifvertrag, Renten-, Unfall-, Arbeitslosen-, Kranken- und Pflegeversicherung, Lohnfortzahlung im Krankheitsfall, Urlaubsgeld, dreizehntes Monatsgehalt, Weihnachtsgeld, Fort- und Weiterbildung, Antidiskriminierungsgesetze – bravo! Wann und wo hat es so etwas in der Geschichte der Menschheit je gegeben? Zugegeben, nicht nur der Staatshaushalt, auch jeder Beitrags- und Steuerzahler ächzt unter der Last des Wohlfahrtsstaates, aber wehe dem Politiker, der ihn abschaffen wollte! Oder nehmen wir nur unsere ausschweifende Mobilität. Freie Fahrt für freie Bürger, etwas nie Dagewesenes! Noch vor einem halben Jahrhundert sahen die meisten Deutschen in einem Feldzug die einzige Möglichkeit, einmal im Leben nach Paris zu kommen, und selbst ein Schweizer Arbeiter konnte von einem Automobil nur träumen.

Überhaupt, die *Selbstverwirklichung* – noch unsern Großeltern war das ein Fremdwort. »Identitätsprobleme« zu haben, das war ein Luxus, den sie sich offenbar gar nicht leisten konnten. Auch unsere Sensibilität hat enorm zugenommen. Ganze Autobahnen untertunneln wir, damit eine seltene Krötenart nicht zu Schaden kommt. Auch scheint das größte Ernährungsproblem in unseren Breiten nicht der Hunger, sondern die Fettsucht oder die Anorexie, wahlweise Bulimie zu sein. Wann immer etwas schiefgeht, stehen ein Therapeut, ein Sozialhelfer oder ein Betreuer bereit. Ehe-, Kosmetik-, Sex- und Konsumberater kümmern sich um unsere intimsten Probleme. Vor Wellneß- und Fitneß-Angeboten können wir uns kaum retten.

Es ist nicht leicht, sich mit all den Verbesserungen abzufinden, die man wehrlos über sich ergehen läßt. Am liebsten möchte man sie gar nicht wahrhaben, denn auf diese Weise bleibt einem der Vorwurf des Undanks erspart. Dem Politiker, der nur unser Bestes will, ist es unbegreiflich, daß wir ihn nicht wiederwählen; der Manager wundert sich, daß wir ihm seine Dreißig-Millionen-Abfindung nicht gönnen, obgleich er sich achtzig Stunden in der Woche nicht nur am Schreibtisch, sondern auch im Firmenjet bemüht hat, das Schlimmste zu verhindern. Und auch der Kulturkritiker sieht nicht ein, warum wir schimpfen, obwohl wir eigentlich ganz zufrieden sind, ja, warum wir sogar darüber schimpfen, *daß* wir zufrieden sind.

Eines muß man den Pessimisten allerdings schon lassen: Provinziell sind sie nicht. Sie haben nicht nur die eigenen Breitengrade im Blick, sie denken in größeren Dimensionen. Insbesondere haben sie stets die Verdammten dieser Erde im Auge. Die leben in einer Welt, die manche immer noch die dritte nennen, obwohl uns die zweite längst abhanden gekommen ist. Immerhin handelt es sich um die übergroße Majorität aller heute Lebenden. Unsere Medien wetteifern darin, uns ihre Misere vor Augen zu führen. Jeder, der sie bestreiten wollte, stünde als Menschenfeind da. Wer genauer hinsieht, macht sich schon verdächtig. Doch wird man vielleicht die Frage stellen dürfen, wie es in Lateinamerika, Asien und Afrika vor hundert oder zweihundert Jahren ausgesehen hat. Die Antwort wird nicht leichtfallen, und sie wird nicht auf eine Seite passen. Wie war das mit dem Sklavenhandel? Wie viele Millionen Chinesen sind damals verhungert? Wie viele starben unter der Herrschaft Leopolds von Belgien im Kongo? Waren die fremden Gangster besser als die einheimischen, die heute das Heft in der Hand haben? Besser geworden sind höchstens ihre Waffen.

Vielleicht sollten wir uns vom Mythos der dritten Welt verabschieden. Sierra Leone und Chile, Malaysia und Kolumbien lassen sich auf keinen gemeinsamen Nenner bringen; selbst Nachbarländer wie Zimbabwe und Botswana unterscheiden sich wie Tag und Nacht. Was man Modernisierung nennt, hat viele Gesichter. In China, dem Land, in dem ein Drittel der Weltbevölkerung lebt, schlägt sie ein beängstigendes Tempo an. Anderswo hat sie nur Diktatoren und Warlords erreicht. Kalaschnikows, Minen und Raketenwerfer können sich selbst die ärmsten Länder leisten. Es gibt andere, die Wasserleitungen, Impfungen, Kliniken und Schulen vorziehen, und ihnen gehört vermutlich die Zukunft.

Man sieht, wie schwierig es ist, sich über das Bessere Klarheit zu verschaffen. Wie kommt es zum Beispiel, daß die mittlere Lebenserwartung nicht nur in den reichen Ländern seit Jahrzehnten unablässig steigt, obwohl die Menschheit doch bekanntlich nie dagewesenen Risiken ausgesetzt ist? Bürgerkriege, Umweltverschmutzung, Artensterben, Lebensmittelskandale, Klimakatastrophen, Terrorismus, gefährliche Chemikalien, Massenvernichtungswaffen, Wirtschaftskrisen, Aids, Streß und psychische Probleme, wohin das Auge blickt. Wieso werden dann die Leute, nicht nur in Europa und in den USA, immer älter? Man wird doch noch fragen dürfen.

Der Fortschritt! Ein Witz. Man traut sich kaum, ihn zu erwähnen. Nur die Wissenschaft scheint noch an ihn zu glauben. Ihre Verheißungen sind so hemmmungslos und furchterregend wie die jener politischen Utopien, die vor einigen Jahrzehnten das Zeitliche gesegnet haben. Nur eines stört an ihnen: daß sie nicht umsonst zu haben sind. Aus diesem Grund verschließen die Optimisten, ebenso wie die Pessimisten, die Augen vor dem Paradox der Verbesserungen, das darin besteht, daß auf unserer Welt mit jedem Tag, wie nach einem ungeschriebenen Gesetz, alles *gleichzeitig* immer schlimmer und immer besser wird.

Die Kunst, sich unbeliebt zu machen

DER EINE Das ist doch ganz einfach. Du brauchst den Leuten nur zu schmeicheln und ihnen alles in Aussicht zu stellen, was sie hören möchten, ohne einen Gedanken daran zu wenden, wie das Versprechen einzulösen wäre. Wenn ihnen das endlich klar wird, sind sie wütend.

DER ANDERE Schon, aber dann ist es zu spät. Wer hofft, die Abneigung, den Haß und die Verachtung seiner Mitmenschen auf sich zu ziehen, will sein Ziel sofort erreichen. Aber bald wird er feststellen, daß die Konkurrenz nicht schläft. Jeder,

der sich einbildet, als einziger in einem solchen Wettbewerb bestehen zu können, gibt sich einer Illusion hin.

DER EINE Mein Lieber, es reicht nicht aus, daß man alle andern täuscht. Ohne Selbsttäuschung ist noch kein Machthaber ausgekommen. In der Beschränktheit zeigt sich erst der Meister. Wenn ein Führer nicht an seine Unersetzlichkeit glaubt, hat er keine Chance. *Duce*, *Comandante en Jefe*, Präsident, Vater des Volkes, Sonne des Sozialismus, *Conductor*, ganz egal, jeder ist der Überzeugung, daß es ohne ihn nicht geht.

DER ANDERE Aber jeder von diesen Typen unterliegt einem Irrtum, wenn er sich einbildet, die Menschheit wäre auf ihrer Suche nach dem größeren Übel auf ihn angewiesen.

DER EINE Du meinst also, je dreister, plötzlicher und brutaler ein Anführer vorgeht, desto mehr Anhänger wird er um sich scharen?

DER ANDERE Das ist keine bloße Vermutung. Warum sonst scharren überall so viele Kandidaten mit den Füßen, um die Goldmedaille der Unbeliebtheit zu erringen? Sie können es gar nicht erwarten.

DER EINE Es müssen ja nicht gleich eine Weltmeisterschaft oder Olympische Spiele sein. Es gibt doch auch die zweite und die dritte Liga. Ich kenne mich im Sport nicht aus, aber ich habe mir sagen lassen, daß manchmal ein Lokalderby wütender ausgetragen wird als ein Finale mit Milliarden von Fernsehzuschauern.

DER ANDERE Das stimmt. Manche von ihnen gehen in Gegenden ans Werk, die mit dem Finger auf der Weltkarte schwer zu finden sind. Wer von uns könnte sich die Namen der jeweiligen Häuptlinge, Warlords, Chefs der einschlägigen Milizen, Aufständischen, Befreiungsfronten und Drogenkartelle merken?

DER EINE Das ist uns wirklich nicht zuzumuten. Über die feinen Unterschiede zwischen den Zuständen in Tadschikistan, Baschkirien und Nordossetien wissen nicht einmal die Geheimdienste wirklich Bescheid.

Der andere Das sind arme Teufel. Sie ersticken in dem Morast von Daten, die sie überall einsammeln.

Der eine Auch unsere Unterhaltung wird abgehört.

Der andere Das macht nichts! Zum Glück sind wir unwichtig. Aus dem, was wir uns ausdenken, geht nichts Interessantes hervor. Wir posten, chatten, twittern und skypen nicht.

Der eine Wir haben keine Ahnung, wer gerade in Somalia, Haiti, Nagorny Karabach, in Burundi, im Südsudan, im Osten des Kongo, in dieser oder jener Region des Jemen, Syriens oder Afghanistans das Sagen hat.

Der andere Besser sieht es für unsereinen in vertrauteren, von Kameras ausgeleuchteten Umgebungen aus. Über die regierende Junta in Venezuela sind wir gut unterrichtet.

Der eine Aber wer weiß, wie es ihr gelungen ist, eines der ölreichsten Länder der Welt so gründlich herunterzuwirtschaften, daß es schon organisierte Schlägertrupps braucht, um die Leute in Schach zu halten und das Recht auf Plünderung denen einzuräumen, die der Junta in den Sattel geholfen haben.

Der andere Das ist immer noch viel zu weit weg! Wir sollten uns auf die Nachbarschaft konzentrieren. Der ungarische Präsident, ich habe leider seinen Vornamen vergessen, tut doch, was er kann, um Abneigung wie mit einem Brennglas auf sein Haupt zu lenken. Auch unsere polnischen Freunde, die Brüssel mit Milliardengaben und Schutz vor einem bösen Nachbarn im Osten verwöhnt hat, verfolgen ihre Gönner mit erbitterter Miene und mit Drohungen. Und dann ist da noch einer, dem der Größenwahn auf die Stirn geschrieben ist. Er möchte nicht nur das osmanische Reich wiederherstellen, sondern auch Europa und Zentralasien eingemeinden, und für diese Aufgabe steht nur ein einziger Mensch zu Verfügung, der mit E anfängt.

Der eine Vielleicht sagt dir ein anderer Name etwas.

Der andere Wen meinst du?

Der eine Étienne de La Boétie.

Der andere Kenne ich nicht.

DER EINE Weil er weder berühmt noch berüchtigt genug ist. Ein Freund von Montaigne. Sein einziges Werk ist sehr zu empfehlen. Es heißt: *Von der freiwilligen Knechtschaft.* Darin findest du eine Erklärung, warum die Herren auf unserer Liste – es sind ja meistens Herren, und nur selten kann eine Dame mit ihnen wetteifern –, warum es ihnen gelingt, Abermillionen von Anhängern und Wählern unter ihren Fahnen zu versammeln.

DER ANDERE Da bin ich gespannt.

DER EINE »Die Völker sind es selbst, die sich quälen lassen, oder vielmehr, die sich selber quälen, denn würden sie Schluß machen mit dem Dienen, so wären sie frei davon. Das Volk unterwirft sich selbst und schneidet sich die Kehle durch, und bei der Wahl, Sklave zu sein oder frei, gibt es seine Unabhängigkeit auf und beugt sich unter das Joch, es willigt in sein Elend ein oder jagt ihm sogar nach … Kein Vogel geht so schnell auf die Leimrute, und kein Fisch läßt sich durch einen Wurm so rasch an die Angel ködern, wie sich ein Volk in die Knechtschaft locken läßt.«

DER ANDERE Hast du diese Zeilen auswendig gelernt?

DER EINE An diese vergessenen Lehren zu erinnern kann nie schaden. Ich habe den Eindruck, daß sie heute dringender gebraucht werden als zuvor.

DER ANDERE Weil die Beliebtheit der Unbeliebten einen Grad erreicht hat, der mich erschreckt. Und dabei denke ich nicht an die lokalen und regionalen Anstifter.

DER EINE Nicht an die Marionetten, sondern an die Herrscher Chinas, der Vereinigten Staaten und Rußlands. Die legen sich alle schwer ins Zeug. Der Amerikaner bemüht sich ernsthaft, nicht nur viele seiner Landsleute, sondern auch alle seine Verbündeten vor den Kopf zu stoßen. Die Chinesen annoncieren ihre Pläne für die Weltherrschaft und verlangen Zustimmung und Gehorsam. Der russische Zar, ein erfahrener Mann, der beim KGB gelernt hat, verlegt sich auf Drohungen und militärische Mittel. Alle rüsten auf. Niemand liebt sie, nur im Volk haben sie eifrige Anhänger.

DER ANDERE Und das erklärst du dir damit, daß die Leute etwas gegen die Freiheit haben? Tut mir leid, aber das überzeugt mich nicht. Ich glaube eher, daß sie in die Sicherheit vernarrt sind. Und wer kann die garantieren? Die Regierung, wer denn sonst? Und zwar um so besser, je härter sie durchgreift gegen die Bösen, die Verräter, die Volksfeinde, die Blutsauger, die Verbrecher, die den Leuten alles wegnehmen wollen, Hab und Gut, Haus und Familie. Da muß endlich durchgegriffen werden, möglichst mit eiserner Hand.

DER EINE Eine sonderbare Sicherheit! Garantiert durch die Geheimpolizei, Schlägertrupps und im Notfall durch das Militär.

DER ANDERE Das ist auch eine Art Normalität, an die man sich gewöhnen kann, solange es nur die anderen trifft. Ich meine die Unruhestifter und die Querulanten, die sich nicht damit abfinden können, daß endlich Ordnung herrscht. Man kann sie zwar anzeigen, wenn sie ihr Haupt erheben, aber tückisch, wie sie sind, tarnen sie sich und konspirieren. Man nennt das mit einem altmodischen und gebildeten Ausdruck *Polarisierung*. Solche Leute schwärmen für die Zivilgesellschaft und für den Frieden.

DER EINE Eine alte Maxime der Politik, die, glaube ich, aus der Antike stammt, heißt: »Mögen sie uns hassen, solange sie uns nur fürchten.«

DER ANDERE Man kann ihrem Mangel an Begeisterung natürlich mit den üblichen Mitteln der Repression und der Propaganda begegnen.

DER EINE Aber wie weit trägt das? In manchen Ländern gibt es Vorstellungen und Vorlieben, die tief verwurzelt sind. Dort hängen viele an Gewohnheiten, die ihnen schwer auszutreiben sind. Sie mögen den Rechtsstaat, die Verfassung und ihre Zivilisation.

DER ANDERE Solchen Menschen fehlt jedes Verständnis für

den Größenwahn ihrer Anführer. Schon A. Hitler und J. Stalin hatten viel zu leiden unter dem Undank ihrer Völker. Sie waren enttäuscht. Es gab Momente, in denen sie am Erreichen ihrer Ziele irre wurden und an ihrer Kunst zweifelten, Haß, Verachtung und Feindseligkeit zu säen und zu ernten.

Herrscher sind, wie alle Chefs, besonders naturverbundene Menschen. Sie verstehen intuitiv, ohne studiert zu haben, ein fundamentales Naturgesetz. Es lautet: Friß, wenn du nicht gefressen werden willst.

Dazu braucht einer gar nicht Diktator, Monarch von Gottes Gnaden oder Kaiser von China zu sein. Ausschußvorsitzender, *Chief Executive Officer* in einem Konzern tut es auch. Notfalls genügt der Ortsverein. Das begreift jeder angehende Politiker, Frauen natürlich eingeschlossen.

Eines fehlt leider in der Politik, was die Natur ganz nebenbei und routiniert hervorbringt. Das ist die Schönheit. Sie bleibt den sogenannten Künstlern überlassen, wobei allerdings die meisten nichts mehr von ihr wissen wollen.

Unter den zahlreichen Alterserscheinungen, die ich gleichmütig registriere, ist eine jüngeren Datums, die besonders auffällig ist. Das ist die Langeweile, die mich bei der Lektüre des Wirtschaftsteils der Tageszeitung überkommt. Immer dasselbe Hin und Her von Gier und Angst und der starre Blick auf Wachstum und Krise, Boom und Crash. Man spaltet und fusioniert, übernimmt und weidet aus. Statistiken, Balkendiagramme, Marktanteile, Pleiten, Prozesse, Kostensenkungen, Skaleneffekte, Entlassungen, Listen der Multimilliardäre. Eine ödere Lektüre ist schwer vorstellbar. Haben all diese Leute nichts Besseres zu tun?

Nicht viel unterhaltsamer sind die Meldungen aus der Innen-, der Außen- und der Weltpolitik. Ein endloses Gezerre, wer nach oben will und wer die Deklassierung fürchtet. Stures Beharren auf Prestige, blinde Geltungssucht, blöde Tricks, durchsichtige Manöver, brutale Lügen …

Es ist gar nicht so lange her, daß einer als Zwanzig- oder Vierzigjähriger sich leidenschaftlich für dieses bürgerliche oder blutige Spektakel interessiert und jeden Szenenwechsel eifrig verfolgt hat. Mit achtzig oder neunzig ist davon nur noch ein Achselzucken, ein müdes Abwinken übriggeblieben.

Ein gebildeter Grübler, der nachts nicht einschlafen kann, stellt lauter Überlegungen wie die folgenden an, ohne zu einem zufriedenstellenden Schluß zu gelangen:

»Je wichtiger ein Begriff genommen wird, desto unsicherer ist, was er bedeutet. Niemand weiß zum Beispiel genau zu sagen, was Intelligenz ist – am allerwenigsten die Intelligenzforscher. Früher standen Vorstellungen ganz oben auf der Liste dessen, worauf es ankommt: Ideal, Gewissen, Geist, Schönheit, manchmal auch der Trieb, der Charme und das Glück.

Auch die Philosophen taten sich schwer mit dem Sein, dem Dasein, dem Seyn, mit der Existenz und so weiter. Den Weltgeist haben sie ganz unter den Tisch fallen lassen. Auch die Geschichtsphilosophie, die Utopie, die Aufklärung und der Fortschritt scheinen in den letzten Zügen zu liegen.

Was ist passiert? Sind unsere Gedanken weltfremd geworden?«

Jede Zivilisation hat Vorzüge und Zwänge. Ein älterer Herr in einer deutschen Großstadt hat, wenn er der sogenannten Mittelklasse angehört, unter vielen anderen Regeln, folgende Vorschriften zu beachten:

Er darf das Haus nicht verlassen, ohne zu überprüfen, daß er eine Reihe von Gegenständen mit sich führt. Dazu gehören: der Haus-, Wohnungs- und Briefkastenschlüssel, die Brille, ein kleines Tuch zur Reinigung dieser Sehhilfe, Geld (und zwar in folgender Stückelung: ein Sortiment von Münzen, eine Reihe von Banknoten in passenden, nicht allzu großen Denominationen), möglichst eine Kredit- und eine Visitenkarte, in vielen Fällen ein Identitäts- und ein Fahrausweis für den öffentlichen Nahverkehr, eine Schachtel oder ein Etui mit Zigaretten, ein Feuerzeug, ein Stadtplan, ein Plan der S- und der U-Bahn, der Bus- und Trambahn, ein Notizbuch, ein Stift oder ein Kugelschreiber, ein Vorrat von Taschentüchern. Abhängig von der Witterung sind ferner zu berücksichtigen: Regen-, Sommer- oder Wintermantel, Schal, Hut zum Schutz vor der Sonneneinstrahlung, ein Pullover, verschiedene Arten von Schuhen. Verzichtet werden kann auf Krawatten, Einstecktücher und Manschettenknöpfe. Diese Aufzählung kann sich umständehalber als unvollständig erweisen.

Sie reicht jedoch normalerweise hin, solange die Stadtgrenzen nicht überschritten werden. Jede darüber hinausgehende Fortbewegung erfordert Vorbereitungen, die weit zuvor geplant werden müssen und Tage, Wochen oder Monate in Anspruch nehmen. Buchungen, Reservierungen, Papiere aller Art, Visumanträge, Registrierungen, Durchleuchtungen, Sicherheitsüberprüfungen, Bescheinigungen und andere Formalitäten sind in einem solchen Fall unerläßlich.

Ingenieure sind rational vorgehende, nüchterne Leute, die sich am liebsten der Praxis verschreiben. So will es ein Klischee, an dem sie nicht unschuldig sind.

In Wirklichkeit hat man es mit einem Menschenschlag zu tun, der ebenso eitel ist wie die Künstler. Sie wollen nicht nur ihren Kollegen imponieren, sondern auch ihr Können der Mitwelt vorführen, ohne die geringste Rücksicht darauf, ob sie etwas mit ihren Produkten anfangen kann. Daher werden ihre Geräte und Maschinen von Jahr zu Jahr komplizierter. Allein die Handbücher und die Menüführungen erfordern ein längeres Studium. Schon um die zahllosen überflüssigen Funktionen loszuwerden, muß der sogenannte Nutzer viel Zeit und Mühe aufwenden. Vielleicht will er nur jemanden anrufen, etwas aufzeichnen oder versenden? Darüber kann der Ingenieur, der das Ding entwickelt, nur höhnisch lachen. Er ist gesonnen, ihm mit der Menü-Ebene, der Freisprech-, der Wahlwiederholungs-, der Nummernbearbeitungs-, der Rückruf- und der Stummschalttaste, der Direktruf-, der Gespächsdaueranzeige, der Sperr-, Notruf- und PIN-Änderungsmöglichkeit, der Anrufliste, der Wahl zwischen Ton- und Pulswahl, der Anruf-Umleitung und den minutiös ausgebreiteten Funktionen des Anrufbeantworters auf den Leib zu rücken.

Am besten wirft man dieses Spitzenerzeugnis der Ingenieurskunst sofort in den nächsten Mülleimer.

Nullsätze, Stummelsätze und Gesprächskiller

Es gibt Hunderte von Wendungen, die in ganz gewöhnlichen Unterhaltungen vorkommen. Jeder nimmt sie in den Mund, ohne darüber nachzudenken. Gleichwohl geben sie Rätsel auf, schon weil sie ohne Kontext so gut wie unverständlich sind.

Sie gehören eher der mündlichen Rede als der schriftlichen Verständigung an. Ein außergewöhnlicher Reichtum an Tonfällen sorgt dafür, daß keine Mißverständnisse auftreten, obwohl ihre Semantik gewissermaßen in der Luft hängt. Sie setzen ein intimes Hintergrundwissen voraus und sind durchaus von der Situation abhängig, in der sie geäußert werden. Oft ist weder ihr Subjekt noch ihr Prädikat leicht zu bestimmen; auch syntaktisch gehen sie eigene Wege. »Es tut sich was« oder »Damit hat sich's«: Es ist unklar, wer da etwas tut oder hat, noch dazu in reflexiver Gestalt. »Sei dem, wie ihm wolle« verleitet insofern zum Grübeln, als weder deutlich wird, wer da will, noch wem gewollt wird oder wem da etwas sei. Auffällig ist, nicht nur bei den Interjektionen, die Vorliebe für die Ellipse.

Das Repertoire an Intonationen ist, wie gesagt, reichhaltig. Sie sind es, in denen die soziale Funktion der Nullsätze und Gesprächskiller zu ihrem Recht kommt. Zwar signalisieren nicht wenige dieser Wendungen Überraschung, Erstaunen, gutmütiges Zureden oder schiere Ahnungslosigkeit. Doch die aggressiven Töne überwiegen bei weitem: Ablehnung, Hohn, Überheblichkeit, Rechthaberei, Grobheit und Ironie. Verblüffend vielen Nullsätzen hört man an, daß es ihnen darauf ankommt, das letzte Wort zu behalten. Sie dienen dazu, den Gesprächspartner förmlich niederzubügeln und mundtot zu machen.

Dabei wimmelt es von performativen Widersprüchen, die solche destruktiven Absichten verleugnen möchten: »Ich bin sprachlos«, »Das ist nicht gesagt« oder »Ich denke nicht daran« sind Sätze, die sich, ohne mit der Wimper zu zucken, selbst widerlegen.

Gelegentlich werfen Nullsätze, gewissermaßen hinter dem Rücken des Sprechers, metaphysische Probleme auf. »Da hört sich ja alles auf« ließe sich als Ankündigung des Weltendes verstehen, wobei auch in diesem Fall das Passiv irritiert. »Sei doch nicht so« oder »Du bist mir einer« – diese Sätze rütteln an der Frage der Identität. »Dem ist nicht so«: Wem ist hier anders? Der benefaktive Dativ bezieht sich auf ein unbekanntes Es, dem ein anderes Es nicht so ist – ein ontologisches Mysterium. In aller Unschuld lassen sich manche Nullsätze auf ein Match mit dem Nichts ein, das in Formulierungen wie den folgenden nichtet: »Ich mache mir nichts daraus«, was auf die Umkehrung einer *creatio ex nihilo* hinausläuft, wenngleich offenbleibt, was hier zunichte gemacht wird. Immerhin ist ein Subjekt der Vernichtung erkennbar. Hingegen gerät man ins Taumeln bei der Frage, welches *Das* und welches *Es* gemeint sein könnten, von denen es heißt: »Da fehlt sich nichts«, »Das macht nichts« oder gar »Das nimmt sich nichts«.

Viele solcher Nullsätze kommen in der mündlichen Sprache derart häufig vor, daß man den Eindruck hat, sie seien unentbehrlich für den Dialog. Warum interessieren sie die Linguistik nicht? Vielleicht gerade deshalb, weil sie buchstäblich nichts besagen. Sie fungieren einerseits als Gleitmittel, Pausenzeichen, Mittel zur Überbrückung von Verlegenheit – andererseits als Stopper, Bremse und Puffer. Hinter ihrer Banalität verbirgt sich eine eigentümliche Metaphysik des Nichts.

Das Wort *Umwelt* ist verräterisch. Wer es gebraucht, gleicht einem egozentrischen Säugling, der sich einbildet, alles drehe sich um ihn. Als hätte Kopernikus nie Ptolemäus widerlegt, als drehe sich die Sonne um die Erde, als wären die sogenannten Umweltzonen nur dazu da, die zentrale Rolle derer, die sie definieren und verkünden und vorschreiben, zu bestätigen.

Ein Arzt, der seinen Beruf aufgegeben hat, weihte mich in die beiden Hierarchien dieser Zunft ein. Die eine ist die akademische Karriere, die er zu durchlaufen hatte: Staatsexamen, Approbation, Promotion zum Dr. med oder zum Diplom-Mediziner, zur Habilitation, zum Privatdozenten, zur außerordentlichen und ordentlichen Professur und zum Lehrstuhl. Die andere Stufenleiter ist noch erheblich länger. Als erstes absolviert der Student ein Jahr als Arzt im Praktikum; dann wird er Assistenzarzt, eventuell auch Altassistent, Facharzt, Funktionsoberarzt, Oberarzt, geschäftsführender oder Personaloberarzt, Sektions- oder Divisionsleiter, leitender Oberarzt und schließlich, an der Spitze dieser Pyramide – Chefarzt!

Techniker verstehen unter *Toleranz* etwas ganz anderes als andere Menschen. Sie meinen damit jenen »Zustand eines Systems, in dem eine von einer störenden Einwirkung verursachte Abweichung keine Gegenmaßnahmen notwendig macht oder zur Folge hat«.

Für Techniker ist die Toleranz »die zulässige Abweichung vom Nennwert und eine konstruktions- und fertigungsbedingte Meßgröße«. Gegen unzulässige Abweichungen sind sie also ausgesprochen intolerant.

Durch ihre Festlegung »ist die vollständige Austauschbarkeit jedes Teils gewährleistet«. Sie soll »möglichst nicht nach der Ausschußseite hin bestimmt werden«.

Dabei gilt ein Toleranzfeld, das sich meist zwischen 1 und 140 μ bemißt. Ein My ist ein Millionstel Meter.

Für die Grundtoleranz gilt das System der *International Organization for Standardization (ISO)*. Diese ist jederzeit erreichbar in ihrem Sekretariat in Vernier, das im schweizerischen Kanton Genf liegt.

Das Wort Kapitalismus kommt weder im *Kommunistischen Manifest* vor, wo nur von der Bourgeoisie die Rede ist, noch spielt es im *Kapital* eine Rolle. Offenbar mißtraute Marx diesem Allgemeinbegriff. Vermutlich wußte er, daß er den Verwandlungsformen dieses Wirtschaftssystems nicht gerecht wird.

»*Das Kapital* wird mir nicht einmal so viel einbringen, als mich die Zigarre gekostet, die ich beim Schreiben geraucht.«

Karl Marx an seinen Schwiegersohn Paul Lafargue, 1867

»Wozu brauche ich die Menschen? Die Glücklichen wollen meine Gesellschaft nicht, und der Elenden Gesellschaft bedarf ich nicht. Schmeichle ich den anderen, so bessere und heile ich sie nie; sage ich ihnen offen und grob die Wahrheit, so fassen sie es gleich von der übelsten Seite auf. Und überdies sind sie alle nichts als launische Greise, jammernd, winselnd und dabei voll Scheelsucht. Habe ich denn von ihrem Geschwätz auch nur den geringsten Nutzen?

Und dann, mit wem soll ich plaudern? Mit meinen Freunden? Die wollen von mir Arbeit, nicht Unterhaltung. Mit andern Leuten? Wozu? Mit Erfahrenen? Die werden vielleicht vorher schon mehr zu wissen glauben, als ich ihnen sagen kann. Und wissen sie es tatsächlich schon, so wird das Resultat nur Streit und Zank sein. Soll ich etwas von anderen lernen? Wozu denn? Oder soll ich andere zu belehren suchen? Dadurch würde ich nur den Neid erregen und von neuem in ein Meer von Streit und Hader sinken. Auch sprechen oft mehrere zugleich, und dann wieder lachen sie im stillen über dich.

Und endlich, was das Wichtigste ist: In der Unterhaltung bedarf es gefälliger Anmut, im Gespräch heiterer Liebenswürdigkeit, und beides ist mit Natur und Charakter eines alten Mannes unvereinbar.

Aber du wirst mir entgegenhalten: ›Der Mensch ist ein geselliges Wesen, und was wirst du tun, da du doch auf diese Weise jeden Einfluß auf die Dinge dieser Welt aufgibst und auf alle Freunde Verzicht leistest?‹

Meine Art, mich zu benehmen, ist in den meisten Fällen hinreichend, mir die wenigen zu erhalten, die mir einmal ihre Freundschaft geschenkt haben. Und diese wenigsten genügen mir.«

Diese Rede eines Misanthropen findet sich in *Des Girolamo Cardano von Mailand eigene Lebensbeschreibung, verfaßt von 1575 bis 1576 und aus dem Lateinischen übersetzt von Hermann Hefele, Jena 1914*

Niemand traut mehr dem Geld, obwohl es immer noch im Umlauf ist. Die Staaten geben vor, dafür zu bürgen, obwohl sie es am liebsten abschaffen würden. Die Europäische Zentralbank »schöpft« es aus dem vollen. Ein weiteres Indiz sind die digitalen Kryptowährungen, von denen mindestens 64 Milliarden, in Dollar gerechnet, kursieren, 33 davon beträgt die Marktkapitalisierung der sogenannten Bitcoins, deren angeblicher Wert wilden Schwankungen ausgesetzt ist. Daneben werden auch andere Denominationen mit Phantasienamen wie *Litecoin*, *Ether*, *Ripple*, *NEM* oder *Dash* von Internetspekulanten gehandelt. Euro, Pfund, Franken und Dollar sind genauso volatil, weil ihnen niemand mehr über den Weg traut.

»Lassen wir zunächst die zugleich dunstige und trockene, zerzauste Atmosphäre sprechen, in welcher die Zigarette immer schief drinsteckt, indem sie sie ohne Unterlaß erzeugt.

Danach ihre Person: eine kleine Fackel, die sehr viel weniger leuchtet als duftet, von der sich in feststellbaren Intervallen eine berechenbare Anzahl leichter Aschenmasse löst und abfällt.

Ihre Leidenschaft schließlich: diese glühende Knospe, die in silberweiße Schuppen zerfällt und die ein unverzüglicher Glühstrumpf, ein ganz moderner, umzieht.«

Francis Ponge, »Die Zigarette«, in: Le Parti pris des choses,
Paris 1942, deutsch von Gerd Henniger

Die Königliche Akademie der Wissenschaften, schrieb Humboldt an seinen Freund, ist »ein Hospital, in dem die Kranken besser schlafen als die Gesunden«.

Briefwechsel zwischen Alexander von Humboldt und Carl Friedrich Gauß, Berlin 1977

Man kann München manches vorwerfen, nur nicht, daß es eine heroische Stadt sei. Es brüstete nicht mit einer Siegessäule, sondern mit einem Friedensengel. Zwar gibt es auf der Leopoldstraße ein Siegestor, es wurde aber nach dem Zweiten Weltkrieg mit einer neuen Inschrift wieder aufgebaut: »Dem Sieg geweiht, vom Krieg zerstört, zum Frieden mahnend.«

Die sogenannte Feldherrnhalle, eine nach Florentiner Vorbild errichtete Loggia, ist wegen eines Putschversuchs der Nationalsozialistischen Partei berüchtigt und beliebt als Austragungsort von Rockkonzerten, die vor dem Gebäude stattfinden. Dort gibt es auch genügend Cafés und Läden für Einheimische und Touristen. Nur weiß kein Passant, welchen Siegen die beiden Feldherren ihren Ruhm zu verdanken haben. Der eine, ein gewisser Graf Tilly, war wohl eher ein Söldnerführer, dem man eine Reihe von Kriegsverbrechen zur Last legt; der andere durfte sich Fürst Wrede nennen und soll sich in einer Reihe von sechs Koalitionskriegen bewährt haben.

Anspruchslos nimmt sich auch die Schwabinger Siegesstraße aus, eine verkrattelte Einbahnstraße, aufgeteilt in gegenläufige Richtungen, die ein paar Kneipen, ein Bethaus, ein äthiopisches Restaurant und einen Friseursalon zu bieten hat, aber für Triumphzüge völlig ungeeignet ist.

Ob Stadträte immer bei Sinnen sind? Wer daran zweifelt, kann gute Argumente anführen. Die lange Landshuter Allee führt nicht nach Landshut, die Schleißheimer Straße nicht nach Schleißheim, obschon sie darauf zielt. Wer versucht, auf der krummen Nymphenburger Straße nach Nymphenburg zu gelangen, landet auf der Gerner Brücke. Die Nürnberger, die Potsdamer, die Berliner und die Bonner Straße haben mit den Städten, deren Namen sie tragen, nichts zu tun. Vom Chinesischen Turm erschallt die Musik einer bayrischen Blaskapelle. Die Münchner U-Bahn unterscheidet, um Fremde in die Irre zu führen, zwischen einem *Olympia-* und einem *Olympia-Einkaufszentrum*. Selber schuld ist der japanische oder russische Tourist, der zwischen den Stationen *Am Harras* und *Harras* nicht unterscheiden kann!

Die einzige Münchner Straße, die es in München gibt, versteckt sich schamhaft in Thalkirchen und wird gemieden. Dafür werden alle verblichenen Stadtverordneten mit Ringen, Plätzen, Wegen und Straßen geehrt, auch wenn sich kein Einwohner mehr an sie erinnern kann. *Sic transit …* usw.

Botaniker tun sich leicht. Sie können zwischen fakultativen und obligaten Parasiten ohne weiteres unterscheiden. Die einen können, wenn es sein muß, auch ohne Wirt überleben; die anderen hingegen sind von ihm abhängig.

Menschliche Gesellschaften gibt es zwar nur, weil die Pflanzen die Photosynthese erfunden haben. Aber seitdem sie sich vom Chlorophyll emanzipiert haben, ist es oft nicht klar, wer in dieser Spezies Wirt und wer Parasit ist.

Leichte Themen muß man ernst nehmen, um ihnen ein Relief zu geben, und ernste leicht behandeln.

Von allen eitlen französischen Denkern ist Valéry der eitelste. Er stolpert immer über seine Intelligenz, die er mit seinem »Geist« verwechselt. Aber selbst bei ihm findet sich, in diesem snobistischen Kauderwelsch der Begriffe, gelegentlich eine brauchbare Idee, zum Beispiel in den »Windstrichen«, die er *Rhumbs* nennt:

»Der Staat ist ein riesengroßes, furchtbares und schwaches Wesen. Ein Zyklop von berüchtigter Kraft und Ungeschicklichkeit, das mißgestaltete Kind der Gewalt und des Rechts, die es aus ihren Widersprüchen gezeugt haben. Er lebt nur dank der unzähligen Männlein, die linkisch seine trägen Hände und Füße bewegen, und sein großes Glasauge sieht nur Pfennige und Milliarden. Der Staat ist jedermanns Freund und jedes einzelnen Feind.«

In vielen europäischen Ländern gab es schon seit dem 17. Jahrhundert Rauchverbote. In Rußland drohte der Zar damit, Rauchern die Nase abzuschneiden, und Friedrich II. von Preußen, der ebenso wie Goethe den Tabak haßte, verbot das Rauchen auf der Straße. Auch in Rom durfte man zwar zu Hause dem Laster frönen, aber wer sich mit einer brennenden Zigarette auf die Straße wagte, mußte mit einer Gefängnisstrafe rechnen. Heute sind die US-Amerikaner die schärfsten Tugendhüter, aber nur, was das indische Kraut betrifft. Maschinenpistolen, Amphetamine und lückenlose Überwachung gelten als harmlos.

Giuseppe Gioachino Belli (1791-1863) ist ein römischer Dichter, der über zweitausend haarsträubende Sonette verfaßt hat, die den Literaturhistorikern viel Kopfzerbrechen bereitet haben. Belli war ihnen nicht nur peinlich wegen seiner Ausfälle gegen die Päpste und die Pfaffen, sondern auch, weil er ein abgrundtiefer Pessimist war und, was die Sexualität betrifft, kein Blatt vor den Mund nahm.

Die meisten Italiener, von den Ausländern ganz zu schweigen, konnten seine Gedichte gar nicht verstehen; denn seine Sprache war vom Hochitalienischen weit entfernt. Belli schrieb auf *romanesco*, einem Dialekt der römischen Unterklasse. Bis heute kennt der Plebs seine Verse auswendig, ohne daß sie je von Belli gehört hätten. Sie sind, besonders bei älteren Römern, sprichwörtlich geworden und gehören zum Fundus ihrer Folklore.

So ist Belli zu einem inoffiziellen Klassiker wie Wilhelm Busch oder Ringelnatz in Deutschland oder Belloc in England geworden. Sein Amalgam von Christentum und Obszönität, Unverschämtheit und Ironie ist einzigartig.

Man könnte von ihm sagen, daß er das »Massaker der Illusionen« seines Zeitgenossen Leopardi bis in den Vatikan, die Kneipen, Kirchen und Bordelle der italienischen Hauptstadt fortgeführt hat.

Die Erde hat schon viele seltsame Religionen gesehen, aber die bizarrste von allen ist die digitale.

Keine Theologie, nicht einmal die christliche und die islamische, hat die Massen so stark ergriffen. Ihr Gott ist unsichtbar, omnipräsent und allwissend. Sein Auge sieht alles. Thora, Bibel und Koran sind zum indifferenten Material in einer universellen Datenbank geschrumpft. Heilig ist statt der Hostie der Bildschirm, den jeder mit sich zu führen und über den er stets erreich- und lokalisierbar zu sein hat.

Digital ist gut, analog zurückgeblieben wie der menschliche Körper, das menschliche Denken und die menschlichen Gefühle, weil sie nicht mit zwei Ziffern, der Null und der Eins, operieren. Weder unser Gehirn noch unsere Emotionen sind digitalisierbar.

Wir lieben, schlafen, verdauen und pflanzen uns analog fort.

Diese neue Religion ist radikaler als alle früheren, und ihre Missionare erfreuen sich einer Beliebtheit, die unvergleichlich ist. Wer Meldungen, Artikel, Reportagen und Kommentare durchsieht und jede Stelle schwärzt, an der die Vokabel auftaucht, wird auf dem Papier oder auf dem Monitor ein Gewimmel von Punkten und Strichen sehen, als hätte sich ein Fliegenschwarm darauf niedergelassen.

Was kann Leibniz dafür? Er ist der Erfinder des binären Zahlensystems, das mit zwei Zeichen auskommt. Er hat es in seinem Artikel *Explication de l'Arithmétique Binaire* dargelegt und 1703-05 in Paris in der *Académie Royale des Sciences* veröffentlicht. Natürlich haben die Propagandisten der Digitalisierung keine Ahnung davon, daß die Idee von Leibniz stammt.

Übrigens weiß kaum ein Manager, daß es nicht nur das binäre und das dekadische, sondern viele weitere Zahlensysteme gibt. Das hängt von ihrer Basis ab. Neben den beiden gebräuchlichen spielen die folgenden eine wichtige Rolle bei der Berechnung des Kalenders und bei Maßen und Gewichten, wo sie heute noch erkennbar sind:

Oktal, auf der Basis 8; duodezimal mit 12, sedezimal mit 16, vigesimal mit 20 und sexagesimal mit 60 als Basis. Deshalb rechnen wir bis auf den heutigen Tag mit zwölf Monaten und mit 360 Graden. Ein Pfund Sterling war einmal 20 Shilling wert, und ein Shilling bestand aus zwölf Pence.

Das heißt, daß Leibniz als Stifter der digitalen Religion nicht in Betracht kommt, und die Gläubigen werfen sich nicht vor seinem Altar auf die Knie.

Ursula Kals, eine Redakteurin der *Frankfurter Allgemeinen Zeitung*, hat »prachtdeutsche« Vokabeln gesammelt, darunter die folgenden Euphemismen:

Eigenverantwortung übernehmen = mehr bezahlen; Beitragsanpassung = Beitragserhöhung; suboptimal = schlecht; Umsiedlung = Vertreibung; friedenserhaltende Maßnahme = Kriegseinsatz; Entsorgungspark = Müllhalde; naturidentische Aromastoffe = rein synthetische Chemie; Formfleisch = Fleischabfall; Gesundheitskasse = Krankenversicherung; offenes Konzept = ahnungsloses Chaos; aufstrebender Ferienort = zahllose Baustellen; Meerseite = kein Blick auf das Meer; Idylle = schwer zu erreichen, fehlende Infrastruktur; Nullwachstum = Stagnation; negative Zuwachsraten = wachsende Verluste; Entzerrung des Preisgefüges = Verteuerung; freisetzen = entlassen; Betriebsoptimierung = Kündigungen; bildungsfern = dumm; origineller Grundriß = falsch geschnittene Wohnung; lebhaftes Viertel = Verkehrskrach, laute Nachbarn; eingewachsene Gartenterrasse = verwildert; ausbaufähiges Haus = Ruine; Rückbau = Abriß; zurückführen = abschieben.

An ihrem hundertundvierten Geburtstag sagte meine Mutter: »Ich mag nicht mehr«, legte sich ins Bett und starb, ohne sich aufzuregen. Sie wollte sich die Zumutungen, die das Alter mit sich bringt, nicht mehr gefallen lassen. Nach biblischer Lesart gehen die meisten, wenn nicht alle Plagen, mit denen Menschen sich herumschlagen, auf den Sündenfall zurück. Das leuchtete meiner Mutter nicht ein. Sie hatte mit diesem Vorfall, der offenbar Tausende von Jahren her war, nicht das geringste zu tun.

Auch wenn ich viel jünger war als sie, habe ich ihr recht gegeben. Jedes Jahr, das kommt und geht, bestärkt mich in dieser Überzeugung. Ich nähere mich dem Punkt, an dem ich die Lust endgültig verlieren werde; nicht nur, weil ich mich nicht mehr mit den Zahnärzten, dem Finanzamt und der Politik abgeben möchte, sondern auch mit Kleinigkeiten wie dem Klimawandel, den offenen oder latenten Bürgerkriegen. Davon abgesehen ist es lästig und zeitraubend, die zwölf Knöpfe auf dem Hemd mehrmals am Tag auf- und zuzumachen, ebenso wie der Abwasch, der Absturz des Computers, die Kippen im Aschenbecher, die Rasur und das Zähneputzen.

Die Terroristen, von denen ich mich bedroht fühle, sitzen im Finanzamt. Sie leben in einem Obrigkeitsstaat, dem die Demokratie fremd ist. Der Fiskus ist die einzige Institution, welche die Bürger zur Zwangsarbeit verurteilt. Viele Tage und Wochen sind sie damit beschäftigt, »Belege« zu sammeln und ungezogene Schreiben zu sortieren, in Ordner zu heften und aufzubewahren. Ohne Steuerberater, die sie gegen Übergriffe verteidigen, kommt niemand aus, der mit der Einkommenssteuer »veranlagt« wird, der ihr »unterliegt«, zu der er »herangezogen« wird – ein Sprachgebrauch, der anzeigt, daß er als Untertan betrachtet wird.

Schon den Ausdruck *Freie Berufe* empfinden die Beamten als Provokation. Menschen ohne festes Gehalt und ohne Pensionsberechtigung kann der Fiskus nicht begreifen. Auch die Höflichkeit verstehen sie als eine überflüssige Dekoration der Zivilgesellschaft.

Dafür können sie nichts. Sie gehorchen nur den Dienstvorschriften des zuständigen Ministers, der ihre Einstellung teilt.

Frankfurter Allgemeine Zeitung, November 2017

Statt *Fallobst* oder *Sudelbuch* könnte man auch *Regest* sagen, das sich von den *res gestae* herleitet: das, was man gemacht hat. Nur daß solche Regesten ziemlich feierlich wirken und wissenschaftliche Ansprüche erheben, die einem *Scrap-book* ganz fern liegen. Regesten fassen Daten, Personen, Orte und Sachverhalte einer Quelle zusammen. Dabei unterscheidet man zwischen Kopf-, Kurz- und Vollregest, wobei letzteres eine möglichst umfassende Information über die Quelle bietet. Äußerste Penibilität ist bei solcher Arbeit angesagt, Schlamperei und Fälschung sind streng verboten.

Der Begriff selbst geht auf Peter Georgisch zurück, den Herausgeber der *Regesta chronologico-diplomatica in quibus recensentur omnis generis monumenta et documenta publica* aus den 1740er Jahren. Einen Meilenstein in der Entwicklung des Genres bedeutete dann die Arbeit von Johann Friedrich Böhmer, der seit 1924 in der Zentralredaktion der *Monumenta Germaniae Historica* beschäftigt war und mit seinen Arbeiten zu den deutschen Kaiser- und Königsurkunden des Mittelalters bahnbrechend, ja popularisierend wirkte.

Solche Bücher waren schon wegen der langen Zeit der Bearbeitung und wegen der geringen Auflagen so teuer, daß sie nur in Bibliotheken eingesehen werden konnten. Heute ist das anders. Das meiste ist im PDF-Format online verfügbar, obwohl die Zahl der Interessenten infinitesimal gering ist.

Das deutsche Substantiv *Geschlechtsverkehr* gibt zu denken. Nur ein Jurist kann es ersonnen haben. Wahrscheinlich ist es in Analogie zur Straßenverkehrsordnung gebildet worden. Das Wort *Geschlechtsverkehr* hat keinen Plural. Es wird als *GV* abgekürzt. Wer ihn mit häufig wechselnden Partnern »ausübt« oder sexuelle Kontakte mit häufig wechselnden Partnern unterhält, wird in der Terminologie der Experten als *promisk* bezeichnet. Dieser Ausdruck stammt aus dem Lateinischen und leitet sich von *promiscuus,* »gemeinsam«, und *miscere,* »mischen«.

Promisk ist eine handliche Abkürzung, die nicht nur bei der Staatssicherheit und der Volkspolizei in der Deutschen Demokratischen Republik gebräuchlich war; auch bei den Bürokraten im Westen war sie im Schwange.

Die Nationalsozialisten förderten einerseits erwünschtes promiskes Verhalten (mit Mutterkreuz, Müttergenesungswerk und »Lebensborn«) und bestraften es andererseits als »Rassenschande«.

Promiskes Verhalten ist in traditionellen Gesellschaften meist unerwünscht, vor allem in monogamen Gesellschaften, aber es hatte auch in der christlichen Kultur einen schlechten Ruf.

In der Bundesrepublik Deutschland kam es bis in die 1970er Jahre vor, daß insbesondere junge Frauen wegen Abweichungen von sexuellen Normen in »Fürsorgeheime« eingewiesen wurden. Die Bundesprüfstelle für jugendgefährdende Medien kann Filme, Zeitschriften und Bücher wegen »öffentlicher Verherrlichung« von Promiskuität heute noch auf den Index setzen, fürchtet aber, sich damit lächerlich zu machen.

Inzwischen wird promiskes Verhalten bei uns nur noch selten staatlich sanktioniert.

In Deutschland geschah dies vor allem infolge einer Abschaffung der Strafbarkeit des Ehebruchs sowie einer weitgehenden Eingrenzung des Straftatbestandes der Kuppelei. Verfassungsgarantien wie das allgemeine Persönlichkeitsrecht setzen staatlichen Eingriffen in die Intimsphäre enge Grenzen.

Alles, was das sexuelle Verhalten betrifft, treibt jedoch immer noch die sonderbarsten semantischen Blüten. Dafür hat nicht nur der Gesetzgeber gesorgt, sondern auch die Wissenschaft und die Umgangssprache.

Mit der *Unzucht* ist es nicht mehr weit her. Dieser Begriff für moralisch verwerfliche sexuelle Handlungen außerhalb der Ehe wurde bis in die frühen 1970er Jahre verwendet und hat sich noch hie und da in Vorschriften oder Verträgen gehalten. Die »widernatürliche Unzucht zwischen Personen männlichen Geschlechts« des deutschen Paragraphen 175 von 1871 umfaßte zunächst nur den »Beischlaf«, wurde aber 1935 auf alle sexuellen Handlungen erweitert. Auch die Prostitution galt als »gewerbsmäßige Unzucht«.

Im deutschen Bürgerlichen Gesetzbuch ist heute noch von der »Beiwohnung« die Rede. Dort wird vermutet, daß derjenige Kindsvater sei, der der Mutter während der Empfängniszeit »beigewohnt« habe. Dazu sei es ausreichend, daß »nach den Erfahrungen der Wissenschaft eine Zeugung möglich war«.

Es versteht sich, daß sich die Fachleute *in sexualibus* nicht lumpen ließen. In ihrer Terminologie sprechen sie gerne vom Koitus, von der Kohabitation, von der Begattung und der Kopulation.

Unbefangener ist, wie immer, die Umgangssprache. Sie sagt, daß man »miteinander ins Bett geht« und »miteinander schläft«. Eine unbeholfene Lehnübersetzung aus dem Englischen und dem Französischen ist »Liebe machen«.

Die Liste von Synonymen und Umschreibungen ist lang. Besonders bemerkenswert sind die amtsdeutschen Vokabeln *Verrichtung* und *Vollzug.* In alphabetischer Reihenfolge spielen nach wie vor der Akt, das Bumsen, der Geschlechtsakt, der Fick, die körperliche und die sinnliche Liebe, der Liebesakt, die Nummer, das Schäferstündchen, der Sex und das Vögeln eine Rolle, während das Beilager und das biblische Erkennen in Vergessenheit geraten sind.

Die kurzgefaßte Verteidigung eines Agnostikers

Wenn jemand mich dazu bewegen würde, die Gretchenfrage zu beantworten, die immer ein bißchen peinlich ist – ich hätte wenig Lust dazu. Am ehesten könnte ich mich mit der Behauptung aus der Affäre ziehen, ich sei ein katholischer Agnostiker.

Dieses Argument verschlägt bei den meisten ungehobelten Fragestellern, weil es etwas mit der Herkunft eines Menschen zu tun hat. So ist es auch bei mir.

Meine Familie kommt aus Süddeutschland, genauer gesagt, aus dem Allgäu. Außer ein paar römischen, keltischen und fränkischen Einsprengseln waren meine Vorfahren seßhafte Bauern. Abwechslungsreiche Einwanderer wie Hugenotten, polnische Bergleute, jüdische Hausierer oder andere Flüchtlinge und Vertriebene gab es nicht. Das Milieu war alemannisch und katholisch, aber nicht orthodox. Am Freitag gab es Fisch und wunderbare Aufläufe in der Fastenzeit, aber meinen Eltern fiel es nicht ein, pünktlich am Sonntag in die Messe zu gehen. Eine Bibel war zwar im Haus, aber in diesem Buch wurde selten gelesen.

Trotzdem habe ich mich als Schüler und als Student für theologische Fragen interessiert. Das habe ich der Gastfreundschaft der Benediktiner in Neresheim, ihrer Tafel, ihrem Wein und ihrer vorzüglichen Bibliothek zu verdanken.

Die kleine Stadt in der Ostalb verdankt ihren Ruhm der Abtei. Ihre Kirche ist ein herrlicher barocker Bau, den Balthasar Neumann entworfen hat. Die sieben Tagzeiten von der Matutin bis zur Komplet wurden lateinisch gesungen und mit der Chororgel begleitet. Der Hüter der Bibliothek war ein geistreicher und entgegenkommender Mann, der mir auch alle möglichen Ketzer zu lesen gab: *De rerum natura,* das große Lehrgedicht des Lukrez in der Übersetzung von Hermann Diels, die Gedanken und Meinungen Montaignes, *Rameaus Neffe* von Denis Diderot und ähnliche Sachen.

Diese Autoren haben zwar für meine Aufklärung gesorgt; doch die Klosterbrüder wiesen mich bei der täglichen Rekreation nach dem Mittagessen darauf hin, daß die mittelalterlichen Theologen sich an die heikelsten philosophischen Fragen wagten und über sie in einem Streit lagen, der kein Ende nahm. Das Leben, das diese scharfsinnigen und gelehrten Männer führten, war riskant. Sie ritten wochen- und monatelang, um nach Paris, Basel, Rotterdam oder Oxford zu kommen. Die Straßen waren von Soldateska und Räubern umlagert. Viele Schriften der Antike konnten sie aus dem Stegreif zitieren. Sie beherrschten alle Tricks der klassischen Rhetorik. Mathematiker von Frege bis Russell und Wittgenstein bewunderten Scholastiker wie William von Ockham und Duns Scotus und sahen in ihnen die Begründer der modernen Logik.

Die Unterhaltungen im Neresheimer Klostergarten haben mich damals sehr beeindruckt, obwohl ich dem holzhaltigen Kirchenlatein der Patres wenig abgewinnen konnte. Außerdem war ich nach dem Zweiten Weltkrieg auf die deutsche Gegenwart fixiert. Von den Menschheitsverbrechen der Nationalsozialisten wollte in den fünfziger Jahren niemand viel wissen. Darüber herrschte ein verstocktes Schweigen. Die alten Kader waren nicht bereit, ihre Positionen als Richter, Polizeipräsidenten und Professoren zu räumen. Entsprechend mühsam, anstrengend und zeitraubend war es, in der politischen, ökonomischen und moralischen Wüste des viergeteilten Landes mit der Müllabfuhr anzufangen.

Diese Arbeit war auf die Dauer langweilig. Für eine Minderheit der Jüngeren drohte sie zu einer obsessiven Beschäftigung zu werden. Die Gefahr der Selbstgerechtigkeit lag nahe. Am Ende bewahrte mich davor vielleicht die Überlegung, daß es kein vielversprechender Beruf war, Deutscher zu sein. Ich wollte lieber schreiben.

Das historische Gepäck, das jeder, auch ein Schweizer oder ein Schwede, mit sich trägt, kann niemand loswerden. Einen Teil dieser Mitgift und dieser Bürde schleppen wir auch durch die Religion mit uns herum.

Eine wohlwollende Fee hat mir das Talent für den Glauben an den Monotheismus vorenthalten. Die Götter sind so zahlreich, daß einem die Wahl weh tut. Allein die griechischen und römischen begleiten uns am Himmel und in den Wochentagen, und auch die ägyptischen und asiatischen Traditionen, von Tutanchamun und dem Buddha, sind nicht ganz erloschen. Ebensowenig können ein bißchen Epikur und eine gehörige Dosis Stoa in meinen Augen schaden.

Schon deshalb ist für mich der Atheismus keine Option, sondern eine fixe Idee. Diesem Club möchte ich nicht angehören. Überhaupt kann ich mich schwer zur Mitgliedschaft entschließen. Zu einem zuverlässigen Genossen fehlt mir die Begabung. Darin kann man natürlich auch ein Defizit sehen.

Also bleibt mir nur eine einzige Möglichkeit. Sie besteht darin, Agnostiker zu sein und zu bleiben. Der Erfinder dieses Begriffs war ein englischer Biologe, Thomas Henry Huxley, ein brillanter Autodidakt, der schon mit fünfundzwanzig Jahren zum Fellow der Royal Society gewählt wurde. Er gehörte zu den entschiedensten Verteidigern Darwins und seiner Lehren.

Das Wort *agnostic*, das inzwischen auch in vielen anderen Sprachen eingebürgert ist, hat jener Huxley anno 1869 geprägt. Übrigens war der Schriftsteller Aldous Huxley sein Großenkel. Dessen berühmter Zukunftsroman *Brave New World* gibt heute noch zu denken, weil er voraussagt, daß Menschen künftig im Labor gezüchtet und ohne Eltern auf ein Leben als Konsumenten vorbereitet würden.

T. S. Huxley konnte natürlich von der modernen Genetik, vom Klonen und von der Manipulation der Keimbahn nichts ahnen. Er verstand aber, daß Darwins Gegner sich in einem Punkt einig waren. Sie dachten wahrhaftig, daß sie alle Fragen der menschlichen Existenz mehr oder weniger gelöst hätten. »Sie sind also überzeugt davon, daß sie an jener *gnosis* teilhaben, die einst ein Privileg der Kirche war. Ich hingegen gehöre nicht zu diesen Eingeweihten.«

Der Begriff mag neueren Datums sein, doch die Haltung des Agnostikers hat eine ehrwürdige Vergangenheit. Das griechische Wort γνῶσις bedeutet ja *Erkenntnis*, und die Skeptiker bildeten eine eigene Schule, angefangen mit Protagoras, der über die Götter sagte: »Von ihnen vermag ich nichts festzustellen, weder, daß es sie gibt, noch, daß es sie nicht gibt, noch, was für eine Gestalt sie haben; denn vieles hindert ein Wissen darüber: die Dunkelheit der Sache und die Kürze des menschlichen Lebens.«

Pyrrhon von Elis, ein Sophist aus dem Hellenismus, erkor die Skepsis, das heißt die Überlegung und den Zweifel, zur zentralen Kategorie seiner Philosophie. Meinungen, sagte er, könne man sich erlauben, aber Gewißheit sei unerreichbar. Auch Sextus Empiricus, der letzte und radikalste Vertreter dieser Schule, bestritt die menschliche Fähigkeit, zu wissen, was die Welt im Innersten zusammenhält.

Damit findet man sich als Agnostiker in ziemlich guter Gesellschaft. Diesem kleinen Club gehörten viele Denker des achtzehnten Jahrhunderts an. Man kann David Hume und Denis Diderot zu ihnen rechnen. Der schottische Philosoph soll im Kreis des Barons Holbach eine Geschichte über die französischen Missionare erzählt haben, die in die Urwälder eingedrungen waren, um die kanadischen Eingeborenen zu bekehren. Einer dieser Huronen sei nach London gebracht worden, wo man ihn zur Kommunion zuließ. »Nun, mein Sohn, wirkt nicht die Gnade des Sakraments in Ihnen?« fragte der Priester. – »Ja«, antwortete der kleine Irokese, »der Wein tut sehr gut; aber ich glaube, wenn man mir Schnaps gegeben hätte, hätte mir das noch besser getan.«

Solche Scherze waren an Holbachs Tafel üblich. Angeblich forderte der Baron die achtzehn Anwesenden auf, über den Atheismus abzustimmen. Fünfzehn sollen sich für den Atheismus ausgesprochen haben; das Votum der übrigen drei, darunter Diderot, ist nicht überliefert. Vermutlich waren das die Agnostiker. Für diese Klatschgeschichte, die bei den Aufklärern herumerzählt wurde, fehlt jeder dokumentarische Beleg. Sie mag erlogen sein, ist aber wenigstens gut erfunden.

Die Haltung des Agnostikers hat allerhand Vorzüge und Nachteile. Man kann sich freier bewegen und braucht sich nicht den harten und weichen Vorschriften zu fügen, die von irgendwelchen Institutionen ersonnen werden. Es kann eine Erleichterung sein, die jeweilige Partei- oder Kirchendisziplin abzuwerfen. Erst recht gilt das für die Fesseln einer politischen

Ideologie. Der Nachteil besteht darin, daß der Agnostiker nirgendwo voll und ganz dazugehört.

Ich möchte diese Überlegungen mit einer Anekdote schließen, die ein erzkatholischer Freund des Papstes Johannes XXIII. berichtet. Eines Tages soll ein Wissenschaftler in Castel Gandolfo sich zum Heidentum bekannt haben. Der Papst habe ihm geantwortet, es gebe Schlimmeres; denn immerhin sei sein Gast *un semicatolico*.

Eine Frage der Erziehung

Auch die ärmsten Autodidakten, die Bettler, Penner, Sozialstaatsabhängigen, die Vertriebenen und Migranten ohne Paß, Aufenthaltsgenehmigung und Visum, sind heute Gelehrte des Konsums. Sie haben Tausende, wenn nicht Zehntausende von Markennamen im Kopf, ein riesiges Lexikon, eine Enzyklopädie der Waren. Diese Gedächtnisleistung ist bewundernswert.

Je nach ihrem Geburtsdatum kennen sich die Studierenden nicht nur mit bestimmten Zigarettenmarken, Schlagern oder Reklameslogans aus, sondern auch mit aktuellen Mobiltelefonen und mit »günstigen« Angeboten und sogenannten Schnäppchen. Zu ihrer Ausbildung gehört es, daß sie Bescheid wissen, in welchem Laden billige T-Shirts, welche Joghurtsorten an welcher Stelle im Regal zu finden sind und welcher »Club« angesagt und welcher unbedingt zu vermeiden ist.

Dafür sorgt nicht die allgemeine Schulpflicht, nicht der Lehrer und erst recht keine Universität. Zuallerletzt sind die Eltern ihre kompetenten Trainer. Ganz andere Agenturen sind in der Disziplin des Konsums die Erziehungsberechtigten. Wenn es dafür Bachelors, Master und Doktoren gäbe, müßte jeder Passant solche Titel tragen.

Diese Kenntnisse sind klassenübergreifend verbreitet und künden von einem Grad der Spezialisierung, der historisch ohne Vorbild ist. Gleichgültig, ob es die Namen von Fußballern, Sängern, Terroristen, von Flugtarifen oder Diktatoren sind, jeder weiß bis in die subtilsten Nuancen hinein Bescheid. Luxus ist von der Fälschung in der Flut der Waren nicht mehr zu unterscheiden. Ein Etikett auf der Windjacke, ein Logo auf der Verpackung, ein Signet, die Zahl der Sterne bei einer Hotelbuchung, das alles sind Signale, an denen Milliardäre, Hacker, Kriminelle, alte Damen und kleine Kinder ablesen und dartun, daß sie ebenso einzigartig wie verwechselbar sind.

Die Ausreden der Journalisten

In einer einzigen Ausgabe des Wirtschaftsteils der *Frankfurter Allgemeinen Zeitung* vom 17. November 2017, willkürlich herausgegriffen, finde ich folgende Ausweichmanöver. (Andere Zeitungen sind noch schlimmer.)

»Das steht auf einem anderen Blatt.« – »Das ist kein gutes Omen.« – »In diesem Punkt scheiden sich die Geister.« – »Wachstumsbremsen sind zu beklagen.« – »Händeringend werden Arbeitskräfte gesucht.« – »Verkrustete Systeme.« – »Neuland betreten.« – »Vorwürfe zurückweisen.« – »Schlammschlacht aus der Hauptversammlung.« – »Rosenkriege ausgebrochen.« – »Es gilt klarzustellen …« – »Eine Lebensader der Wirtschaft.« – »Nachholbedarf und Engpässe.« – »Es brennt lichterloh auf den Märkten.« – »Man weiß ja nie, was die Zukunft bringen wird.« – »Es besteht Handlungsdruck.«

Die schiefen Metaphern dienen dazu, sich nicht festzulegen. Die Unternehmen ringen keineswegs die Hände, sie wissen nicht, was das Wort *Rosenkrieg* bedeutet, auf den Märkten gibt es keine Feuerwehr, an den Lebensadern fehlen Venen und Arterien. Systeme haben keine Krusten. Omina und Geister gibt es nicht, Schlammschlachten finden keine statt. Was passiert, wenn ein Vorwurf zurückgewiesen wird, weiß niemand.

Eine beliebte Methode besteht darin, die eigenen Behauptungen in Fragesätze umzuwandeln, so daß der Verfasser sich nicht exponiert und auf keinen Fall haftbar gemacht werden kann.

Es ist offenbar möglich, ganze Seiten zu füllen und als ökonomischer Prediger zu gelten, ohne an seine Formulierungen einen Gedanken zu wenden.

Eine Parabel über die Einwanderung

Eine intelligente, gutaussehende, achtzehnjährige Frau aus Sarajewo spricht an einer Bushaltestelle einen älteren deutschen Herrn an. Sie spricht sehr gut deutsch, erscheint hilfsbedürftig und erzählt ihm, daß sie verschiedene Probleme hat. Zum einen ist ihr Status bei der Ausländerbehörde unklar. Sie befürchtet, nach Bosnien abgeschoben zu werden. Sie wohnt in einem Zimmer. Der Vermieter verlangt eine Kaution. Soviel Geld hat das Mädchen nicht; deshalb droht der Hausherr, sie hinauszuwerfen.

Andererseits ist sie eine ausgebildete Alten- und Krankenpflegerin bei einer Dame in einem Vorort, also eine gesuchte »Fachkraft«. Auf Befragen erklärt sie, daß sie eine fromme Katholikin ist.

In dieser Situation ist der Angesprochene bereit, ihr einen Geldbetrag zu geben, der den Vermieter vorerst soweit beruhigt, daß ihr nicht die Obdachlosigkeit droht. Er lädt sie in seine Arbeitswohnung ein, weil er die nötige Summe nicht bei sich hat. Sie ist ängstlich und bittet ihn, niemandem von ihrem Besuch zu erzählen, vor allem nicht seiner Frau, die ganz in der Nähe wohnt. Sie verspricht, das geliehene Geld zurückzuzahlen, sobald sie es durch ihren Pflegedienst verdient hat. Der alte, über achtzigjährige Mann, der als Schriftsteller arbeitet, rechnet damit nicht. Er erörtert verschiedene Möglichkeiten, der Frau zu helfen, zum Beispiel dadurch, sich an die zuständige katholische Pfarrei zu wenden oder an eine anthroposophische Nachbarschaftshilfe, die auch über einen juristischen Beistand verfügt. Keine dieser Adressen ist imstande, ihr eine Lösung zu versprechen.

Zwei Tage später erscheint diese Maria Mirković wieder, jedoch nicht allein, sondern mit ihrer zwei Jahre älteren Schwester, die Anna heißt und mit der sie angeblich das fragliche Zimmer teilt.

Die nächste Weichenstellung führt zu einer dramatischen Eskalation. Der gierige Vermieter fordert mehr Geld, und die ältere Schwester schlägt vor, bei dem Wohltäter einzuziehen. Die beiden würden sich mit einer Decke auf dem Fußboden vorläufig begnügen. Außerdem würden sie für ihn beten.

Von diesem Moment an sieht er nur zwei Möglichkeiten.

Er kann die beiden Frauen adoptieren. Das hätte zur Folge, daß weitere Verwandte aus Bosnien auftauchen, eine kranke

Mutter und bisher unbekannte Brüder oder Vettern. Er müßte sie alle ernähren und für ihr Wohlbefinden sorgen. Der Lohn Gottes wäre ihm sicher. Er würde seinen Beruf aufgeben, für den sich die Besucher nicht interessieren, und es wäre absehbar, daß für ihn bestenfalls eine Nischenexistenz übrigbliebe. Die Frau des Wohltäters spielt für die beiden Bosnierinnen offenbar keine Rolle. Er war gewarnt. Sie hielt ihn von Anfang an für naiv und sah die Schutzsuchenden als Angehörige eines Clans von Trickbetrügern; an Beispielen für solche Banden fehle es nicht.

Der unfreiwillige Helfer teilt diese Einschätzung nicht. Er glaubt nicht an ein kriminelles Motiv, sondern hält die beiden Frauen für geistig gestört, weil sie durch die Kriege auf dem Balkan traumatisiert sind. In diesem Dilemma ergriff er sofort die einzige Alternative, die ihm blieb: Er warf die beiden Frauen hinaus und verbot ihnen jeden weiteren Kontakt.

Aus dieser Geschichte ist keine klare Schlußfolgerung zu ziehen. Solche Situationen sind weder politisch noch moralisch lösbar, ganz zu schweigen von religiösen Motiven.

Am besten scheint es, sie einfach zu vergessen.

»Philosophen, die nur für professionelle Philosophen schreiben, agieren fast so absurd, wie Sockenhersteller es täten, die Socken nur für Sockenhersteller herstellen.«

Odo Marquard, Skepsis als Philosophie der Endlichkeit. Individuum und Gewaltenteilung, Stuttgart 2004, S. 21

Was man alles machen könnte

ab, kund, gesund, gerade, müde, dünne, irre, sich zu schaffen, scharf, auf, drauf, weg, sich auf den Weg, neugierig, flüssig, richtig, fertig, schmutzig, gleich, weich, durch, flach, nach, sich hübsch, sich frei, entzwei, schlank, krank, schnell, voll, sich bequem, herum, rum, an, sich daran, sich heran, voran, sich ran, hin, ein, sich fein, sich klein, rein, sich davon, sich schön, schlapp, sich bemerkbar, klar, ver, her, es sich sauer, sich schwer, selber, über, darüber, nieder, locker, weiter, herunter, vor, mies, weis, los, nichts, aus, sich nichts daraus, sich groß, schlecht, sich zurecht, dicht, sich leicht, mit, sich breit, sich bereit, halt, kalt, bekannt, tot, kehrt, sich fort, fest, sich bewußt, gut, sich gut, wiedergut, glatt, platt, wett, flott, kaputt, blau, zu, es kurz.

Abitur, den Anfang, Ärger, Arbeit, einen Ausflug, Beine, ins Bett, einen Besuch, Bücher, den Doktor, Eindruck, ein Ende, ein Examen, sich Feinde, Feuer, Freude, sich Freunde, sich Gedanken, zu Geld, ein Geschäft, Geschrei, das Haar, Heu, Holz, in die Hose, einen guten Kauf, Krach, Kummer, Kur, Lärm, Licht, Mühe, Musik, Mut, Platz, eine Reise, einen Schnitt, Schulden, Sorgen, Spaß, einen Spaziergang, ans Werk, ein Vermögen, Verse, gut Wetter, das Zimmer.

Er macht es nicht mehr lang. Sich zu eigen machen. So etwas macht man nicht. Mach, daß du verschwindest! Abgemacht. Er hat es mit ihr gemacht. Laß mich machen! Ein gemachter Mann. Was macht das? Das macht nichts. Mach schon!

Wird gemacht. Mach dir nichts draus. Mach's gut!

Dieser kleine Katalog der Möglichkeiten ist sehr unvollständig. Eine komplette Aufzählung ist nicht machbar. Wie in anderen Sprachen rutscht die Vokabel *machen* selbst den Linguisten durch die Finger und läßt sich nicht fassen.

Ein alter Schwarm am Himmel und auf Erden

Die Pleiaden sind ein Siebengestirn im Zeichen des Stiers. In der Mythologie gelten sie als die sieben Töchter des Atlas und der Pleione. Sie sollen sich selbst den Tod gegeben haben und von Zeus an den Himmel versetzt worden sein, um sie vor ihrem Verfolger, dem Orion, zu schützen. Unklar ist der Ursprung ihres Namens, der angeblich einen Taubenschwarm bedeutet. Den Seefahrern waren sie schon sehr lange als Orientierungshilfe bekannt.

Sieben französische Dichter aus dem sechzehnten Jahrhundert nannten sich selber »die Pleiade«. Fünf von ihnen sind vergessen; allein Pierre de Ronsard und Joachim Du Bellay haben es in Kreisen der Lyrik-Kenner zu einem gewissen Ruhm gebracht. In Frankreich lebt der Name in Gestalt einer traditionellen Buchreihe fort, der *Bibliothèque de la Pléiade,* die Jacques Schiffrin gegründet hat und seit 1931 im Verlag Gallimard erscheint. Eine gewisse Feierlichkeit umgibt sie: Dünndruck auf Bibelpapier, Ledereinband, Kommentar, Zeittafel und viele Fußnoten. Fast siebenhundert Bände sind bisher erschienen. Wer es zu einer solchen Edition gebracht hat, gilt in Frankreich als Klassiker.

Postgeheimnis

Wie alle großen Kommunikationskonzerne sucht die Deutsche Post AG jede Kommunikation mit ihren Kunden zu sabotieren. Das fängt schon damit an, daß sie jeden telefonischen Kontakt zu ihnen verhindert. Im offiziellen Teilnehmerverzeichnis deutscher Großstädte fehlt ein Eintrag mit dem Namen *Post.*

Die Internetseite *deutschepost.de/meinkundenservice* bietet keinerlei Service und keine Informationen rund um Briefsendungen. Unter der angegebenen Nummer (02 28) 4 33 31 12 meldet sich kein Mensch. Der Anrufer bekommt keine Auskünfte, sondern wird mit Nummern abgefertigt, auf die er drücken soll. Alternativen gibt es nicht. Die Filialen der Post sind grundsätzlich nicht telefonisch zu erreichen. Ihre Anschlüsse sind ein streng gehütetes Betriebsgeheimnis.

Die heutige Deutsche Post ist 1995 durch die Privatisierung der früheren Behörde *Deutsche Bundespost* entstanden. Das Bundesministerium für Post und Telekommunikation blieb zunächst für die hoheitlichen Aufgaben im Postwesen zuständig. Später übernahm die Verantwortung eine neu geschaffene Regulierungsbehörde für Telekommunikation und Post. Seitdem ist das Unternehmen eine Aktiengesellschaft.

Der größte Anteilseigner war anfangs die *KfW*. Diese Kreditanstalt für Wiederaufbau, die drittgrößte Bank Deutschlands, wurde 1948 gegründet. Obwohl vom Wiederaufbau längst keine Rede mehr sein kann, untersteht die Bank der Aufsicht des Bundesministeriums der Finanzen. Ihr Kapital wird zu vier Fünfteln von der Bundesrepublik Deutschland und zu einem Fünftel von den Bundesländern gehalten. Als Körperschaft des öffentlichen Rechts unterstützt sie den Bund bei der Privatisierung von Bundesunternehmen.

2012 hat sie 60 Millionen Aktien der Post an der Börse plaziert. Den Ertrag verwaltet sie im Auftrag des Bundes. Mit weniger als 25 Prozent der Aktien behielt sie eine Sperrminorität und blieb die größte Einzelaktionärin. Dann verkaufte sie weitere fünf Prozent an den Investor Blackrock, eine New Yorker Fondsgesellschaft, die der Hedgefonds-Betreiber Blackstone Group gegründet hat. Sie ist mit beinahe sechs Billionen Dollar der größte unabhängige Vermögensverwalter der Welt und gilt als weltweit größte Schattenbank. Der Rest der Anteile befindet sich im Streubesitz.

Die Post erwarb 2002 den amerikanischen Paket- und Brief-Express-Dienst *DHL* und firmiert seitdem als *Deutsche Post DHL Group*. Der völlig sinnlose Name leitet sich von den Anfangsbuchstaben der Firmengründer Adrian Dalsey, Larry Hillblom und Robert Lynn ab, die niemand kennt.

Das Durcheinander steigerte sich, seitdem die Postbank die Stelle der früheren Postscheckbanken eingenommen hat. Sie wird zwischen wechselnden Investoren hin und her geschubst und verwirrt Kunden, die in Warteschlangen anstehen müssen, ebenso wie die Angestellten, die Pakete frankieren und Briefmarken verkaufen und zugleich Konten führen, Sparbücher ausfüllen und über kleine Kredite entscheiden sollen.

In Deutschland beschäftigt die Deutsche Post über hundertsechzigtausend Mitarbeiter. Es ist unklar, wie viele davon feste Angestellte bei dieser Aktiengesellschaft sind. Nicht alle Briefzusteller sind durch Tarifverträge abgesichert. Wie bei anderen Paketdiensten üblich, vergibt die *DHL* einen Teil ihrer Aufgaben an Subunternehmer, die sogenannten »Service-Partner«, die ihrerseits »selbständige« Zusteller beschäftigen dürfen. In Großstädten wie München hat dies zu erheblichen Ausfällen geführt. Briefe und Pakete müssen nun von den Empfängern regelmäßig in weit entfernten Filialen abgeholt werden.

Manche Zusteller sprechen nur gebrochen deutsch. Wenn der Empfänger nicht zu jeder Stunde anzutreffen ist, werfen sie einfach eine Karte in den Briefkasten, auf denen der Empfänger aufgefordert wird, ihre Sendungen innerhalb einer knapp bemessenen Frist persönlich abzuholen. Andernfalls gelten sie als unzustellbar und werden zurückgeschickt. Wer solche Umwege nicht auf sich nehmen kann, ist selber schuld. Natürlich ist dieses Versagen des Postdienstes nicht den schlechtbezahlten Aushilfskräften anzulasten, sondern dem Gewinnstreben der Konzernführung.

Seit 1990 führt das sogenannte *Corporate Center* den Konzern. Dieser pompöse Name zeigt den globalen Ehrgeiz des

Unternehmens schon durch seine Sprache an, die weder Deutsch noch Englisch ist. Der Sitz der *Deutschen Post DHL Group* hat eine Adresse, die Charles-de-Gaulle-Straße 20 in Bonn, und sogar eine Telefonnummer, (02 28) 18 00.

Praktischerweise liegt ihre oberste Aufsichtsbehörde gleich um die Ecke, in einem Bonner Hochhaus am Tulpenfeld 4. Sie nennt sich *BNetzA,* das ist Behördendeutsch und will heißen *Bundesnetzagentur für Elektrizität, Gas, Telekommunikation, Post und Eisenbahnen.* Ist das nicht ein bißchen zuviel auf einmal? Auch sie ist telefonisch unter (02 28) 1 40 zu erreichen. Sie teilt mit, daß sie verpflichtet sei, allen Beschwerden nachzugehen. Aber wie soll sie Millionen von Menschen helfen, die Schwierigkeiten mit dem Strom, der Heizung, dem Zugverkehr oder dem Internet haben, oder gar mit »Unregelmäßigkeiten in der Briefzustellung oder Paketzustellung«? Das ist natürlich ein Ding der Unmöglichkeit.

Wer sich solchen Hoffnungen hingibt, dem ist nicht zu helfen. Er wird gut daran tun, sie unverzüglich fahren zu lassen.

Die bei der *Post Group* üblichen Schikanen kann sich nur ein Marktführer leisten, der über ein Quasimonopol verfügt.

Salopp ist auf deutsch ein eher harmloser Ausdruck, der »ungezwungen« oder »nachlässig« bedeutet und gelegentlich sogar eine gewisse Eleganz besagen kann, aber er hat es in sich. Er wurde gegen Ende des achtzehnten Jahrhunderts aus dem Französischen entlehnt. Dort steht jedoch das Adjektiv *salope* für unsauber und schmutzig und das Substantiv für eine Frau, die sich vernachlässigt, also für eine Schlampe, wenn nicht eine Prostituierte.

Aber noch abenteuerlicher nimmt sich die Etymologie der

Vokabel aus. Bei Wolfgang Pfeifer ist zu lesen: *sale* kommt aus dem Altfranzösischen, wo es schmutzig und unrein bedeutet; es sei verwandt mit dem althochdeutschen *sal*, dunkelfarbig, welk und trübe. Aber damit nicht genug. *Salope* ist nämlich ein Kompositum. Die zweite Silbe *hoppe* ist eine Dialektform des Wortes *huppe*, hinter dem ein Vogel steckt, nämlich der Wiedehopf. Der pflegt sich, dem Wortforscher zufolge, zur Tarnung auf den Boden zu kauern und mit Erde zu bedecken, und gilt allgemein als schmutziges Tier.

Von dieser phantastischen Wendung der Wortgeschichte hat das heutige Deutsch keine Ahnung.

Wolfgang Pfeifer, geboren 1922, ist heute sechsundneunzig Jahre alt. Wo er lebt, ist unbekannt. Auch sein Porträt ist im Internet nirgends zu finden. Das ist kein Zufall, denn dieser Gelehrte hat sein Licht immer unter den Scheffel gestellt. Er ist ein großer Linguist und nach den Brüdern Grimm, Hermann Paul und Friedrich Kluge der wichtigste deutsche Etymologe. Seiner diskreten Haltung verdankt er, daß seine Arbeit auch unter widrigen politischen Umständen unbehelligt und beharrlich fortgesetzt werden konnte. Die deutsche Teilung und den kalten Krieg hat Pfeifer in der DDR überstanden. Nach seiner Promotion an der Humboldt-Universität wurde er als Mitarbeiter der Akademie der Wissenschaften in Ostberlin Experte für das Grimmsche Wörterbuch; diese Tätigkeit galt als unpolitisch und förderlich für das Renommee der Staatspartei.

Für seine Verdienste in den Jahren 1949 bis 1960 wurde er sogar 1961 mit dem Nationalpreis erster Klasse ausgezeichnet. In der Bundesrepublik ist Wolfgang Pfeifer nicht berühmt. Er gilt nicht als prominent. Das hat ihn nicht gestört; es hat ihm gefallen. Sein Werk spricht für sich. Das *Etymologische Wörterbuch des Deutschen*, das unter seiner Leitung bei der Berliner Akademie herausgegeben wurde, hat das Zeug zu einem deutschen Hausbuch. Es ist weit besser als der öde und geistlose Duden und gehört zu den wenigen wertvollen Hinterlassenschaften der Deutschen Demokratischen Republik.

Die erste Ausgabe ist im Berliner Akademie Verlag 1989 erschienen. Als Bearbeiterinnen und Bearbeiter wird eine ganze Schar von Lexikographen genannt, darunter Gerlinde Pfeifer, die vermutlich, aber nicht sicher, Pfeifers Ehefrau war oder ist. Fortan wurde es immer wieder verbessert. Eine handliche Taschenbuchausgabe gab es beim Deutschen Taschenbuch Verlag in München, die immer neue Auflagen erlebt. Es gibt Antwort auf Fragen nach Alter, Herkunft und Verwandtschaft der verzeichneten Wörter und enthält Informationen zur Bedeutung und vor allem zur Wortgeschichte von über 23 000 Lexemen. Es gibt auch eine digitalisierte Version, bei der die getreue Wiedergabe aller Zeichen respektiert wurde.

Aber wer glaubt, mit dieser Arbeit habe Pfeifers Werk sein Bewenden, täuscht sich über seine wissenschaftliche Reichweite. Hier folgt eine kleine Auswahl seiner Schriften: *Wörterbuch der deutschen Tiernamen*. Insekten. Lieferungen 1, 2 und 4: Käfer, Schaben, Spanische Fliegen und Maiwürmer, Berlin, Akademie-Verlag 1963-68 (die weitere Arbeit wurde als politisch irrelevant eingestuft und beendet); zusammen mit Heinrich Marzell und Wilhelm Wissmann: *Wörterbuch der deutschen Pflanzennamen*, 1943-79. (Nebenbei erwähnt: Marzell war mein Biologielehrer am Gymnasium.)

Neben vielen anderen Zeitschriftenbeiträgen besonders interessant ist Pfeifers Aufsatz »Adelungs Stellung zur Etymologie in seinem Wörterbuch«, in: Werner Bahner (Hrsg.), *Sprache und Kulturentwicklung im Blickfeld der deutschen Spätaufklärung*.

Pfeifers Andenken steht nicht unter Denkmalschutz. Er wollte überhaupt keine Statue und kein Mausoleum haben. Seine überragende Kompetenz für die Geschichte der deutschen Sprache diente ihm als Tarnkappe, unter der er seinen leidenschaftlichen Neigungen unbehelligt frönen konnte.

Prospekt für ein archäologisches Warenmuseum

Super bedeutet »über alle Maßen, besonders, überdurchschnittlich«. Fragt sich, was das mit einem Laden zu tun hat, in dem man eine Gurke und ein Stück Seife kaufen kann. Nur ein amerikanischer Marktschreier kann auf die Idee kommen, sein Geschäft so zu nennen. Tatsächlich scheint der erste Supermarket 1930 im New Yorker Stadtteil Queens eröffnet worden zu sein. Der Slogan des Erfinders lautete: »Pile it high, sell it low.«

Seine Geheimnisse waren: die »Selbstbedienung«, das heißt, daß niemand bedient wird, ein Angebot, das sich nicht auf Lebensmittel beschränkt, sondern alle Gegenstände des vermuteten täglichen Bedarfs umfaßt, ferner eine hohe Zahl von Artikeln, die alle abgepackt sind, sowie die Gliederung in Abteilungen, ein labyrinthischer, aber genau kalkulierter Grundriß mit möglichst vielen Fluren und schließlich Schlangestehen an Kassen am Ausgang. Supermärkte werden von Konzernen geführt, die sich nicht auf einzelne Läden beschränken, sondern Ketten im ganzen Land und auch im Ausland bilden. Die Konkurrenz wird durch Preisdumping bekämpft, das auf der Einkaufsmacht der Konzerne beruht. Der rasche Erfolg dieses Modells verdankt sich der Wirtschaftskrise von 1929.

Solche Märkte breiteten sich, angeführt von Unternehmen aus den USA, nach dem Zweiten Weltkrieg auf allen Kontinenten aus. Mit der Zeit wurden sie immer gigantischer und fraßen sich bis in die Innenstädte vor.

Eine eigene Subdisziplin der Psychologie, die Marktforschung, dient dazu, die Kunden zu manipulieren. An welcher Stelle des Ladens und auf welcher Höhe des Regals, wie nahe am Eingang und unmittelbar an der Kasse müssen welche Waren plaziert werden? Wie golden soll die Verpackung sein und wieviel Luft darf sie enthalten?

Alle solchen Einrichtungen bilden, bewußt oder unfreiwillig, die Zivilisation ihrer Zeit mit ihren Bedürfnissen, ihren Vorlieben, ihren Moden und Marotten auf das genaueste ab. Sie bezeugen die Globalisierung der Warenwelt und die Konzentration des Kapitals.

Könnte man sie einmotten, so könnten sie für künftige Besucher statt der Kathedralen, Paläste und Moscheen zu Touristenattraktionen werden: Museen des Massenkonsums der Vergangenheit.

Gilbert Keith Chesterton, den ich zu schätzen weiß, hat 1933 ein Buch über Thomas von Aquin verfaßt, das er bescheiden »eine bloße Skizze« nannte. Neulich bin ich auf diese vergessene Schrift gestoßen.

Wie immer bei ihm ist sie voller Abschweifungen und Anspielungen und, für einen Autor, der den *common sense* preist, schwer verständlich. Das liegt an seiner Art, jeden Gedanken auf den Kopf zu stellen, und an seiner Vorliebe für die Paradoxie. Sein Ton versöhnt den Leser dadurch, daß er immer gut aufgelegt, frech und munter daherkommt.

Über die echten oder falschen Einsiedler, die Fakire, die Säulenheiligen, die Zyniker, die wie Diogenes in einem Faß leben, bemerkt er, daß sie alle so dargestellt werden, als führten die irdischen und himmlischen Mächte sie in Versuchung. Sie versprächen, ihnen alle Wünsche zu erfüllen, worauf alle Eremiten erwiderten, sie brauchten nichts.

Der heilige Thomas gehörte nicht zu ihnen.

»Er war ein Riese, und es war leicht, sich über ihn lustig zu machen. Er wurde als eine Art wandelndes Weinfaß beschrieben, wie es in den Komödien vieler Nationen vorkommt; ein Scherz, den er selbst im Mund führte. Nicht erzürnte Parteigänger aus dem augustinischen oder arabischen Lager haben die übertriebene Legende aufgebracht, daß man einen Halbmond aus der Abendtafel heraussägen mußte, damit er Platz nehmen konnte; er hat sie eher selbst erfunden. Seine Statur war sicher bemerkenswerter als sein dicker Bauch. Vor allem war sein Kopf mächtig genug, um seinen Leib zu beherrschen.«

Chesterton beschreibt den *Doctor angelicus* als geduldig, höflich und unerbittlich. Er riskiert es sogar, ihn mit Thomas Huxley zu vergleichen, der, wie schon einmal erwähnt, nicht nur ein Agnostiker war, sondern 1869 den Begriff für diese Haltung geprägt hat. Die Definition der agnostischen Methode findet sich bei Thomas beinahe wörtlich wieder: »Folge der Vernunft, soweit sie dich hinführt.« Die Frage sei nur, wohin.

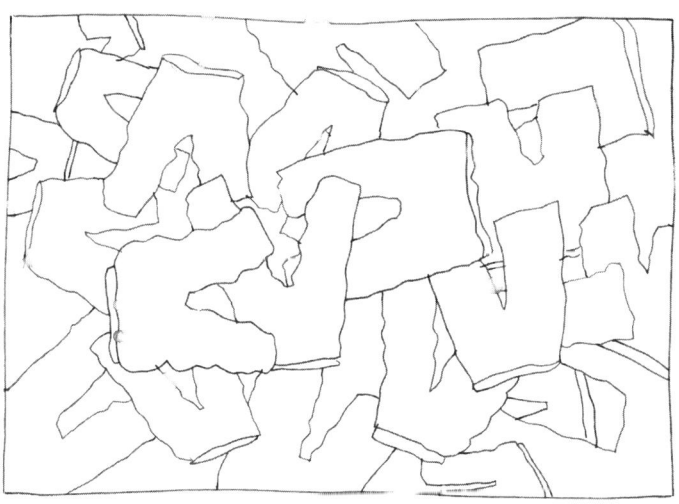

Ein alter Kommentar zur sozialen Gerechtigkeit

»Auch der Arme, der gern reich sein möchte, redet unaufhör-
lich vom Mißbrauch des Geldes und den Lastern des Reichen,
wodurch er aber nichts anderes erzielt, als daß er sich ärgert
und anderen zeigt, wie er nicht bloß über seine eigene Armut,
sondern auch über den Reichtum der andern Unmut hegt.«

Baruch de Spinoza,
Ethica Ordine Geometrico Demonstrata, Amsterdam 1677

Die Erfindung und der Untergang des Zettelkastens

Carl von Linné fing 1767 an, kleine Papierstücke, ungefähr acht bis zwölf Zentimeter groß, zu nutzen, um seine Kenntnisse über Pflanzen und Tiere aufzuzeichnen. Mehr als tausend dieser Notizen haben sich in der Londoner *Linnean Society* erhalten. Sie sind mit der Hand geschnitten, und das Papier ist dünn; aber ansonsten sind sie von Karteikarten nicht zu unterscheiden.

Linné hat ja bekanntlich eine weit wichtigere Erfindung gemacht: die lateinische Nomenklatur, um jede Spezies auf der Erde wissenschaftlich zu bezeichnen. Jeder dieser Namen besteht aus mindestens zwei Teilen. Bis in die Mitte des achtzehnten Jahrhunderts herrschte ein Durcheinander. Um die Tomate zu identifizieren, waren umständliche Bezeichnungen im Schwange, wie zum Beispiel *Solanum caule inermi herbaceo foliis pinnatis incisis*. Seit Linné heißt sie einfach *Solanum lycopersicum*.

Mit seinem *Systema Naturae* stellte er der Wissenschaft eine Universalsprache zur Verfügung, die heute noch gebräuchlich ist, samt ihrer hierarchisch gegliederten Reihe von Arten, Gattungen, Familien, Ordnungen, Klassen, Stämmen und Reichen.

Allerdings konnte Linné der Informationsflut nicht Herr werden, die ihn seinerzeit erreichte. Seine Kollegen und Studenten sandten ihm immer neue, unbekannte Exemplare aus Europa, Rußland, dem Orient, Afrika und China zu.

Seine vielen Besucher wunderten sich, daß der »Fürst der Botanik« sie unrasiert und in zerschlissenen Strümpfen und Schuhen empfing. Er selbst beschrieb sich so: »Struppige Augenbrauen. Eine Warze auf der rechten Wange und eine zweite auf der rechten Seite der Nase. Schlechte, faulende Zähne.«

Manche Gelehrte behalfen sich mit einer Zettelwirtschaft. Ihre losen Notizen ließen sich zwar beliebig zusammenheften, aber ein solches Sammelsurium konnte das Problem nicht lösen. Als Linné 1752 eine Schmetterlingssammlung anvertraut wurde, kam er auf die Idee, sie mit Hilfe von Spielkarten zu katalogisieren. Die Hersteller ließen damals die Rückseite unbedruckt. Das war eine weiße Fläche, die sich für Notizen eignete. Von dieser Nutzung war es nur noch ein kleiner Schritt bis zur Kartothek. Zwei Jahre nach Linnés Tod führte die Wiener Hofbibliothek ihren ersten Bestandskatalog ein. Er bestand aus Spielkarten.

Die Vorliebe der Aufklärer für Klassifikation und Taxonomie hatte eine fatale Kehrseite. Als die Anthropologie anfing, das Linnésche System auf den Menschen anzuwenden, kam die Rassentheorie auf. Die ideologischen Folgen ließen nicht auf sich warten. Schon 1920 hatte Edgar Hoover, der Chef des FBI, in seinem *Editorial Card Index* über zweihunderttausend »subversive Personen und Organisationen« registriert. Später teilten die Nationalsozialisten eine halbe Million deutscher Juden mit bürokratischer Sorgfalt nach ihrer genetischen Abstammung ein. Das geschah zunächst auf Karteikarten. Auch die Bolschewiki legten Verzeichnisse von ihren wirklichen Gegnern und ihren imaginären Feinden an.

Die Erfindung der Lochkarte, die Hand- durch Maschinenarbeit ersetzte, war der nächste Rationalisierungsschritt dieses Verfahrens. Ihre Vollendung erreichten frühere Systeme durch die elektronische Datenbank. Michel Foucault hat früh erkannt, daß die Organisation von Kenntnissen nie ein neutraler, objektiver Prozeß sein kann. In seinem Buch *Überwachen und Strafen* von 1975 stellte er die politische Dimension dieser Techniken in den Vordergrund. Der Zettelkasten und die Kartothek waren nur ein harmloser Anfang. Bald zeigte sich, daß Linnés Spielkarten nicht nur in der Wissenschafts- und Medien-, sondern auch in der politischen Geschichte der letzten drei Jahrhunderte eine Rolle gespielt haben, die über Leben und Tod entschied.

(Diese Überlegungen lehnen sich an einen Essay von Daniela Blei an, der im Dezember-Heft 2017 in der amerikanischen Zeitschrift *The Atlantic* unter dem Titel »How the Index Card Cataloged the World« erschienen ist.)

»Was Wunder, wenn die Leute in einem Buche finden was gar nicht drinn ist; oder Aergernis an Dingen nehmen, die, gleich einem gesunden Getränke in einem verdorbnen Gefäße, bloß dadurch ärgerlich werden, weil sie in dem schiefen Kopf oder der verdorbnen Einbildung des Lesers dazu gemacht werden? Was Wunder, wenn der Geist eines Werkes den Meisten so lange, und fast immer unsichtbar bleibt? Was Wunder, wenn dem Verfasser oft Absichten, Grundsätze und Gesinnungen angedichtet werden, die er nicht hat, die er, vermöge seines Charakters, seiner ganzen Art zu existiren, gar nicht einmal haben kann?«

Christoph Martin Wieland, »Wie man ließt. Eine Anekdote«,
zuerst erschienen im ›Merkur‹, Heft 1, 1781, S. 70-74, leicht
überarbeitet in Wielands kleineren prosaischen Schriften, 1983
abgedruckt in einem Privatdruck Jan Philipp Reemtsmas

Weglassen, das ist nicht nur in der Poesie ein effektvolles Verfahren. Das Haiku lebt davon. Aber auch die Raumfahrer gebrauchen es. Bei jedem Start einer Rakete zählt die NASA so: »Ten, nine, eight, seven, six, five, four, three, two, one.« Erst wenn die Null erreicht ist, hebt das Geschoß ab.

Ein Puppenspiel. Die Verwandlungen eines Wortfeldes

Das französische *Mannequin* ist entlehnt aus dem niederländischen *mannekin*, »Männchen, bildliche Menschendarstellung, Figürchen«, einem Diminutiv von *man*. Als Brüsseler Sehenswürdigkeit gilt eine kleine Bronzeskulptur, das »Manneken Pis«, die angeblich aus dem Jahr 1619 stammt. In Wirklichkeit müssen die Touristen mit einem gefälschten Wahrzeichen vorliebnehmen, das an derselben Ecke seine Notdurft seit 1965 verrichtet.

Das englische *manikin* ist nicht weit entfernt von der Marionette. Es bedeutet schon sehr früh eine den bildenden Künstlern als Modell dienende Gliederpuppe. Aber dabei bleibt es nicht. Es wird zum Spielzeug aus Holz oder aus Pappe, das durch eine Schnur auf und ab bewegt wird. Schon hat man den Hampelmann vor sich und den Pantoffelhelden, der leicht zu lenken ist. »Es war einmal ein Männchen, / das kroch in ein Kännchen, / dann kroch es wieder raus, / da war die Geschichte aus.« Der Schlappschwanz bringt in sie eine sexuelle Note.

Im *Struwwelpeter* verwandelt sich die Gliederpuppe in den Zappel-Philipp. Den haben geschäftstüchtige amerikanische Psychiater zu einem Kind befördert, das an ADHS leidet, einem frei erfundenen »Aufmerksamkeitsdefizits- und Hyperaktivitätssyndrom«. Die Handlanger der pharmazeutischen Industrie haben den zappeligen Kindern massenhaft Ritalin und andere Drogen verschrieben.

Erst um 1700 erscheint in Frankreich das *Mannequin*. Das französische Wort entwickelt weitere Bedeutungen und wird zur Schneider- und Schaufensterpuppe. Gegen Ende des neunzehnten Jahrhunderts kam zuerst eine männliche, dann auch weibliche Person hinzu, die auf einer Modeschau auftritt, um Modelle vorzuführen. Dieser Gebrauch wird ins Deutsche übernommen und bleibt bis etwa 1930 lebendig.

Das *Modell* gibt es noch, aber es läuft nicht auf einem Steg, sondern es »steht«, und zwar nur bei der Ausbildung und in der Praxis von Künstlern. In der Textilbranche hat es ausgelitten und wurde durch das *Model* ersetzt. Bei diesem englischen Wort blieb es nicht. Es wurde zum *Supermodel* gesteigert. Die Industrie benutzte alle Boulevard-Medien, vor allem das Fernsehen, um solchen Frauen zu einem hohen Bekanntheitsgrad zu verhelfen. Besonders beliebt sind möglichst abstoßende, übelgelaunte junge Personen, die sich durch Magersucht auszeichnen und einen drogensüchtigen Eindruck machen. Auch die Fotografen, die zu diesem Milieu gehören, sind unentbehrliche Männchen und gehören zur »Prominenz«.

Der *Manakin* genießt seinen Ruf nicht bei der Klatschpresse. Dafür haben sich die Ornithologen eingehend mit ihm befaßt. Auch er trägt einen Namen, der aus dem Niederländischen stammt. Warum, ist unklar. Es kann sein, daß die Holländer und die Flamen sich einst als Kolonisatoren in der Karibik herumgetrieben haben; siehe Aruba, Curaçao, Sint Maarten und Surinam.

Die *Pipridae*, die auch *Pipras* oder Schnurrvögel heißen, sind eine große Vogelfamilie aus Westindien, Zentral- und Südamerika, die in tropischen Wäldern hausen. Man zählt ungefähr sechzig Arten, die sich von Beeren und Insekten ernähren. Alle sind sie klein und machen sich durch Pfeifen, Trillern und Schnarren bemerkbar. Eine davon trägt den sprechenden Namen *Machaeopterus deliciosus*, zu deutsch Keulenschwingpipra. Die Weibchen sind unscheinbare Einzelgängerinnen; die Männchen schließen sich zu Banden wie die *Hell's Angels* zusammen. Sie zeichnen sich durch ihre bunten Federn und durch spektakuläre Balzrituale aus. Sie kümmern sich nicht um den Nachwuchs. Weder Nestbau, Brut und Fütterung noch Erziehung scheinen sie zu interessieren.

Das ist schon Charles Darwin aufgefallen. In *The Descent of Man* (1871) hat er eine eigene, bis heute umstrittene Theorie der sexuellen Selektion entwickelt, über die er sich auf Hunderten von Seiten ausläßt.

»Die Männchen tragen miteinander Rivalenkämpfe aus. Sie werben durch Tänze und durch phantastische Mätzchen um die Weibchen, die dabei zuschauen.« Aber entscheidend ist die spektakuläre Farbenpracht des Federkleides. Darwin kommt zu dem Schluß, daß bei den Weibchen die Schönheit bei der Partnerwahl den Ausschlag gibt. Das heißt, daß bei den Vögeln Polygamie und Damenwahl vorherrschen.

Eine Frage hat Darwin nicht beantwortet. Die meisten männlichen Vögel kommen nämlich ohne Penis aus. Das ist bei 97 Prozent aller Arten so. Nur Enten, Gänse und Schwäne verfügen über ein solches Organ. In diese wissenschaftliche Lücke ist neuerdings ein Ornithologe aus Yale namens Richard O. Prum gesprungen, der jahrzehntelang seine Forschung dem Los der Manakins, vor allem der Männchen, gewidmet hat, das sich in seinem Werk *The Evolution of Beauty* dargestellt findet. (»Wie Darwins vergessene Theorie von der Wahl eines Partners die Tierwelt – und die unsrige – verändert hat«; so Prums Untertitel.)

Der Männchen-Experte behauptet, daß nur die Männchen, die eine starke Leistung bei der Balz hinlegen, eine Chance hätten, sich zu paaren. Die allermeisten gingen leer aus. Aber warum finden sie sich damit ab? Prums Hypothese ist ziemlich stark: Sie hätten keine andere Wahl, weil die Weibchen aus anatomischen Gründen keinen Penis zur Fortpflanzung brauchten. Deshalb sei ihnen der Sieg im Kampf der Geschlechter sicher.

Nach einem langen Umweg über den Zappel-Philipp und das Supermodel sieht es ganz so aus, als wäre dieses Puppenspiel vom Mannequin wieder beim Mannekin Pis gelandet.

(Den Anstoß zu diesen Überlegungen gab ein Aufsatz von Tim Flannery, »Objectifying Male Birds«, in: NYRB, Dezember 2017.)

Ob es ein Genuß ist, Genosse zu sein? Stammverwandt sind diese beiden Wörter; denn sie gehen auf das altgermanische *nauta-* zurück, und sie sind, wie die Etymologen sagen, Possessivkomposita.

Ein Genosse ist jemand, der mit anderen etwas gemeinschaftlich hat, sei es sein Wesen, seinen Stand oder Rang. Ursprünglich ging es dabei um Vieh, also um Schlacht-, Zug- und Lasttiere. Die Verwandtschaft mit *genießen* und *nutzen* liegt auf der Hand.

Im Lauf der Zeit wurde der Genosse zum Begleiter und zum Gefährten und zum Mitglied vor allem einer sozial »Linken« in ihren verschiedenen Abspaltungen üblich.

Davon abgeleitet ist die *Genossenschaft*, ein Zusammenschluß zur Förderung gleicher wirtschaftlicher Interessen. Gemeint können, wie im Fall der *Eidgenossenschaft*, auch politische Absichten sein. Gewöhnlich geht es aber um einen gemeinsamen Geschäftsbetrieb, wie er auch in der Landwirtschaft, bei manchen Banken und Gewerkschaftsunternehmen üblich ist. Auch die Schweiz ließe sich in dieses Bild einfügen.

Schließlich existiert auch noch ein bestimmtes Wertpapier, der *Genußschein*, der von einer Aktiengesellschaft emittiert wird und eine Mischform aus Aktie und Anleihe darstellt. Er kommt ohne Stimmrecht daher, ist aber an der Börse handelbar – ein Papier, das ein Genußrecht in Form einer jährlichen Ausschüttung verbrieft.

Die Frage, ob es ein Genuß ist, Genosse zu sein, ist nach alledem schwer zu beantworten.

So weit ist unsere Zivilisation heruntergekommen, daß es genügt, einen Brief mit *MfG* oder nur mit einem Anfangsbuchstaben zu endigen. Noch vor zweihundert Jahren achtete man genau auf den Grad einer Bekanntschaft, unterschied genau, wer ein Freund war, wen man liebte und wen man nur respektierte. Goethe war ein Meister der Distanz und der Nähe.

Fallobst

Der andere Korb

Um einander

Eine Münchner Ausstellung, die »Blumenkinder« heißt und Fotos von Stefan Moses aus den sechziger Jahren des zwanzigsten Jahrhunderts zeigt. Die *Hippies* kamen aus den Vereinigten Staaten von Amerika, besonders aus San Francisco und New York, und breiteten sich rasch auch in Europa aus. *Flower-Power*, 1965 von Alan Ginsberg erfunden, und *Make love not war!* Das waren ihre beliebtesten Slogans.

Ein merkwürdiger und widersprüchlicher Eindruck! Auf der einen Seite wie eine Zeitmaschine. Rührend und lächerlich zugleich, wie sich eine internationale Jugend als oppositionell und subversiv inszenierte. Auch maskierte sich die »Bewegung« gern als Revolution. Frieden, psychedelische Musik, ein Schuß fernöstlicher Esoterik und ein gelegentlicher LSD-Trip gehörten unbedingt dazu.

Wie fern und wie harmlos das alles, mit heutigen Augen betrachtet, wirkt!

Wer aber nach dem Besuch der Ausstellung durch die Münchner Innenstadt geht und einen Blick auf die Frisuren, die Schuhe und die Kostümierung der Passanten wirft, dem fällt auf, daß die Hippies auf paradoxe Weise gesiegt haben. Ohne es zu wissen, ähnelt der Habitus vieler Heutiger dem ihrer verflossenen Vorgänger. (Die einzigen Unterschiede liegen im Medienverhalten, weil die elektronischen Geräte damals noch nicht als unentbehrliche Prothesen galten, und darin, daß das Rauchen, ob Tabak oder Cannabis, aus dem öffentlichen Raum längst verbannt worden ist.)

Fest steht, daß die Modeindustrie im Lauf von sechzig Jahren die naiven Vorstellungen der Blumenkinder ausgeweidet und aufgezehrt hat. Der Kapitalismus ist unerbittlich; er frißt und verdaut auch die Ideen derer, die sich für seine Gegner halten.

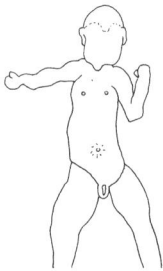

Ein so unglücklicher wie genialer Schriftsteller wie Giacomo Leopardi hätte nie eine Schrift wie den *Zibaldone* zum Druck gegeben. Eine so wirre und geschwätzige Prosa zu publizieren wäre ihm als seiner unwürdig erschienen.

Der Titel ist hintersinnig. Denn er bedeutet in der Sprache der Emilia nichts anderes als ein Gericht, das aus Resten zusammengewürfelt wird: ein Mischmasch, ein Durcheinander. Leopardi hat ihn gewählt, um das Provisorische seiner Notizen aus den Jahren 1817 bis 1832 zu betonen. Er kann nur selbstironisch gemeint sein.

Die akademischen Gralshüter der italienischen Nationalliteratur haben das nicht kapiert.

Nach Leopardis Tod im Jahr 1837 sind die 4526 Seiten des Manuskripts bei seinem einzigen Herzensfreund Antonio Ranieri gelandet, der sie fünfzig Jahre lang in einem Koffer aufbewahrte, den er schließlich seinen beiden Dienstmädchen vererbte. Erst als Ranieri das Zeitliche gesegnet hatte, gelang es den Philologen, sich Zugang zu der Handschrift zu verschaffen und sie in der Nationalbibliothek von Neapel einzusargen. Seitdem hat sich eine ganze Industrie darüber hergemacht, sie kommentiert, ediert und zum Klassiker erklärt.

Daraus kann man nur schließen, daß Leopardis Unglück ihn bis ins Grab verfolgt hat. Hätte er nur einen Papierkorb zur Hand gehabt, so wäre ihm der zweifelhafte Ruhm erspart geblieben, mit seiner einzigen schwachen Schrift zu triumphieren.

Zu den unergründlichsten Märchen der Brüder Grimm gehört *Die kluge Else*. »Die hat Zwirn im Kopf«, sagt ihr Vater, und die Mutter: »Die sieht den Wind auf den Gassen laufen und hört die Fliegen husten.«

Das kommt daher, daß die Else immer darüber nachdenkt, welche Folgen ihr Tun und Lassen haben könnte, und darüber ins Grübeln kommt.

Ein Politiker, der eine solche Abschätzung seines Handelns vornähme, wäre gelähmt. Je mehr kostspielige Berater er heranzöge, desto gewichtiger wären seine Bedenken; denn jede Entscheidung könnte unendlich viele schlimme Folgen nach sich ziehen. Das trifft vor allem auf die Einführung neuer Techniken zu; denn die Erkenntnisse der Wissenschaft sind hemmungslos und ihre Konsequenzen unberechenbar. Einer macht sich mit der Spaltung des Atoms oder mit der Keimbahn des Menschen zu schaffen, und die Klagen der Spezies nehmen, wie die der klugen Else, kein Ende.

»Da erschrak sie, ward irre, ob sie auch wirklich die kluge Else wäre, und sprach ›bin ich's, oder bin ich's nicht?‹ Und stand eine Zeitlang zweifelhaft: Endlich dachte sie, ›ich will nach Haus gehen und fragen, ob ich's bin oder ob ich's nicht bin, die werden's ja wissen.‹« Aber die andern wußten es auch nicht.

Schade, daß ein so nützliches Wort wie der *Schranz* oder der *Schranze* nicht mehr im Schwange ist.

Hermann Paul führt den Ursprung des Wortes auf das mittelhochdeutsche *schranz* zurück, das soviel wie »riß« bedeutet und auf einen Menschen hinweist, der in geschlitzten Kleidern geht und deshalb ein Stutzer oder ein Geck ist.

Im Grimmschen Wörterbuch gibt es einen Eintrag, der heute so triftig ist wie vor zweihundert Jahren: »eine verächtliche bezeichnung eines höheren hofbedienten mit hervorhebung des kriechenden und schmeichelnden. das wort ist seit dem 16. jahrh. gebräuchlich [...]: ›wie wir auch jtzt in herrenhöfen sehen, [...] das die hofeschranzen und finanzer, wenn sie nur sehen, was den fürsten und herrn gefällt, und hoffnung da ist, etwas zu erschnappen, thun und reden sie getrost, was sie dünkt, es gefalle.‹«

So hat Martin Luther sich ausgedrückt. Heute heißen die Schranzen und die Ohrenbläser Berater, Journalisten, die Gespräche im Hintergrund führen, Spezialisten für Öffentlichkeitsarbeit, Event-Manager, Lobbyisten und überhaupt »Sprecher« für jene, die sich selber nicht äußern wollen, können oder dürfen. Scharen von hochbezahlten Schranzen, für die sich immer ein Etat findet und die sich vor den Futtertrögen versammeln, solange sie hoffen dürfen, »etwas zu erschnappen«.

Auch das Abschreiben hat mehr als eine Bedeutung. In der Schule gibt es meistens eine Freundin oder einen Freund, der einem hilft, eine Lösung im Mathematikunterricht zu finden oder bei einer Prüfung zu mogeln. In der Literatur und in vielen Wissenschaften ist das Abschreiben verpönt und gilt als Pla-

giat. Die Kopiermaschine und der Scanner haben sich hingegen überall durchgesetzt.

Nur bei den Kunsthistorikern herrschen andere Sitten. Dort
geht es um die sogenannte Zuschreibung. Bei ihren Gutachten
und Expertisen stehen nicht nur Ruhm und Reputation auf
dem Spiel, sondern es geht auch um viel Geld auf dem zum Irr-
sinn neigenden Markt, je nachdem, ob sie ein Werk einem
Künstler zu- oder abschreiben. Kein Wunder, daß dabei, wie
bei dem berühmten Rembrandt-Projekt oder bei Leonardo da
Vincis *Salvator mundi*, mit mehrstelligen Millionensummen
hantiert wird und daß der Zwist der Kenner kein Ende nimmt.

»Die meisten Sätze und Fragen, welche über philosophische
Dinge geschrieben worden sind, sind nicht falsch, sondern unsinnig. Wir können daher Fragen dieser Art nicht beantworten.« (*Tractatus* 4.003)

Es gibt kein Buch in der Geschichte, das ebenso bekannt,
um nicht zu sagen so populär und berüchtigt wäre wie Wittgensteins *Logisch-philosophische Abhandlung*. Einige seiner Sätze
sind geradezu sprichwörtlich geworden: »Die Welt ist alles,
was der Fall ist« oder: »Wovon man nicht sprechen kann, darüber muß man schweigen«. Und dies, obwohl es auf der Welt
keinen Leser gibt, der den *Tractatus* ganz verstanden hätte.
Selbst Bertrand Russell, ein berühmter mathematischer Logiker und enger Freund, Kollege und Lehrer Wittgensteins, mußte zunächst das Handtuch werfen. Zuerst hielt er Wittgenstein für verrückt; 1919 war er von dem ersten Exemplar
der hundertseitigen Abhandlung, die er zu sehen bekam, begeistert; er mußte aber einräumen, daß ihm viele Stellen unverständlich blieben. Wenn das schon bei einem Gelehrten

wie Russell so ist, wie soll man sich dann erklären, daß die Öffentlichkeit Wittgenstein zu einem ihrer Hausheiligen erhoben hat, obwohl selbst die kühnsten Deuter gestehen, daß sie keine Ahnung haben, was die folgenden Sätze bedeuten:

»›~p‹ ist wahr, wenn ›p‹ falsch ist. Also in dem wahren Satz ›~p‹ ist ›p‹ ein falscher Satz. Wie kann ihn nun der Strich ›~‹ mit der Wirklichkeit zum Stimmen bringen?«

Und das ist nur der Anfang. Die meisten Zeichen lassen sich mit dem Zeichenvorrat einer Rechenmaschine gar nicht darstellen. Der Text ist durchsetzt mit Diagrammen und abgesichert durch einen Drahtverhau von Formeln. Die mathematisch Gebildeten waren erschreckt und verblüfft von Wittgensteins mystischen Höhenflügen.

Die ganze Lesergemeinde hat, man kann es nicht anders sagen, sich gegenseitig ein X für ein U vorgemacht. Sie ist nach dem Prinzip des Als-ob verfahren, weil sie sonst nicht konkurrenzfähig gewesen wäre.

Wittgenstein hat diesem Spiel kaltblütig zugesehen.

Das Mißtrauen gegen das Kapital und der Verdacht gegen die Banken können ganz ohne Marx und den Kommunismus auskommen. Sie sind in der deutschen Mentalität tief verwurzelt, berufen sich ursprünglich auf die Religion und haben nicht zuletzt antisemitische Untertöne.

Jacob und Wilhelm Grimm haben in ihrem Wörterbuch mit rührender Geduld viele Belege dafür gesammelt, und es lohnt sich, einen Blick darauf zu werfen. Auch heutige politische Bewegungen, gleichgültig, ob auf dem linken oder rechten Flügel, zehren, ohne es zu wissen, von diesem vormodernen populären Argwohn, den die deutsche Sprache konserviert:

»FINANZ, ... *finanza* rührt nun her aus einem neben *fini-re* aufkommenden *finare*, praestare, componere de pecunia solvenda, quittieren, bezahlen und der pl. *finanze* drückt aus geldangelegenheiten, zahlungen, einkünfte. sonderbar steht aber das nhd. *finanz* im 16 jh. ... beständig im übeln sinn für betrug, list und böse ränke, der verkehr mit gewinnsüchtigen welschen kaufleuten und unterhändlern musz damals den eindruck hinterlassen haben, dasz ihre *finanzen* und geldgeschäfte auf wucher, kniffe und trug ausgiengen:

wie das einer, bapst Clemens genant, sich zum regiment in unser heiligen, christlichen kirchen durch simonien, mit gelde, heimlichen listen, allerlei finanzen, bösen tücken und anschlegen schendlich eingekauft. (Luther)

dan der bapst hat uns mit finanz
dem teufel gbunden uf den schwanz. (Schade)
all gottlos wesen und finanz
ist romischer bapst rosenkranz. (Kirchhof)
einer führt sein sohn vom dorf in die stadt, den beschisz und finanz bei den krämern zu lernen. (Lehmann)

im 17 jh. ist diese schlimme bedeutung allmälich erloschen. heute verwenden wir das wort häufig, aber in der französischen bedeutung und nur im pl.: *die finanzen des staats sind zerrüttet; meine finanzen stehen gut; seine finanzen sind nicht ganz in ordnung.*

FINANZEN, fallere, fraudare, wuchern, übervortheilen, übel und betrieglich wirtschaften, fr. *financer*, donner de l'argent, bestechen:

mein kaufhaus soll einem jeden offen stehen und soll keiner gefinanzet oder betrogen werden. (Jacob Böhme)
bürger sind füchse zum schleichen und schmügen,
vortheln, berücken, finanzen und lügen. (Logau)

FINANZEREI, f. fraudatio, betrug, wucher: *wenn jemand gerne ein schlosz oder sonst etwas groszes hette und treibet so viel finanzerei, durch freundschaft und womit er kan.* (Luther)«

Francis Bacon, »Über die hohe Stellung«

»Der Aufstieg zur Macht ist mühsam, und diese Mühen ziehen bloß weitere Mühen nach sich; und manchmal geschieht es auf niederträchtige Art, doch durch Ehrlosigkeit kommt der Mensch zu Ehren. Am Ende hat er jedoch schwankenden Boden unter den Füßen und ihm steht entweder der Sturz oder zumindest der Niedergang bevor; beides ist eine traurige Angelegenheit. […] Ferner können solche Männer nicht zurücktreten, wenn sie wollen, doch wollen sie es zumeist auch nicht – nicht einmal dann, wenn es vernünftig wäre, denn selbst in Alter und Krankheit, die eigentlich der Abgeschiedenheit bedürfen, wollen sie sich nicht ins Private zurückziehen. Sie sind wie alte Bürger, die noch immer vor ihrer Haustür sitzen und damit zum Spott herausfordern.«

Essays, neu übersetzt aus dem Englischen von
Michael Siefener, Wiesbaden 2012

Francis Bacon spricht hier aus eigener Erfahrung. Denn seine Karriere war die eines elisabethanischen Höflings. Seine Handlungen lassen ihn nicht nur als diensteifrig, sondern als intrigant erscheinen. Anfangs der 1590er hatte er im Earl of Essex einen Patron gefunden, dem er als politischer Berater diente. 1593 fiel sein Gönner bei Königin Elizabeth I. in Ungnade. Dann übernahm dieser das Kommando über einen Feldzug gegen die aufständischen Iren. Ein Mißerfolg, der die Gunst der Königin völlig schwinden ließ. Essex wurde unter Hausarrest gestellt und verlor seine Pfründen. Daraufhin versuchte er einen Staatsstreich, der jedoch scheiterte. Die Königin befahl, gegen Bacon wegen Bestechlichkeit zu ermitteln, und bestand darauf, am Prozeß gegen den Earl als Vertreterin der Krone teilzunehmen.

Bacon saß zwischen den Stühlen und sah sich als Bauernopfer. Er zog sich auf seine Güter zurück und befaßte sich fortan mit der Wissenschaftsphilosophie und Schriftstellerei. Eine Generation jünger als Montaigne, spielte er wie dieser eine entscheidende Rolle in der Kulturgeschichte seines Landes.

Montaigne ist durch ein einziges Hauptwerk unsterblich geworden; Bacon war ein Vielschreiber. Der eine schätzte seine Unabhängigkeit, der andere hing an seinen Ämtern. Ihre Charaktere und ihre Temperamente waren nicht nur verschieden, sie waren konträr. Montaigne ist ein französischer, Bacon ein englischer Klassiker, wie er im Buche steht. Trotzdem beruht ihr Ruhm auf einem Genre, das in der Literatur nicht zu den Hauptgattungen zählt: dem Essay. Deswegen ist es verführerisch, diese beiden Autoren miteinander zu vergleichen.

Sicherlich hat der Jüngere den Älteren gelesen, obwohl er ihn nur einmal, in einem Versuch über die Wahrheit, zitiert.

Das zeigt sich schon an der thematischen Fülle ihrer Essays. Montaignes Reichweite ist so groß wie seine Neugierde und die Unbefangenheit seines Stils. Der Bacons ist trockener und pedantischer. Beide waren sehr belesen und kannten die Klassiker der Antike auswendig. Die »Abhandlungen« des Engländers handeln vom Tod, von der Rache, vom Unglück, von Verstellung und Heuchelei; er ließ sich über die Ehe aus, über die hohe Stellung, über den Aberglauben, über Mißtrauen, Gerüchte und Prahlerei. So geht es bei diesen beiden immerzu weiter. Es scheint nichts zu geben, wofür die Essayisten unzuständig wären.

(Ein amüsantes Detail: Dem umtriebigen Baron Verulam und ersten Viscount St. Albans – so lauteten Bacons Adelstitel – wurde sogar zugetraut, daß er außer seinen Denkschriften und Abhandlungen auch noch Shakespeares Werke verfaßt hätte. Diese These vertrat Delia Bacon 1857 in einer Monographie. Eine Bacon-Gesellschaft vertritt diese Ansicht, die von der Forschung längst als Unsinn abgetan wird, noch heute. Dieses englische Steckenpferd wird freudig weiter geritten. Auch Sir Walter Raleigh, Edmund Spenser und eine Schar von anderen Elisabethanern gehören zu den Verdächtigten, Shakespeare gewesen zu sein.

Fest steht nur, daß es diese zwei Autoren waren, die den Essay in Frankreich und in England überhaupt erst begründet haben. Der eine fragte sich: »Was weiß ich?«; der andere behauptete, Wissen sei Macht; der eine ließ seinen Gedanken freien Lauf, verließ sich auf seine Intuition, auf seinen Geschmack und seine Laune. Der andere hatte es auf die Nützlichkeit des Wissens abgesehen, dachte pragmatisch und wollte seine Leser belehren.

Beide waren sehr einflußreich. Während aber Montaigne keinen Unterschied zwischen dem öffentlichen und dem privaten Leben machte und wenig Wert auf seinen Ruf bei den Gelehrten legte, war Bacon wirkungsbewußt und beeinflußte die englische Wissenschaftstheorie nachhaltig.

Unser Verstand, legte er dar, diene dazu, die Natur auszulegen. Dies gelinge nicht durch hochfliegende Ideen und scholastische Spitzfindigkeiten. Der Mensch könne die Natur nur besiegen, indem er ihr gehorche. Dazu müsse er sich von seinen Vorurteilen und Illusionen befreien und sich auf das Experiment verlassen. Analogie- und Induktionsschlüsse reichten für einen Beweis nicht aus. Ein einziges Gegenbeispiel sei geeignet, um eine These zu widerlegen. Damit statuierte Bacon als erster das Prinzip der Falsifizierbarkeit, wie es Popper in der modernen Diskussion geltend gemacht hat.

Außerdem forderte er, daß wissenschaftliche Beobachtungen wiederholbar sein müßten. Er war davon überzeugt, daß zumindest die Naturwissenschaft kumulativ voranschreitet. Anders als der skeptische Montaigne gehört Francis Bacon also zu denen, die an den Fortschritt und an die allmähliche Verbesserung des Menschengeschlechts glaubten.

Gibt es einen Fremdwert oder eine Falschzeit? Wissenschaftler und Techniker führen die Gegenbegriffe *Eigenwert* und *Echtzeit* so unbefangen im Munde, als verstünden sie sich von selbst.

Dem Laien ist unklar, was sie damit meinen.

Was die Echtzeit angeht, so lautet ihre Definition, nach der durch DIN ISO/IEC 2382 abgelösten Norm DIN 44300, Teil 9 (Verarbeitungsabläufe), folgendermaßen:

»Unter Echtzeit versteht man den Betrieb eines Rechensystems, bei dem Programme zur Verarbeitung anfallender Daten ständig betriebsbereit sind, derart, daß die Verarbeitungsergebnisse innerhalb einer vorgegebenen Zeitspanne verfügbar sind. Die Daten können je nach Anwendungsfall nach einer zeitlich zufälligen Verteilung oder zu vorherbestimmten Zeitpunkten anfallen.

Durch die Hardware und Software muß sichergestellt werden, daß keine Verzögerungen auftreten, welche die Einhaltung dieser Bedingung verhindern könnten. Die Verarbeitung der Daten muß dabei nicht besonders schnell erfolgen, sie muß nur *garantiert schnell genug* für die jeweilige Anwendung erfolgen.«

Im *Duden* heißt es, die *Echtzeit* sei »diejenige Arbeitsweise, bei der das Programm (nahezu) simultan mit den entsprechenden Prozessen in der Realität abläuft«.

Na also! Der Begriff sagt offenbar nicht etwas über die Geschwindigkeit oder Verarbeitungsleistung eines Systems aus. Weit entfernt! »Er wird fälschlicherweise oft anstelle der zutreffenderen Begriffe *verzögerungsarm* oder *verzugsarm* verwendet.« Wer hätte das geahnt!

Leute, die mit der Norm DIN 44300, Teil 9, nicht vertraut sind, halten sich lieber an den heiligen Augustinus: »Was also ist die *Zeit*? Wenn mich niemand danach fragt, weiß ich es; will ich es erklären, weiß ich es nicht.«

Was den *Eigenwert* angeht, so ist er zum ersten Mal anno 1904 aufgetaucht, in einem Aufsatz, den David Hilbert in den Göttinger *Nachrichten von der Königlichen Gesellschaft der Wissenschaften* veröffentlichte. Es ist ein Begriff aus der linearen Algebra. Dieser Germanismus hat sich bei den Mathematikern auf englisch international durchgesetzt und spielt bei der Matrizenrechnung eine zentrale Rolle.

In diesem Fach gibt es auch die Eigenfunktion, den Eigenvektor, die Eigenform und sogar einen Eigenraum, den natürlich nur Fachleute betreten.

Was ist Wert? Was ist Form? Was ist Raum? Wenn mich niemand danach fragt, weiß ich es; will ich es erklären, weiß ich es nicht.

»Die Deutschen besitzen die Gabe, die Wissenschaften unzugänglich zu machen.«

Goethe, zitiert nach Alexander von Humboldt

Es ist schon ein Elend mit der Hoheit. Manche Akte werden ihr zugeschrieben, auch Gebiete, Gewässer, Rechte, Träger, Befugnisse und Zeichen. Wie es scheint, gibt es eine Staats-, eine Zoll-, eine Münz-, eine Wehr-, eine Luft- und eine ganze Reihe von anderen Hoheiten.

In andere Sprachen ist die Hoheit schwer zu übersetzen. Weder die Souveränität noch die *Grandeur* oder die *Magnificenza* kommen ganz hin.

Schon gar nicht, was die Titeleien betrifft für die Angehörigen eines regierenden oder großherzoglichen Hauses. Eure oder Ihre Königliche oder Großherzogliche Hoheit? Je nachdem.

Auch die Brüder Grimm taten sich schwer mit diesem Stichwort. Sie versuchten, es lateinisch mit *celsitudo* oder *altitudo* zu fassen. Natürlich wußten sie, daß es im Mittelhochdeutschen erst spät als *hôchheit* aufgetaucht ist und daß ihm die Bedeutung des Stolzes und des Hochmuts nicht ganz fremd war. Gewöhnlicher sei der Bezug auf soziale Stellung, hoher Rang, Würde und Erhabenheit. Gemeint sei vor allem der Herrscher, der mit diesem Titel und dieser Anrede bedacht werde.

Dazu kämen die Rechte, die mit dieser Stellung verbunden seien, »namentlich die regalien, sowie die hohe gerichtsbarkeit; kaiserliche hoheit, die macht so der kaiser für sich hat, als posten, universitäten aufzurichten, in den fürstenstand zu erheben; ferner das gebiet, wo dieselben ausgeübt werden«.

In den Republiken schrumpfen Hoheit und Würde auf bloße Behauptungen, die sich nur mühsam aufrechterhalten lassen. Mit der Staatsgewalt ist es nicht mehr so weit her, wie die Politiker glauben. Erst recht sind die »Hoheit des Gemüts« und der »geistige Adel«, Wendungen, die unseren Klassikern ganz unbefangen aufs Papier tropften, nur noch ein peinlicher Erdenrest.

Wie viele Körper es im Deutschen gibt, weiß niemand genau. Ich habe ungefähr 35 gezählt, vom Anti- bis zum Zellkörper. Der sonderbarste ist vielleicht der *Klangkörper*, zu dem irgendwelche Veranstalter das Orchester umgetauft haben.

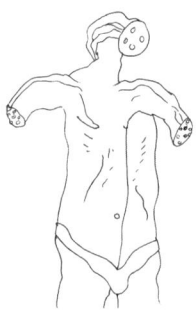

Amerika, hast du es besser?

Mein Freund Gaston Salvatore pflegte seine Landsleute, die Chilenen und die Deutschen, als kolonisierte Affen zu bezeichnen, weil sie jeden Blödsinn, der aus den Vereinigten Staaten kommt, sofort imitieren.

Dieser Hang zur Nachahmung, verstärkt durch die Reklame in den asozialen Medien, die sich nach den dominierenden US-Konzernen nennen und Facebook, Twitter, Google, Youtube, Linkedin, Instagram und so weiter heißen, nimmt sklavische Formen an. Auf die eigene Sprache kann dabei keine Rücksicht genommen werden.

Zwei Beispiele für diese unaufhaltsame Invasion sind die Vokabeln *Halloween* und *Hashtag*.

Das erste Wort stammt aus Irland, ist verkürzt aus *All Hallows' Eve*, dem Abend vor Allerheiligen, und bezeichnet ursprünglich einen vorchristlichen Volksbrauch, der von irischen Auswanderern in die USA eingeschleppt und sofort kommerzialisiert wurde. Eine ganze Industrie hat sich seiner bemächtigt. Man stellt alljährlich nicht nur Kürbisse aus; man kostümiert sich auch alljährlich am 31. Oktober massenhaft als Vampir, als Hexe, als Fee, Skelett, Untoter oder in anderen Phantasieformen. Diese blödsinnige Sitte, die mit Folklore nichts zu tun hat, ist seit den 1990er Jahren auch in Europa, und besonders in Deutschland, verbreitet.

Noch abwegiger und unverständlicher ist das *Hashtag*. *To hash* bedeutet, daß irgend etwas zerhackt, zerkleinert, verpfuscht oder verpatzt wird. Das Resultat ist Hackfleisch oder Haschee. Als *hash* wird außerdem Haschisch bezeichnet. Ein *tag* wiederum ist ein Etikett, ein Abzeichen, eine Markierung, ein Schildchen auf einem Gegenstand oder ein Schlagwort. Im übertragenen Sinn bedeutet *Hashtag* auch ein Schriftzeichen, ein vermutlich aus der Musik entwendetes Doppelkreuz, das #. Man findet das sogenannte Rautenzeichen auch auf der Telefontastatur.

Im Internet wurde es 2007 von einem Anwalt namens Messina als *Metatag* erfunden und hat sich seuchenartig global verbreitet. Seit 2017 ging #metoo als Sieger aus diesem Zirkus hervor; man konnte kaum eine Zeitung finden, die ohne diese Schlagzeile auskam. Eine hysterische Debatte brach in 85 Nationen aus und beschäftigte Millionen von Menschen.

»Wer verlangt Konsequenz? Der Dummkopf und der Doktrinär, diese langweiligen Leute, die immer an ihren Prinzipien festhalten bis zum bittern Ende, bis die Praxis sie ad absurdum führt. Ich verlange sie wahrhaftig nicht. Ich schreibe, wie Emerson, über die Tür meiner Bibliothek das Wort *Laune*.«

Oscar Wilde, »Der Verfall der Lüge.
Eine Betrachtung«, in: Intentions, London 1891

80 Prozent von dem, was im Fernsehen gesendet wird, betrifft 80 Prozent der Zuschauer nicht im geringsten. Vier Fünftel seiner Zwangsabonnenten spielen weder im Lotto, noch sind sie an der Börse interessiert. An Oscar- und anderen Preisverleihungen oder Olympiaden nehmen sie nie teil. Das Postengerangel der Politiker verdrießt sie. Verbrechen, die im Alltag selten vorkommen, nehmen in sämtlichen Programmen einen hervorragenden Platz ein. Noch öder als die Zurschaustellung von Rad- und Skifahrern ist höchstens die Reklame.

Was zählt, ist nur das Überflüssige. Die einzige Ausnahme von dieser Regel scheint der Fußball zu sein, ein Milliardengeschäft, mit dem sich besonders die Armen identifizieren.

Das Kapital, zwei Bände, fast 3 000 Seiten, verdanken wir »der Tatsache, daß es, anders als erhofft, zum Kapitalismus keine Alternative gab. Andernfalls wäre Marx wohl Revolutionär geworden. Und Revolutionäre haben andere Sorgen, als furchtbar dicke Bücher zu schreiben oder auch nur zu lesen«.

Wolfgang Pohrt, Werke, Bd. 10, Berlin 2018, S. 18

Über einen Versuch, ein Hochschulstudium anzufangen, vom selben Verfasser:

»Von Spannendem verwöhnt, hält man Soziologie an der Uni gar nicht durch. Die Langeweile ist hochkonzentriert wie reine Schwefelsäure und wäre in hundertfacher Verdünnung noch unbekömmlicher. Man brauchte das Naturell eines Krokodils, das tagelang im Schlamm liegend auf seine Beute warten kann, ohne daß es ihm je langweilig würde.

Die Dozenten schreckten vor keiner Banalität zurück, ›Einführung in die strukturell-funktionale Theorie‹ hieß ein Highlight an Dreistigkeit in diesem Sinn. Es wurde immer nur eingeführt, dabei wäre Abführen viel nötiger gewesen. Struktur und Funktion stehen in einem Zusammenhang, hieß die Botschaft. Aber daß ein Tomatenmesser anders gebaut ist als eine Käsereibe, weiß eigentlich jeder. Um es auch zu wissen, braucht der Soziologe ein paar Regalmeter Fachliteratur und viele weitschweifige Belege. Offensichtlich hat sich bei ihm der Groschen im Schacht verklemmt.«

»Wie Adorno und Horkheimer mich vor einem
Studienabbruch bewahrten«, ebd., S. 297

Seinen Verleger Klaus Bittermann habe ich gefragt, wie und wohin Pohrt verschwunden ist. Darüber ist weder in der Presse noch im Internet etwas zu erfahren. Der Berliner Verlag Tiamat hat eine zehnbändige Edition seiner Schriften angekündigt. Das ist eine sehr riskante Operation.

Bittermann hat versucht, dem Rätsel beizukommen. Dieser rücksichtslose und im linken Milieu berüchtigte Publizist kann sich doch nicht in Luft aufgelöst haben.

Sein hartnäckiger Verleger beantwortete meine Anfrage.

Im September 2016 habe ein Neurologe Wolfgang Pohrt mitgeteilt, er leide an ›zerebraler Mikroangiopathie‹. »Wenn Sie unter diesem Begriff nachschlagen, werden Sie mit medizinischen Fachausdrücken bombardiert, konkret aber sehen die Symptome so aus, daß er sich von einem kleinen Schlaganfall 2014 nicht mehr richtig erholt hat. Er zog sich danach immer mehr zurück und war dann eine Zeitlang völlig verschwunden, bis ich ihn in einem Pflegeheim in Stuttgart wiedergefunden habe. Dort habe ich ihn dann besucht. Er sitzt jetzt im Rollstuhl, und es fällt ihm schwer, sich zu artikulieren, und auch Lesen und Schreiben gehen nicht mehr.

Seine Frau ist vor zehn Jahren gestorben, und bei der Beerdigung hatte ich den Eindruck, als wolle er mit seinen Verwandten und den Verwandten seiner Frau nichts mehr zu tun haben. Im Pflegeheim, das nicht besonders gut, aber auch nicht schlecht ist, war meine erste Sorge, als ich von seiner Einweisung erfuhr, daß ihn niemand besuchte. Am Telefon ist er immer sehr kurz angebunden. Er geht fest davon aus, daß er völlig vergessen ist.«

Mit seinem Urteil über die Aussichtslosigkeit des Sozialismus und über die Vitalität des Kapitals hat Wolfgang Pohrt recht behalten, auch, wenn niemand das hören will.

Zur digitalen Religion

Im Koalitionsvertrag, auf dem die deutsche Regierung seit 2018 beruht, kommt das Wort *Digitalisierung* dreiundneunzig-, das Adjektiv *digital* hundertachtundvierzigmal vor. Eine magische Vokabel. Sie durchdringt den europäischen Binnenmarkt, die öffentliche Verwaltung, die Polizei, das Zahnbonusheft und gilt als Schlüsselkompetenz für alle Altersgruppen, vom Kindergarten bis zur Universität. Auch die Einrichtung einer neuen Position wurde im Zuge der Digitalisierung vereinbart. Die »Staatsministerin für Digitales« hat zwar kein eigenes Ressort, aber sie soll die Nation in die »digitale Champions League« führen. »Wir wollen unser Land in allen Bereichen zu einem starken Digitalland entwickeln«, verspricht die Koalition. In ihrer Regierungserklärung drohte Frau Merkel: »Was immer digitalisiert werden kann, wird digitalisiert werden.«

Ob die Politiker wissen, was mit diesen Beschwörungen gemeint ist? Handelt es sich um eine Drohung oder um das Hissen einer weißen Flagge zum Zeichen der Kapitulation vor dem amerikanischen Oligopol?

Ulrich Raulff hat sich vor ein paar Jahren in einem eindrucksvollen Buch von den Pferden verabschiedet: *Das letzte Jahrhundert der Pferde. Geschichte einer Trennung.*

Zwar ist dieses Tier aus dem Alltag verschwunden, doch ist es in Europa und anderswo zu einem Luxusgeschöpf geworden. Angeblich interessieren sich elf Millionen Deutsche für diese Tiere. Fast alle Reiter unter vierzehn Jahren sind weiblich. Es gibt eine Flut von Zeitschriften, die sich ausschließlich mit dem Pferd beschäftigen: *Mein Pferd, ReiterRevue, Equus, Cavallo, Natural Horse* und so immer weiter.

Überall gibt es Reitschulen und Ponyhöfe. Mädchen sind offenbar besonders anfällig. Eine ganze Industrie liefert ihnen Plakate, mit denen sie ihr Zimmer schmücken, Zubehör und modische Kostüme.

Es fällt mir auf, daß die deutsche Sprache diesen Begleiter

des Menschen um so eifriger bewahrt, je weniger er gebraucht wird. Der Traktor ersetzt das Zugpferd, das Auto die Kutsche, der Panzer die Kavallerie. Aber nach wie vor heißt es im Jargon der Politiker, Roß und Reiter müßten unbedingt genannt werden. Ein Steigbügelhalter werde benötigt, um jemandem in den Sattel zu helfen. Getadelt wird der Heißsporn. Dabei darf man das Pferd natürlich nicht von hinten aufzäumen. Die Zügel müßten angezogen werden, und jeder Kandidat scharre bereits mit den Hufen. Man wird eingespannt, man vergaloppiert sich, man wird an die Kandare genommen und schaut dem geschenkten Gaul nicht ins Maul. Der geht mit ihm durch. Man wird aus dem Sattel geworfen und kann auch, wenn nötig, umsatteln. Beliebt ist auch die Troika, besonders bei den Russen. Fußballer freuen sich auf ihr Lokalderby, Schachfreunde üben den Rösselsprung, und die neidische Frau ist stutenbissig. Die Liste solcher Redewendungen ist unerschöpflich.

Das Pferd ist entbehrlich, aber wir führen es immer noch im Munde.

Idiomatisch, was soll das heißen? Redensarten oder Idiome sind rätselhaft. Die Aufgabe, sie zu entschlüsseln, hat viele Linguisten zur Verzweiflung gebracht. Obwohl wahrscheinlich viele Deutsche wissen, was *salbadern* bedeutet, und obwohl es nicht an Politikern, Aufpassern und Moderatoren fehlt, die diese Kunst beherrschen, weiß niemand, woher diese Vokabel kommt.

Glücklicherweise gibt es eine reichhaltige Literatur, die deutsche Redensarten verzeichnet und zu erklären versucht. Am einfachsten hält sich der Unkundige an das Stichwort *Redensart* bei Wikipedia, das schon eine erste Handreichung bietet.

Jeder führt solche Sprüche im Munde, wenn ihn etwas nervt: Es geht ihm auf den Keks, auf den Senkel, auf den Zeiger oder auf den Wecker, bringt ihn auf die Palme oder geht ihm gegen den Strich. *Ach und Krach* ist angeblich eine Verkürzung von »Ächzen und Krächzen«, der *Amtsschimmel* eine Verballhornung (!) von *simil*, einem österreichischen Musterformular, das besonders umständlich und für *Paragraphenreiter* geeignet ist und vielleicht mit dem *Faksimile* zusammenhängt. Wer *im Eimer* ist, wird ebenso sorgfältig erläutert, wie wenn jemand *kein Blatt vor den Mund nimmt, nur Bahnhof* oder *nicht die Bohne versteht, kalte Füße bekommt, Dreck am Stecken hat* oder *etwas ausbaden muß. Unter der Gürtellinie* scheint auf *sub cingulo* zurückzugehen, einen kirchenlateinischen Ausdruck für die Genitalien.

Und so immer weiter. Das sind nicht *zwei Paar Schuhe*, es ist ein Regal, in dem Tausende von Schuhwerken Platz finden. Im Jargon der Politiker, die fast immer *um den heißen Brei herumreden*, ist alles *in trockenen Tüchern*. Nur die Journalisten behaupten, wenn sie keine Ahnung haben, das *stehe auf einem anderen Blatt*.

Das Netz hat einen immer größeren Raum im Leben der Gegenwart eingenommen. Je besser jemand *vernetzt* ist, desto größer werden seine Chancen eingeschätzt. Wer das *networking* vernachlässigt, gehört zur Klasse der Verlierer.

Unter dem einsilbigen Wort *Netz* verstehen Heutige nicht etwas, das zur Fischerei gehört, den filigranen Bau der Spinne, ein Flechtwerk aus Bast oder Stroh, sondern das Internet.

Knoten, Schlingen, Weben, Knüpfen und Nähen: Das sind handwerkliche Arbeiten. *Networking* hingegen mag zwar der

Karriere dienlich sein, hat aber mit Arbeit nichts zu tun. Denn die meisten dauerhaften Beziehungen verdanken sich nicht der Anstrengung, sondern dem Zufall der Geburt, dem Ort, der Klasse und anderen unfreiwilligen Gegebenheiten.

In den Nachrichten wird oft ein *Durchbruch* gefeiert, zum Beispiel, wenn es um langwierige Tarifverhandlungen mit einer Gewerkschaft oder um das übliche Berliner oder Brüsseler Gerangel geht. Medizinisch kann das nicht gemeint sein; Ärzte denken eher an einen Magen- oder Zahndurchbruch, Militärs an eine Überwindung der Verteidigungslinien oder einer Blockade. Man kann auch eine Wand durchbrechen oder nach eifrigem Bemühen zum Erfolg kommen. Durchbrüche werden offenbar ebenso gerühmt wie beklagt.

Reißen kann man Witze, eine Latte kann man an sich reißen oder, zum Beispiel, die Führung. Auch aus dem Zusammenhang wird oft etwas oder jemand ins Verderben gerissen. Man kann sich um alles mögliche reißen, hin und her gerissen von etwas Hinreißendem sein. Auch der Geduldsfaden kann einem hungrigen Wolf reißen, und dann ist es um das Schaf geschehen.

Ähnlich geht auch der Reißwolf vor, eine Maschine zur Zerkleinerung von Papier. Es sind die Rezensenten, die sich dieser Metapher bedienen, wenn sie einen Autor zunichte machen wollen. Ein *Verriß* macht ihnen mehr Spaß als ein widerwilliges Lob. Dem Verfasser ist eine stoische Haltung zu empfehlen.

Fallobst

Dritter und letzter Korb

Ja aber – Aber ja

Meditation über ein zweisilbiges Wort

Aber ist nicht so einfach.

Aber ist das überhaupt ein Gedanke,
was dir vorkommt wie eine Idee,
oder nur eine Anwandlung, eine Laune,
ein Wunsch, ein Wahn, eine Träumerei?
»Nah und fern und fern und nah«,
flüchtig wie die Eisblume im Küchenfenster.

Was dir durch den Kopf rauscht,
ist formlos und nicht zu fassen.
Du spinnst wie Arachne, mein Lieber,
und von Glück kannst du sagen,
wenn es dir wenigstens gelingt,
eine Stubenfliege zu fangen.

Es waren einmal zwei eigenartige Personen, bei denen man nie wußte, ob das, was sie sagten, wahr oder aus der Luft gegriffen war. Ihre Geschichte spielt in der Gegenwart.

Viola, eine erotisch völlig unbefangene Frau, die aus einer aristokratischen spanischen Familie stammt, die ihre Güter und das Schloß schon lange verloren hat, angeblich durch Erbstreitigkeiten und Intrigen der Kirche und der lokalen Mafia; nur eine heruntergekommene Burgruine ist noch übrig, die Viola sich angeeignet hat. Nur ihr alter, verwitweter Vater hat noch eine Art Beruf; er verdient Geld, indem er Filmproduzenten bei der Motivsuche zur Hand geht. Die Familie ist weit verzweigt. Ein Cousin ist Intendant eines Opernhauses in der Provinz, ein anderer hat es in ein Ministerium geschafft und verfügt über politische Verbindungen.

Viola spricht und schreibt mehrere Fremdsprachen, auch Deutsch, Englisch, Französisch und Italienisch. Sie liest viel und hat in entlegenen Zeitschriften einiges veröffentlicht. Sie ist auch als Übersetzerin tätig.

Wenn man ihr glaubt, hat sie abenteuerliche Affären erlebt. Mit ihren Vettern, mit jüdischen Gelehrten, kunstsammelnden Milliardären in New York steht sie auf bestem Fuß. Gerüchte besagen, sie habe sich sogar mit einem antisemitischen Diktator aus der arabischen Welt eingelassen.

Unserem männlichen Protagonisten begegnet sie zufällig auf einer Auktion in Berlin, wo er eine seltene französische Erstausgabe aus den zwanziger Jahren ersteigert. Albert, so heißt er, ist ein magerer, zurückhaltender, in sich gekehrter Vierziger, der bisher wenig Glück mit den Frauen hatte. Seine erste Ehe, aus der er zwei Töchter hat, ist gescheitert. Seitdem führt er ein ziemlich einsames Dasein.

Er ist von Deklassierungsängsten geplagt, obschon er sehr gut von den obskuren Finanzgeschäften einer Berliner »Venture-Firma« in Moabit lebt, für die er im Hinterzimmer die Beteiligungsverträge abschließt. Er ist unentbehrlich, weil die Clique nichts anderes im Sinn hat, als neue wohlhabende Kunden anzuwerben. Diese Leute interessieren sich nur für ihre Ausschüttungen, lesen keine Bücher und sind völlig amusisch. Sie dulden diesen Sonderling, weil sie ihn brauchen.

Albert hortet seine Boni, weil er an einer Form von Verfolgungswahn leidet. Das hängt mit der Geschichte seiner Eltern zusammen, die früh verstorben sind. Seine Mutter kam aus Polen. Der Vater hatte als »Halbjude«, so hieß das während der Naziherrschaft, in einem Versteck Krieg und Verfolgung überlebt.

Albert identifiziert sich mit dem Schicksal der beiden, obwohl ihm nie Gefahr drohte. Er hat sich mehrere Pässe verschafft; neben der deutschen besitzt er die amerikanische Staatsbürgerschaft. Einen Wohnsitz in den Vereinigten Staaten hat er nicht.

Er neigt zur Panik. Er fürchtet, daß ihm, wie den Eltern, eines Tages alles geraubt werden könnte, woran er hängt, selbst die Schätze, die er in seiner weitläufigen Charlottenburger Wohnung aufgehäuft hat. Eigentlich wollte er Künstler werden. Eine zweite Ehe einzugehen, wagt er nicht. Dabei ist er ein guter Vater, kümmert sich um seine schwierigen Töchter und versorgt sie ebenso wie seine erste Ehefrau. Doch ist er fest entschlossen, an seinen Junggesellengewohnheiten festzuhalten.

Seit seiner Begegnung mit Viola hat sich sein Leben ganz verändert. Es war ein zufälliges Treffen: den Anlaß führte ein Bietergefecht auf der Berliner Bücherauktion herbei.

Nur weil die Spanierin nicht genug Geld dabei – und keinen Kredit hat, endet es mit Alberts Sieg; er kauft das umstrittene Stück.

Vor ihrer animalischen Schönheit erschrickt er. Aber sie schließt sich ihm an, begleitet ihn in die mit Bücherregalen und Bildern gefüllte Wohnung und läßt sich, ohne zu fragen, bei ihm nieder.

Schon an diesem ersten Abend gelingt es ihr, ihn zu verführen. Ganz von ihren Erzählungen betäubt und wehrlos ihrer Hingabe ausgeliefert, nistet sich die Besucherin in seiner Bleibe ein. Es kommt zu einer leidenschaftlichen Affäre, auf die er nicht gefaßt ist und die ihn verwirrt.

Immer wieder beschleicht ihn der Verdacht, daß sie lügt. Ihre Abenteuer klingen so unwahrscheinlich, daß er anfängt, Nachforschungen über sie anzustellen. Ein Psychiater, den er kennt, diagnostiziert bei seiner Geliebten einen klaren Fall von »pseudologia phantastica«.

Albert versteht nicht, was damit gemeint ist. Das sei, einem Gewährsmann namens Delbrück zufolge, »ein unwiderstehlicher Drang zu fiktiven Erlebnissen und Erinnerungen«. Mit anderen Worten, Viola ist eine Mythomanin. Er rät ihm, sich um eine Psychoanalyse für seine Freundin zu bemühen.

Albert kommt die Vorstellung, Viola einer Therapie auszuliefern, lächerlich vor. Wenn jemand hilfsbedürftig ist, denkt er, dann bin ich es und nicht sie. Er weiß, daß diese Frau förmlich bebt vor Unternehmungslust und Energie.

Wie abwegig sein Argwohn war, stellt sich bald heraus. Bei einem Abendessen zitiert sie auswendig ganze Suren aus dem Koran. Sie vertraut ihm an, ein Scheich aus den Emiraten habe sie eingeladen und werde sie, wenn sie wolle, mit einem Privatflugzeug in Berlin abholen.

Das hält er so lange für eine ihrer typischen Legenden, bis sie eines Tages ihre Koffer packt und zum Flughafen fährt. Sie verschwindet ohne Ankündigung, ohne Abschiedsbrief und ohne eine Adresse zu hinterlassen. Von dieser Kränkung erholt sich Albert lange nicht.

Er nimmt seine diskreten Junggesellengewohnheiten wieder auf. Niemand nimmt Notiz von seiner Enttäuschung. Er kümmert sich um seine Sammlungen und seine Töchter und verdient viel Geld.

Nur ist auch bei ihm, dem verlassenen Liebhaber, nicht alles so, wie es scheint. Seine Angst davor, daß ihm von irgendeiner Seite künftiges Unheil droht, ist kein bloßer Wahn. Albert hat zur Sicherheit einen zweistelligen Millionenbetrag im Ausland gebunkert. Als die Moabiter Firma in Liquiditätsschwierigkeiten gerät und einige ihrer Partner zu Gefängnisstrafen und zu hohen Schadenersatzzahlungen verurteilt werden, ist der Unentbehrliche im Hinterzimmer, weil er so unwichtig ist und nie eine Partnerschaft angestrebt hat, zwar ungeschoren davongekommen. Aber der Neid seiner Kollegen sorgt dafür, daß die Steuerfahnder aus Deutschland, der Schweiz und den USA ihm die Hölle heiß machen.

Die Verfolgung, die er befürchtet, ist endlich eingetreten.

Er verliert alles, was er hatte, seine große Wohnung in Charlottenburg, ein Ferienhaus und seine Sammlungen, sogar die seltene französische Erstausgabe, die der Anlaß zu seiner Begegnung mit Viola gewesen war.

Albert hat kein Geld mehr. Er muß Möbel, ein paar Erbstükke und Bilder verkaufen, die er gerettet hat, um die Miete für seine Zweieinhalbzimmerwohnung in Reinickendorf zu bezahlen. Er ist betrübt, aber nicht verzweifelt.

Die Bundesrepublik kann sich ihrer Einwohnermeldeämter und Anmeldeformulare bei Umzügen rühmen. Das erklärt, warum es Viola gelingt, seine Adresse ausfindig zu machen. Sie nähert sich, wie er, inzwischen den Siebzigern. Nirgendwo hat sie es auf die Dauer ausgehalten, weder auf ihrer spanischen Burgruine noch in Indien oder New York.

Als sie an seine Tür in Reinickendorf klopft, ist er genauso überrascht wie beim ersten Mal. Sie sieht immer noch gut aus, denkt er, als er seine Fassung wiedererlangt. Er nimmt ihr den mit vielen Hotelzetteln beklebten altmodischen Koffer ab. Ein kleiner Stein fällt ihm vom Herzen. Er bietet ihr den einzigen verbliebenen Klubsessel an und ein Glas vom Chianti aus dem Supermarkt.

Fortan leben die beiden zufrieden und ohne Abenteuer in

einer Art Idylle, die sie früher für unvorstellbar gehalten haben. Jeder kennt die Geschichten des anderen, und deshalb ist es nicht nötig, sie zu wiederholen. Was ihnen auf ihre alten Tage blüht, ist ein

Happy End

Gut, daß wir die ekelerregende Postmoderne hinter uns haben, eine ansteckende Krankheit, von der auch viele ansonsten zurechnungsfähige Personen befallen waren. Diese Seuche erreichte ihren Höhepunkt in den sechziger Jahren des zwanzigsten Jahrhunderts. Besonders betroffen waren die Vereinigten Staaten von Amerika. Die Markennamen, unter denen sie in Verkehr gebracht wurde, waren *Beat* oder *Beatnik*, *Hipster*, *Underground*, *City Lights*, *Big Sur*, Avantgarde und so weiter. Auch das Happening, die Installation und die *Coolness* tauchten damals schon auf. Plakate und Schallplattenhüllen waren psychedelisch. Ohne Hermann Hesses Indien durchzukommen war nicht möglich, wenn man sich nicht als *square* entlarven wollte. Karma und Dharma, Zen und Gurus gehörten zur Grundausstattung.

Der reichlich unintelligente Jack Kerouac wurde von Ginsberg zum »neuen Buddha der amerikanischen Prosa« gekürt, »der seine Intelligenz in zwölf Bücher schleuderte« und »eine spontane Pop-Prosodie schuf wie eine einzigartige, vollendete Literatur«. Donald Barthelme erlebte eine kurze Saison mit seinen hysterischen und unlesbaren Storys, die von den tonangebenden Zeitschriften gepriesen wurden.

In den Schatten wurden diese Genies durch William Burroughs gestellt, dessen *Naked Lunch* die biedere *Saturday Review* als »authentic literary masterpiece« vorstellte: »He is a writer of great power and artistic integrity engaged in a profoundly meaningful search for true values.« Auch Robert Lowell und Norman Mailer waren hingerissen: »I think that Burroughs is the only American novelist living today who may conceivably be possessed by genius.«

Sonderbar muten die streberhaften Ambitionen dieser durch Drogen zugedröhnten Verfasser an. Sie hatten die übliche Karriere als Nachtwächter, Tellerwäscher und Dealer hinter sich, beteten Kokain, Morphium und LSD an und beriefen sich auf Dada und die Pariser Surrealisten, die wahrlich nichts dafür konnten.

Etwas Ambitioniertes hatten sie gemeinsam. »Excelsior« war ihre Parole; sie ahnten wohl nicht, daß sie ausgerechnet Longfellow nachahmten, dessen Held 1842 ein Banner mit dieser Losung vor sich hertrug und unbedingt nach oben und empor wollte.

Kerouac nannte Burroughs »den größten Satiriker seit Jonathan Swift«, und andere Kritiker verglichen ihn mit Dante. Das alles hat nichts geholfen. Heute wirken diese Dichter wie bizarre Relikte aus einer amerikanischen Neurose, die durch den Triumph eines unzurechnungsfähigen Präsidenten nicht geheilt, sondern akut geworden ist.

Das Werk der amerikanischen Künstlerin C. Sherman ist Plastikmüll, der so teuer wie möglich verkauft wird.

Alle Kriege, Bürgerkriege, Revolutionen, Hungersnöte, den Terror, die Säuberungen, Siege und Niederlagen des Zaren- und des Sowjetreiches hat die Vorstellung, daß es überflüssige Menschen gibt, überlebt, obwohl es die Klasse, die sie hervorbrachte, längst nicht mehr gibt. Dieser zähe Anachronismus scheint in der kollektiven Psyche der Russen tief verwurzelt zu sein. Von der Idee der Gegenwart, daß die ganze Menschheit entbehrlich sein könnte, nimmt das russische Volk jedoch keine Notiz.

Die Physiker sprechen, glaube ich, oft vom Dritten Hauptsatz der Thermodynamik. Dagegen erwähnen die Ökonomen selten den Ersten Hauptsatz ihrer Wissenschaft. Er lautet: Verschlinge, damit du nicht verschlungen wirst. Sie drücken das in ihrem Jargon anders aus und reden von Fusion, Kapitalkonzentration, *Mergers and Acquisitions* und so weiter. Ich bezweifle, daß sie einen zweiten oder dritten Hauptsatz kennen.

Wie viele Kräfte es gibt, ist kaum zu glauben. Die einen sorgen für den Einsatz, die anderen für den Service, die Rettung oder die Pflege. Am gefährlichsten ist es, den Sicherheitskräften in die Hände zu fallen. Die sind die brutalsten.

Der Geschäftsführer einer Hilfsorganisation ist mit dem Schriftsteller Ilja Trojanow letztes Jahr durch vier Kontinente gereist, von Brüssel nach Sierra Leone, von Frankfurt nach Guatemala und von Berlin nach Pakistan, um herauszufinden, »wie sich ›Hilfe‹ in Zeiten ihrer wachsenden Notwendigkeit und Dringlichkeit entwickelt«. Die Hilfe steht in Anführungszeichen.

Was du für mich tust, aber ohne mich, das tust du gegen mich, heißt es in einem afrikanischen Sprichwort. Die Dilemmata, die solche Reisenden mit quälender Genauigkeit beschreiben, habe ein Aktivist in der mexikanischen Lieblingsregion der europäischen Linken, in Chiapas, auf den Punkt gebracht. Er sagte: »Helfen? Nein. Gemeinsam kämpfen? Ja!«

Ob das mit solchen Inspektionsfahrten getan ist?

Meinetwegen
macht ruhig so weiter.
Aber ohne mich.
Wozu das Ganze?
Habt ihr vergessen,
was das heißt: hanebüchen?
»Abwegig, haarsträubend,
sinnlos«, weil das Holz
der Hainbuche krumm ist
und weil man daraus
nie etwas zustande bringt,
was vernünftig wäre.

Das *ifa* ist eine der zähesten und entbehrlichsten Einrichtungen Deutschlands. Hinter der Abkürzung verbirgt sich das Institut für Auslandsbeziehungen in Stuttgart und Berlin.

Gegründet 1917 als »Institut zur Kunde des Auslandsdeutschtums und zur Förderung deutscher Interessen im Ausland«, im selben Jahr umbenannt in DAI, soll heißen Deutsches Ausland-Institut. In der Weimarer Republik gab es bereits einen Generalsekretär, Fachabteilungen, ein Archiv, eine Bibliothek, ein Rundfunkstudio und eine Zeitschrift, den *Auslandsdeutschen*. Ein eigenes Haus gab es auch, das »Haus des Deutschtums«. 1933 überlebte diese Institution unter der Obhut der NSDAP, des Propagandaministeriums und der Gestapo und kümmerte sich um Umsiedlungen und Deportationen.

Die Neugründung von 1949 beweist, daß solche Institutionen nicht abgeschafft werden können. Man braucht sie nur umzubenennen. Das *ifa* mußte sich in der Bundesrepublik der Konkurrenz des Goethe-Instituts erwehren, das mehr Geld bekam und prestigeträchtiger war, während der ältere Laden sich mit dem althergebrachten Wischiwaschi begnügte, ohne auf seine Vergangenheit zurückzukommen: den »Dialog zwischen den Kulturen«, die »zivile Konfliktbearbeitung *zivik*«, das »*Cross Culture*-Programm«, die Kunst- und Friedensförderung, die »Stärkung des europäischen Einigungsprozesses«, die Zeitschrift *Kulturaustausch* »für internationale Perspektiven«, das *Lunic*-Jahrbuch, den *Wika*-Report und so immer munter weiter mit der eigenen Überflüssigkeit. Der Status einer Körperschaft wurde dem *ifa* zwar 1997 aberkannt, aber keine Sorge! Es gilt seither als eingetragener Verein, der »Kulturen verbindet«, doch die Planstellen sind nicht gefährdet, die Subventionen fließen, das Notwendigste ist vorhanden: ein Präsident, ein Präsidium, eine Mitgliederversammlung und ein Generalsekretariat.

Aus August Strindbergs erstem Blå bok, Stockholm 1907

Lotungen im Luftmeer: »10 000 Meter, oder eine neue Meile, das ist die oberste Grenze, die wir ungestraft erreichen können! Mehr wissen wir nicht!«

Beständige Wolkenformen: »Die Alpen gleichen den Wolken, und gewisse Wolken gleichen den Alpen; die Kontur eines Laubwaldes gleicht einer grünen Wolke, und die Haufenwolke gleicht einem weißen Laubwald, und dem ist so, weil alles Erschaffene einem Erschaffenen entspricht, so auch das Niedere dem Höhern.«

Das Gehirn und die Walnuß: »Wenn man eine geöffnete

Walnuß zuerst ganz obenhin betrachtete, so wird man finden, daß sie zwei Gehirnen gleicht.«

Das erinnert an Okens Theorie, daß der Mensch eine Symbiose von zwei verschiedenen Wesen ist: »ein Gehirntier und ein Geschlechtstier, ineinandergeschoben wie zwei Röhren, wie die Rohre eines Teleskops«.

Ein geübter psychologischer Fachmann würde bei Strindberg einen klassischen Beziehungswahn diagnostizieren.

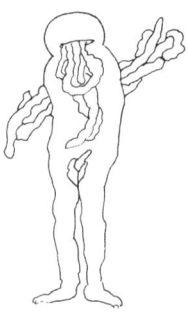

Selber machen! Nur her mit dem Zeug. Das werden wir gleich haben!

Wie hemmungslos wir damals waren! Jeder hat am *Kursbuch* mitredigiert, die Sätze linker Mitarbeiter ins Deutsche übersetzt und sich Kärrnerarbeiten aufgehalst. Auch ich habe das nicht abgelehnt. Alles mögliche habe ich ins Deutsche gebracht, oft mit einem Pseudonym, damit es nicht auffiel, wie viele Seiten im Heft dieser fleißige Herausgeber gefüllt hatte:

Interviews mit Sartre, Geschichten und Gedichte von Lars Gustafsson und Eduardo Sanguinetti, etwas von Strindberg, Carlo Emilio Gadda oder von Lawrence Ferlinghetti, notfalls kleine Abhandlungen über Sprachphilosophie und wunderbare Fundstücke aus dem *Codex florentinus*. Ich war so dreist,

336

zwei Gedichte von Welimir Chlebnikow aus seinem irren Russisch zu übersetzen, obwohl mein Russisch nur dazu reichte, mit einem Taxifahrer zu feilschen: den »Kranich« und die »Beschwörung durch Lachen«; und im *Kursbuch* 9 stoppelte ich, als hätte ich 1967 nichts Besseres zu tun gehabt, ein Dossier über »Kronstadt 1921 oder die Dritte Revolution« zusammen. Das hat mich in Moskau verdächtig gemacht und mir allerhand Visa-Probleme eingebracht.

Heute bin ich, wie die meisten Deutschen, sobald sie das gesetzliche Rentenalter erreicht haben, zu faul für solche Arbeiten.

»»In meiner Jugend las ich über einen Engländer, der sich erschoß, weil es so beschwerlich war zu leben. Er hatte nämlich die Knöpfe gezählt, die zweimal am Tag auf- und zugeknöpft werden mußten. In der Unterwäsche ein halbes Dutzend, im gestärkten Hemd ein halbes Dutzend, in Kragen und Manschetten ein halbes Dutzend, in Weste, Hose und Jacke samt Überzieher ein Dutzend, in Stiefeln, Gamaschen und Handschuhen zwei Dutzend. Wenn er ausreiten wollte, mußte er sich umziehen, zum Essen sowieso und auch für den Abend.

In dieser Mühe liegt jedoch die nackte Wahrheit. Das Leben ist so beschwerlich geworden, und der halbe Tag geht für Quatsch drauf: unnötige Besuche, Telefonate, Briefe über nichts, Zeitunglesen, vor allem die Toilette, die von einem kleidsamen Mantel mit einem Strick zu einem Geschirr entwickelt worden ist, mit Knöpfen, Ösen, Haken, Schnüren, Riemen, Bändern, Nadeln, Schließen, Schnallen.‹

Jeder fühlende Mensch, der diese Aufzählung liest, wird August Strindberg zustimmen. Aber wie gewöhnlich bei diesem Autor verdirbt er diese einleuchtende Bemerkung, indem er über

Museen, Theater, Buchhandlungen und Kneipen schimpft und unter Berufung auf Rousseau, diesen Lügner, ein Lob des unverfälschten Landlebens anstimmt, statt über die tyrannischen Modepäpste, -fabrikanten und Designer à la Lagerfeld herzuziehen, die uns mit ihren blödsinnigen ›Kreationen‹ und ›Kollektionen‹ plagen.«

Strindbergs Blaues Buch, ausgewählt, übersetzt
und kommentiert von Angelika Gundlach,
Frankfurt am Main 2005

Nächstes Projekt des Gütersloher Bertelsmann-Kraken ist es, den altehrwürdigen Penguin-Verlag auch in Deutschland zu kastrieren. Der berüchtigte Feind des Buchhandels kontrolliert ja bereits ein paar Dutzende von »*lmprints*« unter dem Namen der Konzernmutter Random House.

Die alten Hilfsarbeiter der Kapitalkonzentration haben sich alle unter dem Banner Bertelsmann versammelt, um den letzten verbliebenen unabhängigen Verlagen das Leben schwerzumachen.

Im programmatischen Editorial ist der Name des berühmten Erfinders und Gründers von Penguin, Sir Allen Lane, bezeichnenderweise falsch geschrieben. Oliver Jungen sagt in der *Frankfurter Allgemeinen Zeitung*: »Ein solches Ende hat der ehrwürdige Wasservogel nicht verdient.«

Jeder, der vor sich den Bildschirm eines Rechners hat, kennt die Wutausbrüche über die Dummheit dieses Geräts, seiner Programmierer und der Oligopole, die den Weltmarkt beherrschen und ohne Rücksicht auf den sogenannten *User* alle Jahre wieder ihre Betriebssysteme ändern, um ihre Billionengewinne zu steigern. *Updates* und Verbesserungen jede Woche, die meist Verschlimmerungen sind und immer neue Zertifikate, Zugangshürden und Kennwörter von einem fordern.

Sinnlos sind auch die zahlreichen »Formatierungen«, die »Formatvorlagen« und die »erweiterte Formatierung«. Was eine Steuerelement-*Toolbox*, ein *Visual Basic Editor* oder ein *Frame* ist, weiß im Zweifelsfalle nur der Programmierer. Ganz besondere Leckerbissen sind die »Japanischen Grußformeln« und die ebendort benötigte »Konsistenzüberprüfung«.

Eurozentrismus kann man der Firma Microsoft also nicht vorwerfen. Für chinesische, japanische und indische Schriftzeichen ist gesorgt, und sogar für die mongolischen, burmesischen und thailändischen Schreiber ist ein Eckchen frei.

Im Word-Programm gibt es eine Menge von Schriftschnitten, von denen die meisten nie benützt werden. Sie zu entfernen ist schwierig oder ganz unmöglich, weil sie fest installiert sind.

Zwar gibt es auch Klassiker wie die Garamond, die Baskerville, Bodoni, Paladino, die Gill und die Times New Roman, mit allen Varianten von Fett, Semi Bold, Kursiv, Light, Semi Light, Condensed, Semi Condensed und so weiter. Wer danach sucht, wird sogar Frakturschriften wie die Schwabacher finden. Aber ohne den völlig überflüssigen »Designer«-Schwachsinn und ohne *Wing-*, *Webdings* und *Emoji* geht es nicht.

Zwar gibt es im Menü ein Omega-Zeichen, mit dem man das @, €, $, das griechische und kyrillische Alphabet, das Copyright-Symbol © und andere gewöhnliche Schriftzeichen in jedes Wort-Dokument bringen kann.

Aber der wahre Jakob ist das nicht. Wohl dem, der die Zahlentabelle gefunden hat. Sie ist gut versteckt. Dort gibt es Unterscheidungen, die so subtil sind, daß man sich an den Kopf greift.

Wer von uns kann den weichen Bindestrich, Geviertstrich, den Halbgeviertstrich, den Bindestrich-Minus und den Unterstrich auf Anhieb voneinander unterscheiden? Was ist das geschützte Leerzeichen? Oder das Nummernsymbol #, das erst von den Musikern und dann von den blöden amerikanischen *Hashtag*-Nutzern enteignet worden ist?

Für die Ukrainer steht eine Reihe von Buchstaben zur Verfügung, die offenbar *dje, lje, kje, dzhe* und *tshe* bedeuten sollen. Andere bevorzugen Buchstaben wie das *Eth*, das *Thorn*, das *Eng* und das *Kra* oder Ligaturen wie das æ, œ oder ij. Der Phantasie sind keine Grenzen gesetzt. Ein invertiertes Ausrufe- und Fragezeichen ist in Spanien üblich, und mit der Tilde wird im Portugiesischen verschwenderisch umgegangen.

Manche wollen unbedingt einen kleinen Ring über dem a oder einen Querstrich durch das o haben, andere haben eine Vorliebe für die Cedille. Die Deutschen lieben ihre Umlaute, und die Polen setzen kleine Pünktchen und Häkchen dorthin, wo immer es ihnen paßt.

Deshalb ist die Zeichentabelle so endlos. Dort kann auch der Laie begreifen, was ein *Macron*, ein *Caron*, ein *Pilcrow* und ein *Ogonek* ist, von den mathematischen Symbolen ganz zu schweigen. Es gibt unter ihnen sogar ein Nicht-Zeichen. Wem das immer noch nicht reicht, der hat die Wahl zwischen verschiedenen Zeichencodes: ASCII (dezimal), ASCII (hex) und *Unicode* (hex).

Am liebsten möchte ich den Rechner sofort aus dem Fenster werfen, wenn ich ihn nicht täglich brauchte.

Pohrt war ein Störenfried, der selbst unter einer Störung litt. Seine Krankheit war der deutsche Selbsthaß, eine lästige und hochneurotische Erscheinung, die ihn jedoch zu richtigen Erkenntnissen und Analysen inspiriert hat. 1987 verabschiedete er sich in Amsterdam mit folgenden Worten:

»Mein Fachgebiet ist die Kritik an den sozialen gesellschaftlichen Verhältnissen, die nichts taugen. Wenn die Deutschen zur Vernunft kommen, bin ich arbeitslos.«

Seitdem fällt er dadurch auf, daß er schweigt.

Der deutsche Selbsthaß ist verständlicher als der jüdische. In seiner heutigen Form beruht er auf den Verbrechen, die das Land seit 1933 begangen hat. Er äußert sich als Antithese zur Deutschtümelei und hat sich vor allem nach der Auflösung der DDR ausgebreitet mit Parolen wie »Nie wieder Deutschland!« und »Patriotismus? Nein, danke!«. Die »Antideutschen« nisteten sich beim fundamentalistischen Flügel der Grünen und bei der sogenannten ANTIFA ein. Manche von ihnen sahen nach der Weltmeisterschaft von 2006 bereits das »Vierte Reich« kommen. Eine Hamburger Punker-Gruppe, die sich selbst *Slime* nennt, sang aus vollem Halse: »Deutschland muß sterben, damit wir leben können.«

Doch die Ursprünge der Abneigung der Deutschen gegenüber sich selbst sind unschuldiger und reichen viel weiter zurück. Die Bemerkungen Lichtenbergs, Goethes und Börnes über ihre Landsleute sind nicht nur ungnädig, sondern gnadenlos.

Seitdem hat sich der deutsche Selbsthaß immer weiter radikalisiert. Heute ist er nur die Kehrseite des deutschen Hochmuts, eine hysterische Form des inversen Rassismus. Selbst

Schriftsteller wie Heinrich Mann mit dem *Untertan*, Walter Benjamin, Alfred Andersch, W. G. Sebald und Wolfgang Pohrt haben sich mit dieser Neurose angesteckt.

Jeder bildet sich ein, daß er einem auserwählten Volk angehört. Das ist mitnichten nur eine jüdische Illusion.

Die Franzosen sind eine besonders große Nation, deutsch sein heißt treu sein und eine Sache um ihrer selbst willen tun, Amerika ist *God's own Country* und kommt immer *first*, China ist das Reich der Mitte, und so weiter und so fort.

Andere Stämme sind stumm, weil sie der Sprache der Einheimischen nicht mächtig sind. (Das geläufige russische Wort für die Deutschen, *nemetskiy*, bedeutet soviel wie »die Sprachlosen«.) In anderen Idiomen sind die anderen Ungläubige oder Barbaren, die ohne die Segnungen der Zivilisation auskommen müssen.

An den meisten Selbstbezeichnungen fällt auf, wie schmeichelhaft sie sind.

Früher haben sich die Beichtväter kürzer und eleganter ausgedrückt, um etwas unter dem Siegel der Verschwiegenheit zu bergen. Sie sagten einfach, das Gesagte und Gehörte sei *sub rosa*.

Die in unseren Breiten übliche Ansicht, der Urlaub sei ein Menschenrecht und stehe jedem zu, ist abwegig. Denn von 7,7 Milliarden Leuten, die auf der Erde leben, nimmt nur ein winziger Bruchteil dieses Recht in Anspruch. In den meisten Ländern sind Urlaubsregelungen und Tarifverträge weder gesetzlich vorgeschrieben noch praktikabel.

Deshalb beschränkt sich die pathologische Mobilität der Geschäfts- und Freizeitreisenden auf eine kleine Minderheit, obwohl die Flughäfen aus allen Nähten platzen und der Tourismus eine Industrie ist, die von einem Jahresrekord zum nächsten eilt und verheerende Auswirkungen auf überlaufene Orte und die Umwelt hat.

Eine besonders kriminelle Energie zeichnet die Kreuzschifffahrt aus. Mit ihren Steigerungsraten ruiniert sie nicht nur die Städte, die sie anläuft, sie verpestet auch die Meere.

Die Idee, jeder, der Geld hat, dürfe sich beliebig oft und weit bewegen, ist anachronistisch und stößt auf Grenzen, die auf die Dauer unüberwindlich sind.

Die notwendigen Verbote und Einschränkungen sind jedoch unpopulär und politisch nicht durchzusetzen.

Für den normalen Urlauber aus den amerikanischen, asiatischen und europäischen Gegenden wird es ein schmerzliches Erwachen aus seinen Träumen geben. Solange die elektronischen Gerätschaften funktionieren, können virtuelle Reisen im Sessel die physische Mobilität ersetzen; aber das ist ein schwacher Trost.

Unabhängigkeit ist ein hohes und seltenes Gut, das aber nur in Maßen zu erreichen ist. Ganz und gar unabhängig zu sein wäre auch niemandem zu wünschen. *No man is an island.* John

Donne hat nur am lapidarsten ausgedrückt, was alle wissen: daß jeder zuerst von seinen Eltern abhängt, von Familie und Clan, später von denen, die er liebt, von Freundin oder Frau, Freund oder Mann. Von Lehrern und Meistern, Förderern, Gönnern, und manchmal sogar von seinen Feinden.

Am besten bekommt uns die Unabhängigkeit von Vorgesetzten, Parteien und Organisationen, die ferne von der Macht und, womöglich, vom Staat sind.

In Venezuela, sagt der Internationale Währungsfonds, wird die Inflation in diesem Jahr auf eine Million Prozent steigen. Ein Dollar kostet heute auf dem Schwarzmarkt bereits 3,6 Millionen Bolivares.

Die einzigen Exporteinnahmen kommen aus der Ölausfuhr, aber die Förderung hat sich seit 2013 halbiert und wird weiter sinken, weil die Leute, die sich darauf verstehen, ausgewandert sind, weil die Regierungspartei korrupt ist und weil seit Chavez nichts in die Ölindustrie investiert wurde.

Zwei Drittel der Venezolaner leben von Zuwendungen der Regierung. Die bekommt aber nur, wer einen »Vaterlandsausweis«, das *Carnet de la Patria*, hat. Diese Zahlungen werden nicht bar, sondern nur elektronisch abgewickelt, weil die Notenbank mit dem Druck von Banknoten gar nicht nachkommt. Das Land erlebt die erste bargeldlose Hyperinflation der Geschichte.

Wer Dollars oder Devisen aus Konten im Ausland besitzt, und das ist das reichste Zehntel der Einwohner, kann gut und sogar im Luxus leben.

Mehr als eineinhalb Millionen Venezolaner sind aus dem Land geflohen. Alle anderen sind damit beschäftigt, das Nötigste zu beschaffen, um zu überleben. Zur Opposition gegen die Einheitspartei fehlte ihnen die Kraft.

Das ist nicht der erste, aber der neueste Sozialismus zum Abgewöhnen.

Wenn den Finanzastrologen und den Kaffeesatzlesern der Börse ihr Kauderwelsch zum Halse heraushängt, greifen die »Analysten« zu Redewendungen wie den folgenden:

»Das muß sich noch erweisen« – »Das ist schwer zu sagen« – »Es ist unklar, was hier geschehen wird« – »Man fragt sich, was passiert, wenn …« – »Das ist die Frage«.

Die Frage ist eher, warum jemand auf diese Leute hört.

Wer schreibt die Kinder- und Hausmärchen unserer Tage? Es sind nicht die Brüder aus Kassel, es sind die Physiker und Kosmologen. Was haben sie alles ausgesonnen und erfunden! Die CDM zum Beispiel, und das *Xenon Dark Matter*-Projekt, mit dem *Xenonit*, dem größten und empfindlichsten Detektor weltweit zum Aufspüren der Dunklen Materie, mit Hilfe von 1300 Kilogramm flüssigen Xenons, das leider ziemlich teuer ist.

Und weil sie fließend englisch sprechen, haben sie eifrig nach den WIMPs gesucht. Was das ist, weiß doch jeder Leser der Beilage »Natur und Wissenschaft«: die *W*eakly *I*nteracting *M*assive *P*articles. Natürlich kann, weil das Universum, wie das kosmologische Lambda-CDE-Standardmodell besagt, zu 95 Prozent aus Dunkler Materie und Dunkler Energie besteht, für das, was wir messen und begreifen können, nur ein kümmerlicher Rest übrigbleiben.

Leider hat dieses Modell einen kleinen Schönheitsfehler. Sowohl von der Dunklen Materie als auch von der Dunklen Energie fehlt trotz intensiver Suche jede Spur. Sie scheint nur in der Phantasie derer zu existieren, die sie postulieren.

Aber die Konkurrenz schläft nicht. Eine Frankfurter Physikerin und ein amerikanischer Astronom sind beherzt in die Bresche gesprungen und haben den Mond neu erfunden. Selbstverständlich kann es sich dabei nicht um den Erdtrabanten handeln. Das ist schon aus sprachlichen Gründen ausgeschlossen, weil das alternative kosmologische Modell nur englisch spricht. Deshalb muß der Mond umgetauft werden und heißt nun *Modified Newton Dynamics*.

Wie schön, daß sich unsere Zivilisation solche kostspieligen Sperenzchen leisten kann, solange die Drittmittel fließen und die Steuerzahler für die Unterhaltung der Märchenerzähler aufkommen!

»Man denkt immer gleich, man ist süchtig, in einer amerikanischen Zeitung las ich sogar, jede Zigarette verkürze das Leben um sechsunddreißig Minuten. Das glaube ich nicht […]. Auch ein normales Leben führt zu einem kranken Tod«, sagt Gottfried Benn in seinem Gedicht »Restaurant«.

Inzwischen liest man die panische Angst vor dem Ableben nicht mehr nur in amerikanischen Zeitungen; sie hat sich über die ganze Welt ausgebreitet. Wer immer noch raucht, gehört einer verfolgten Minderheit an, deren sich kein Gesetz gegen die Diskriminierung annimmt.

Behinderte, Sinti und Roma, Leute mit anderen als weißen Hautfarben und anderen sexuellen Vorlieben und Cannabis-Anhänger werden überall geschützt. Nur die Freunde des Tabaks nicht.

Eine Liste von Pseudonymen, die wahrscheinlich unvollständig ist:

Andreas Thalmayr heißt ein pensionierter Schullehrer in Südtirol.

Benedikt Pfaff ist Übersetzer.

Elisabeth Ambras, eine Autorin, die so wohlhabend ist, daß sie nur zu ihrem eigenen Vergnügen schreibt, befaßt sich mit erotischen Themen.

Ein Mann namens Bogoljubow Krauthobel hat nichts außer ein paar Zeitungsartikeln verfaßt.

Linda Quilt ist eine Engländerin, von der ein Band mit Erzählungen stammt, das *Unlikely Progeny* heißt.

Serenus M. Brezengang, ein Anagramm, hat zum *Wasserzeichen der Poesie* beigetragen.

Giorgio Pellizzi, 1934 in Sizilien geboren, lebte in Mailand und Amsterdam. Seine Geschichte *Bernie der Milliardenflipper. Ein tragischer Comic aus der Hochfinanz*, gezeichnet von Mali & Werner, ist 1974 im Berliner Rotbuch Verlag erschienen.

Viel spricht dafür, daß man in Deutschland die Verfassung vor dem Verfassungsschutz schützen muß. So verhält es sich auch in den Vereinigten Staaten und in ein paar anderen Ländern, die mit ihnen verbündet sind.

Die meisten Wahrzeichen sind nicht wahr, sondern reine Erfindungen. Es gibt weder ein »Münchner Kindl«, noch ist New York ein großer Apfel. Auch den Eiffelturm wollte in Paris niemand haben; die Leute fanden ihn häßlich, weil er die Silhouette der Stadt verschandle. Der Chinesische Turm im Englischen Garten hat mit China nichts zu tun. Die meisten Sehenswürdigkeiten sind nur für die Touristen da und zieren Ansichtskarten und Aschenbecher.

Furor bedeutet auf lateinisch Wut. Die italienischen Musik- und Theaterliebhaber haben den pejorativen Sinn im 19. Jahrhundert ins Positive gewendet, in der Wendung *far furore*. Die deutschen Nachahmer sagen, wenn sie von jemandem begeistert sind, er mache Furore. Von der Furie ist nur noch die Claque übriggeblieben.

Das Geplapper ist eine liebe Gewohnheit, die von den meisten Menschen geteilt wird. Sie wird früh erworben und ist schon bei Dreijährigen voll entwickelt. Vermutlich dient sie dem Spracherwerb. In der Muttersprache kommt nur ein kleiner Teil der möglichen Phoneme vor. Deshalb muß jedes Kind eine Auswahl treffen, um herauszukriegen, welche Laute seine Umgebung gebraucht und welche zu vermeiden sind.

Im Frühneuhochdeutschen taucht bereits das Verb *blabbern* auf, das »nichtssagendes, lächerliches, unnützes Gerede« bedeutet und bei den Etymologen als lautmalerisch gilt.

Durch den Gebrauch von Mobiltelefonen ist das Geplapper allgegenwärtig geworden.

Kann in meinem Fall von einer Karriere überhaupt die Rede sein? Nie war ich Chef, Vorsitzender, Professor oder der sogenannte Arbeitgeber, der in Wirklichkeit die Arbeit der Angestellten nimmt. Ich bin dankbar dafür, daß ich nie befördert oder entlassen wurde. In meinem Beruf kam ich nicht unter die Räder, weil ich mehr als andere, die begabter waren und verhungert sind, einfach Glück hatte.

Das einzige, was der Entropie einfällt, ist, zu kleckern, zu bröseln, herumzusauen und alles zu einem Eintopf zu vermengen.

Der amerikanische Physiker Peter Woit, ein vernichtender Kritiker der Stringtheorie, veröffentlichte 2006 in New York eine Abhandlung mit dem Titel *Not Even Wrong. The Failure of String Theory*. Er geht dabei auf den österreichischen Wolfgang Pauli zurück, der sich, weil er jüdischer Herkunft war, beizeiten aus Wien zuerst in die Schweiz und dann in die Vereinigten Staaten absetzte. Wegen seiner Leistungen in der Quantenphysik wurde er 1945 mit dem Nobelpreis für Physik ausgezeichnet.

Nicht überprüfbare Theorien hielt Pauli für sinnlos. Er sagte: »Das ist nicht nur nicht richtig, es ist nicht einmal falsch.«

Dieser Satz gilt nicht nur für die Natur-, sondern auch für die sogenannten Geisteswissenschaften und für den Journalismus.

Besprochen werden nicht nur Bücher, sondern auch Warzen, um sie zum Verschwinden zu bringen. Diese Aufgabe wurde früher nicht den Rezensenten überlassen, sondern den Scharfrichtern, den Totengräbern und dem »fahrenden Volk«; das sind Gewerbe, die als unehrlich galten.

Aufgepaßt!

Gaben sind nie umsonst

Angenommene Geschenke verpflichten, denn sie sind vom Schenkenden mit einer Erwartung an den Beschenkten verbunden; sie verlangen also eine Antwort: eine Gegengabe, eine

Dankesgeste oder wenigstens die friedliche Lösung eines Konflikts.

Marcel Mauss erläuterte 1923 in seiner bahnbrechenden Studie *Die Gabe* die Formen und die Funktionen des Austauschs in archaischen Gesellschaften. Warum gelten viele westliche Vorstellungen vom Geben, Nehmen und Schenken nur bei uns und nicht anderswo?

In der Tradition einiger indianischer Stämme in Amerika war es üblich, Geschenke nicht wie bei uns gleichwertig, sondern bei weitem reichlicher zu erwidern. Das war eine Frage des Prestiges und hatte zur Folge, daß einer der Partner oder alle beide sich ruinierten. Die Ethnologen nennen diesen Tauschmodus *Potlatch*.

Zwar galt auch im römischen Recht das Prinzip *Do ut des*: »Ich gebe, damit du mir gibst.« Die Germanen haben die Schenkung sogar als Schuldvertrag behandelt. Er war erst damit geschlossen, daß die Gabe durch eine Gegengabe erwidert wurde. (So steht es bei Heinrich Mitteis in seinem Lehrbuch *Deutsches Privatrecht*, bearbeitet von Heinz Lieberich, München 1978.)

In Deutschland bedarf ein Geschenk stets der Annahme, also einer Willenserklärung beider Teile. Erst dadurch wird der Schenkungsvertrag rechtskräftig. Das Sprichwort »Geschenk ist geschenkt, wiederholen ist gestohlen« drückt dasselbe, nur weniger umständlich, aus.

Natürlich gibt es wie immer Ausnahmen von der Regel. Wer nicht weiß, was der Unterschied zwischen einer Handschenkung und einem Schenkungsversprechen ist, muß sich schon an einen Anwalt wenden, der sich auf das Ehe- und das Erbrecht versteht.

Eine Schenkung kann wegen »groben Undanks« widerrufen werden. Und im Dienstrecht der Beamten gilt, daß es ihnen verboten ist, Geschenke anzunehmen. Wenn es keine Bestechlichkeit gäbe, wäre unser Rechtsstaat noch schöner.

Allerdings macht sein unersättlicher Bruder, der Fiskus, sich bei jedem, der etwas hergibt, mit der Schenkungssteuer zu schaffen.

In katholischen Gemeinden gehört es zur Gründonnerstagsliturgie, daß der Priester zwölf Gemeindemitgliedern die Füße wäscht. Diese liturgische Handlung soll an eine Geste erinnern, die Jesus seinen Jüngern im Abendmahlssaal erwiesen hat.

Traditionellerweise sind nur Männer für die Fußwaschung auserwählt worden. Aber Papst Franziskus hält es damit anders als seine Vorgänger; er wusch auch zwei Frauen die Füße und ging vor Strafgefangenen in die Knie.

Regelmäßige Kirchgänger kennen zwar das dienende Ritual, das Jesus vor den Aposteln vollzog. Doch wer möchte schon dem Seelsorger seine nackten Füße zeigen?

Der Vizepräsidentin des Zentralverbandes der Podologen und Fußpfleger Deutschland ist diese Frage vertraut. Sie heißt Annett Ullrich und spielt in dieser Vereinigung eine wichtige Rolle.

Gewiß, sagt sie, wer einem fremden Menschen die Füße zeigt, schäme sich gewöhnlich. Das liege daran, daß wir sie im Alltag meist mit Strümpfen und Schuhen verhüllen. Überhaupt hätten wir unsere Füße gewissermaßen aus den Augen verloren. Sie bemerke das auch bei ihren Patienten.

Für die Podologin ist die liturgische Handlung an Gründonnerstag nicht nur eine Erinnerung daran, »was Jesus seinen Mitmenschen Gutes getan hat«. Sie könne auch eine Gelegenheit sein, die Füße wieder, wie sie sagt, »auf Augenhöhe« wahrzunehmen.

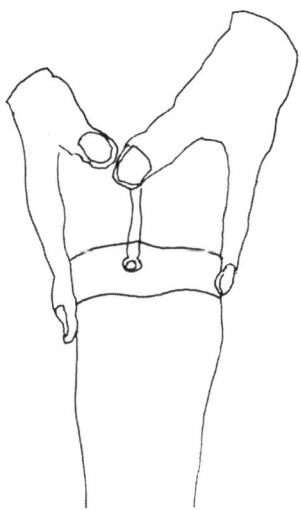

»Er trug einen langen offenen Gehrock und in einem Knopf-
loch ein großes buntes Blumenbouquet; seine Brust zierte ein
Plastron, das uns riesig erschien und das von einem Stehkragen
überragt wurde, in dem er den Kopf nur mit Mühe bewegen
konnte. Er blickte uns durch ein Monokel an, das ihm ständig
herunterfiel und das er wieder in die rechte Augenhöhle klemm-
te, indem er das Gesicht zu einer sarkastischen Grimasse ver-
zog.«

So schildert ein Lissabonner Beobachter den berühmten
Schriftsteller Eça de Queirós. Einen schärferen, rücksichtslose-
ren Kritiker als sich selbst hat dieser Mann in Portugal nicht gefunden.

Nach der Niederschrift seines Romans *O Primo Basílio*
schrieb er an seinen Freund Ortigão: »Ich habe ihn abgeschlos-
sen – ein falsches, lächerliches, affektiertes, unförmiges, klein-
liches Werk, das dem Mohn ähnelt, jedenfalls in einer Beziehung; es wirkt einschläfernd. Abgesehen von zwei oder drei
Szenen, die ich letzthin verfaßt habe, ist alles übrige das, was

die Engländer *rubbish* nennen, das heißt unnützes, blasses Zeug, wert, auf den Müll geworfen zu werden.« Und zwei Wochen später spitzt er seine Kritik in einem Brief noch weiter zu: »Ich finde im Basilio eine Anhäufung von Details, die der Handlung in die Quere kommen und sie zu ersticken drohen. Ich muß meine Schreibweise vereinfachen und verdichten. Ein einziger gut gesetzter Pinselstrich sagt mehr als die Häufung von Nuancen.«

Eça de Queirós ist ein Klassiker, und seine Romane zu verkürzen, das gilt als literarisches Verbrechen. Als Verleger seiner beiden *Treulosen Romane* – Basilio und *Alves & Co* – habe ich mich über dieses Tabu hinweggesetzt. Ich glaube, daß die Einwände des Autors etwas Richtiges getroffen haben, und damit kann ich mich auf ihn selber berufen. Denn mit seinem Hauptwerk, dem Roman *Os Maias*, das er erst 1888 veröffentlichte, hat er aus seinen selbstkritischen Überlegungen die richtigen Konsequenzen gezogen.

Seinem Land gegenüber war Eça bis zur Ungerechtigkeit gnadenlos. An einen seiner Freunde schreibt er 1878 aus Newcastle: »Ich beabsichtige, dem enormen schlafenden Schwein (ich beziehe mich auf das Vaterland) einen großen elektrischen Schock zu versetzen. Natürlich wird das Schwein weiterschlafen. Das Schicksal wird es nicht aus seiner ewigen Siesta reißen. Außer dem Skandal will ich Geld. Der Bürger liebt saftige Szenen der Ausschweifung? Er soll sie haben! Also, wenn sich das Buch verkauft – warum soll ich nicht damit spekulieren und meine Schulden zu bezahlen suchen?«

»Hinter seiner Ironie«, sagte einer seiner Freunde, »existiert eine tiefe, vielleicht traurige Güte.«

»Schlager sind besser als ihr Ruf«, sagte Monika Sperr 1978 in ihrem *Großen Schlagerbuch*, das sie bei Rogner & Bernhard in München herausgegeben hat. Bei dieser Anthologie ging sie rücksichtslos vor. Kitsch, Sentimentalität und ewige Wiederholung nahm sie gern in Kauf. Je routinierter die Texte waren, desto erfolgreicher die Schlager. Nur der Ohrwurm garantierte den Profit.

Trotzdem haben die Textdichter, von denen die meisten längst vergessen sind, Erhebliches zur deutschen Poesie beigetragen, vor allem zur Kunst des Reims. Leute wie Friedrich Hollaender und Fritz Rotter erfanden virtuose Kombinationen, wie sie selten den berühmteren Dichtern eingefallen sind. Zwei Ausnahmen von dieser Regel gibt es: Bertolt Brecht, der 1928 in der *Dreigroschenoper* auf den Londoner *Strand* reimte: »den man Mackie Messer nennt«, und Peter Rühmkorf, der den einzigen Reim auf das Wort *Ärsche* fand, den es im Deutschen gibt, nämlich: »Schließ das Aug, das närrsche«, und weil er sich nicht damit abfinden wollte, daß unser Wort für die eigene Spezies ungereimt bleibt, schrieb er: »Die schönsten Verse der Menschen / sind die Gottfried Bennschen.« (*agar agar – zaurzaurim. Zur Naturgeschichte des Reims und der menschlichen Anklangsnerven*, Reinbek: Rowohlt 1981)

Weit übertroffen sind diese Übungen von den Schlagertextern. Eine kleine Auswahl:

faible / Säbel (1903); erwachsen / Faxen (1912); *Place de la Concorde* / Horde (1914); wunderbares / Manzanares (1925); Bürotisches / Erotisches (1925); Adrienne / Hochantenne (1925); wie verhext / der Spargel wächst (1930); Nachtgespenst / wenn du pennst (1930); *je ne sais pas quoi* / schönste Frau; und die fesche Lola / Pianola (1930); oder Johnny / *money* (1931). Den Vogel schoß damals wohl eine Truppe von Textern ab mit den Versen: »Was macht der Maier / am Himalaja.«

Nach 1933 war damit Schluß. Die jüdischen Textdichter wurden vertrieben oder ermordet. Einer, der in die Bresche sprang, war Bruno Balz (1902-1988), der Sohn eines Sattlers aus Prenzlauer Berg. Seine Biographie ist die eines virtuosen Tausendkünstlers, der mehr als tausend Lieder geschrieben hat, für Stars wie Zarah Leander, Marika Rökk, Heinz Rühmann und Johannes Heesters. Sein Leben ist eine einsame Dichtersaga, geprägt vom notorischen § 175; denn Balz war homosexuell und wurde deswegen mehrmals verhaftet. Auf ein Foto von Goebbels schrieb er »Spottgeburt aus Dreck und Feuer« und stellte es in seine Bibliothek. Doch er war unentbehrlich und kam jedesmal wieder frei, auch wenn sein Name im Dritten Reich nicht mehr genannt werden durfte. Man zwang ihn, ein paar berüchtigte Durchhaltesongs zu schreiben: »Davon geht die Welt nicht unter«, »Das kann doch einen Seemann nicht erschüttern« und »Ich weiß, es wird einmal ein Wunder geschehn«; gemeint war der »Endsieg«.

Im Verfahren der Entnazifizierung kam Balz ungeschoren davon und setzte seine Karriere mit Peter Alexander, Udo Jürgens und Udo Lindenberg fort. Er war der Gassenhauer-König der Bundesrepublik, hatte immer viel Geld und nahm ein trauriges Ende.

Wenn jemand barfuß fürbaß geht, kann er leicht über die Herkunft dieser beiden Wörter stolpern. Denn das Adverb *baß* aus dem 11. oder 12. Jahrhundert bedeutet »sehr« oder »äußerst« und ist die Steigerungsform von »wohl«, die nur noch in Wendungen wie »baß erstaunt« oder in der veralteten Zusammensetzung *fürbaß* weiterlebt.

Anders sieht es mit *bar* aus. Ursprünglich handelt es sich um ein Adjektiv, das »bloß«, »ohne etwas«, »nichts als« oder »unmittelbar verfügbar« bedeutet. Damit gerät man in ein etymologisches Dickicht; denn *bar* ist promisk: Es hängt sich als Suffix an alle möglichen Wörter an. Als Präfix kommt es nicht nur dem Geld, sondern auch dem Fuß zugute.

Wer schwer von Begriff ist, muß eine lange Leitung haben. Leicht von Begriff ist nur, wer der Philosophie den Rücken kehrt.

Das Trampeln wird nicht gern gesehen. Wer mit derben und schwerfälligen Schritten geht und noch dazu auf den Boden stampft, der trampt, und wenn er das öfters tut, trampelt er. Das eine ist vielleicht lautmalerisch, das zweite sicherlich ein Iterativ. Davon schreiben sich nicht nur der *Trampel*, ein ungeschickter, schwerfälliger Mensch, sondern auch das *Trampeltier* und der amerikanische Landstreicher her, der als *Tramp* so lange zu Fuß unterwegs ist, bis er auf einen Zug springen kann.

Ein *Trampelpfad* entsteht immer dann, wenn die Stadtplaner auf die Bewohner keine Rücksicht nehmen und sich Wege in den Kopf setzen, die so unsinnig sind, daß Abkürzungen entstehen, welche die Verwaltungsvorschriften einfach durchkreuzen.

Zu diesem Stichwort auch ein passender Kinderreim:
Seht den kleinen Hampelmann,
wie er hampeln, trampeln kann!
Und die Damen und die Herrn
hampeln, trampeln, strampeln gern.

»Ich finde die Expressionisten einfach talentlos, ebenso wie die Kubisten und Futuristen, und ich glaube, daß die törichte Mode bald abgewirtschaftet haben wird, was mir eigentlich gleichgültig ist. Mögen sie machen, was sie wollen, ich mache, was ich will.«

Max Liebermann am 6. Juni 1913, nach Florian Illies, »1913. Was ich unbedingt noch erzählen wollte«, Frankfurt am Main 2018

Der Schwerenöter ist seit dem Ersten Weltkrieg verschollen, eine Figur aus dem neunzehnten Jahrhundert. Aber woher ist er gekommen? »Ein verfluchter Kerl« aus der Wendezeit vom achtzehnten zum neunzehnten Jahrhundert, »ein Schalk, ein durchtriebener Schürzenjäger«, so die Etymologen.

Die *Schwerenot* ist eine Interjektion, ein zorniger Ausruf des Unwillens und des Erstaunens: »Es ist, um die Schwerenot zu kriegen«; manchmal verstärkt durch die Vorsilbe *Schock*. Ursprünglich eine Bezeichnung für die Epilepsie, von der man glaubte, sie sei durch Hexerei verursacht, also durch einen Fluch. Was das alles mit dem verführerischen, charmanten Mann zu tun hat, der alle Frauen rumkriegt, ist wie oft bei solchen Redensarten ein Rätsel.

Fauler Zauber?

Simsalabim geht auf Begegnungen mittelalterlicher Christen mit Muslimen zurück, die bis ins Spätmittelalter oft als »Zauberer« beschrieben wurden. Ein von ihnen vor jeder wichtigen Handlung ausgesprochenes »Im Namen Gottes, des Allbarmherzigen« – das wurde als Beschwörungsformel mißverstanden: »Simsalabim – und so geschah es.«

Vielleicht geht der Spruch aber auch auf das lateinische *similia similibus* (Gleiches mit Gleichem heilen) zurück, das in der Homöopathie im Schwange ist.

Auch der *Hokuspokus* gibt zu Spekulationen Anlaß. Bei der Verwandlung von Brot und Wein in den Leib Christi sagt der Priester: »*Hoc est enim corpus meum.*« Wer kein Latein verstand oder spöttisch aufgelegt war, kann diesen Satz anders ausgelegt und gemeint haben: »Jetzt macht er wieder seinen Hokuspokus.«

Woher wir das *Abrakadabra* haben, ist weniger strittig. Auf hebräisch bedeutet *abra ke dabra* nämlich: »Ich werde erschaffen, so wie ich spreche.« Als Zauberformel, die Unglück und Krankheit abwehren, gute Geister dagegen herbeirufen soll, wird dieser Spruch seit dem dritten Jahrhundert gebraucht.

Sesam, öffne dich! ist eine Beschwörung, die den Märchen aus Tausendundeiner Nacht zu verdanken ist; sie stammt aus »Ali Baba und die vierzig Räuber« und verhilft dem, der sie aufsagt, zu verborgenen Schätzen.

Zauberformeln gehören zu den ältesten Sprachzeugnissen. Über ein *Corpus der deutschen Segens- und Beschwörungsformeln*, das 28 000 Einträge umfassen soll, aber nie gedruckt worden ist, hat offenbar kein guter Geist das erlösende Simsalabim gesprochen.

Ernüchternd wirkt, daß den professionellen Darbietern von Zauberkunststücken solche Sprüche vor allem dazu dienen, das

Publikum im entscheidenden Moment abzulenken, so wie auf dem berühmten Gauklerbild des Hieronymus Bosch.

Gabriele Goettle, eine alte Freundin, beschreibt meinen Vorsatz, keine dicken Bücher mehr zu schreiben und zu lesen, weil das Leben dafür zu kurz ist, als eine harmlose Form von Diarrhö, den sie Dünnpfiff nennt.

Sie ist auch eine Spezialistin, was den Jargon der Politiker und der Ökonomen angeht. Wenn einer von ihnen sagt, sie seien »gut aufgestellt«, weiß er nicht, wovon er redet; diese Metapher stammt nämlich aus den deutschen Kegelvereinen, wo es darauf ankommt, die umgefallenen Figuren wieder aufzustellen. Gabrieles Ohr für Phrasen ist untrüglich.

»Schlendrian in der Steuerverwaltung« klagt der Rechnungshof der Republik an und behauptet, die Finanzämter hätten Hunderte Millionen verschenkt. Das sieht dem Fiskus ganz und gar nicht ähnlich.

Es mag allerdings daran liegen, daß der Ursprung des *Schlendrians* schwer aufzuklären ist. Dieses Maskulinum hat offenbar mit dem Verb *schlendern* zu tun, das eine gemächliche und nachlässige Gangart bedeutet. Aber wer sich zu früh mit dieser Ableitung abfindet, dem steht kein Müßiggang bevor. Es ist besonders das Suffix *ian*, das den Etymologen Kopfzerbrechen bereitet. Ist es nach dem Vorbild des *Grobians*, nach der lateinischen Endung *-ianus* gebildet oder liegt gar eine Zusammensetzung mit der Vokabel *John* vor?

Niemand weiß es. Das liegt aber nicht an der Schlamperei und der Liederlichkeit der Sprachforscher, sondern daran, daß das Indogermanische unfaßbar ist.

Was eine *Visage* ist, wissen nur die Fachleute, die sich mit den Geheimnissen der Europäischen Union auskennen. Da man in Brüssel nur Englisch spricht, handelt es sich bei diesem Gesichtsausdruck, wahlweise der Miene oder der Fresse, um *VIS*ible *A*ttributes Through *GE*nomics im *Horizon 2020* des EU-Rahmenprogramms.

Die Gesichtslosigkeit der Behörden ist ihr deutlichstes Merkmal.

Zum Schluß ein Homo sapiens

Der Dokumentarfilm aus dem Jahr 2015 des österreichischen Regisseurs Nikolaus Geyrhalter ist ein Werk, das jeden Science-fiction-Film weit übertrifft. Er zeigt, was nach dem Aussterben des Menschengeschlechts von ihm übrigbleibt: Ruinen. Diese Hinterlassenschaften sind so rätselhaft, daß der Zuschauer oft nicht weiß, was sie bedeuten. Man muß schon sehr genau hinschauen, um zu bemerken, worum es sich handelt: Einmal ist das Skelett einer Achterbahn zu erkennen, ein anderes Mal das Wrack eines Düsenflugzeugs oder die Duty-free-Stände einer Abflughalle. Dann wieder tauchen die Spuren der Katastrophen von Nagasaki und Fukushima in Japan auf. Menschen gibt es nicht mehr.

Die Rede der Ökologen vom Naturschutz nimmt dadurch eine absurde Bedeutung an, weil die Gewalt der Evolution immer siegt, und zwar mühelos. Der Wind, der Regen, der Schnee und das Wachstum der Pflanzen beherrschen die Sequenzen der Kamera. Starre, minutenlange Einstellungen zwingen den Betrachter, minimale Bewegungen zu entziffern. Oft ist es nur eine kleine Wolke, die davon zeugt, daß die Zeit vergeht.

Bannend ist auch die Tonspur, auf der plötzlich ein Rascheln im Abfall oder das Schlagen eines Fensterrahmens zu hören ist. Das Geschrei eines Vogels oder das Summen eines Insekts durchbricht das Schweigen der menschenleeren Welt.

Der lakonische Titel gibt keinerlei Hinweis auf eine warnende oder belehrende Absicht des Autors. Gerade darin liegt das Beunruhigende des Films.

Gewidmet ist er einem Freund namens Michael Glawogger (1952-2014), dessen Werk aus mindestens fünfzehn Dokumentarfilmen besteht. Einer davon zeigt Schlachthöfe, einer ein Bordell, ein dritter das Ausweiden von Fischen im ostafrikanischen Victoriasee. Diese Filme sind ebenso unvergeßlich wie Nikolaus Geyrhalters *Homo sapiens* und ebenso vergessen.

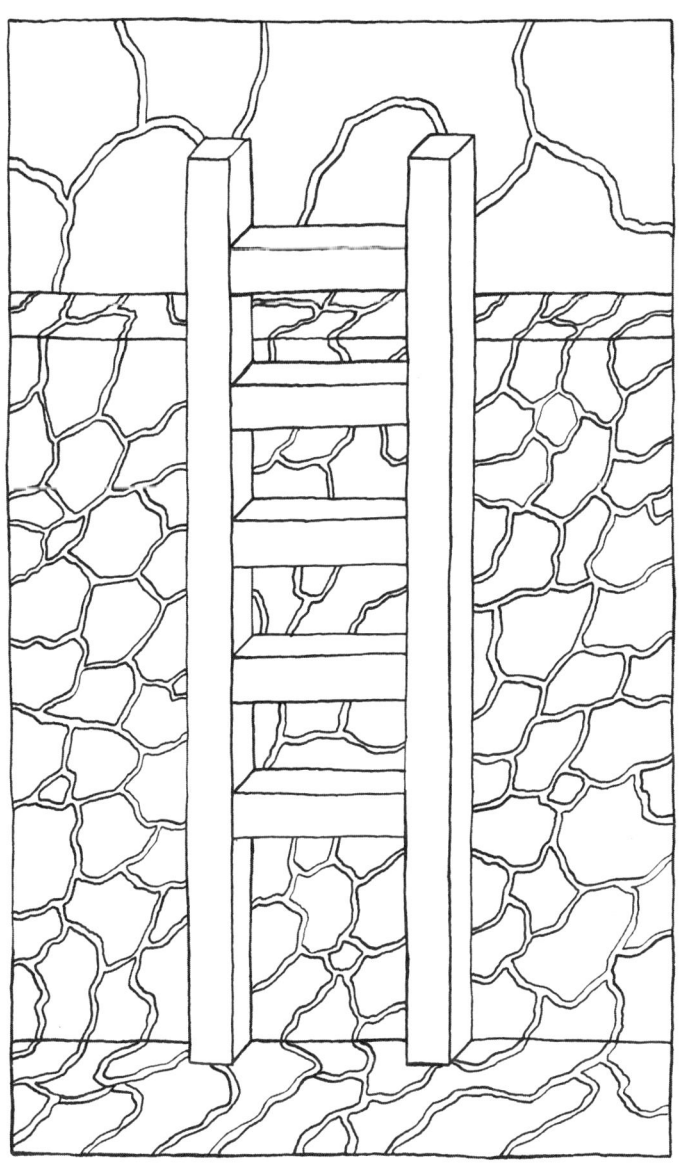

Abschließendes Durcheinander

Ein *Potpourri* ist auf französisch ein Allerlei, etwas Ungeordnetes, eigentlich ein »verfaulter Topf«, vielleicht übersetzt aus dem spanischen *olla potrida*, das aus dem lateinischen *puter*, *putris* hervorgeht und etwas bedeutet, das nicht ganz frisch ist.

Ein endloses *Wischiwaschi* entsteht, wenn man sich erkundigt, woher dieses Wort kommt. Die landläufigen Wörterbücher verweisen auf das *Gewäsch*, und von dort auf den *Wisch*, der ursprünglich ein Bündel Stroh bedeutet habe. Vollends scheitert der Suchende aber am Grimm, der über viele Seiten hinweg in ein etymologisches Wischiwaschi führt, in dem der Wißbegierige sich verirrt.

Charivari ist der Titel einer französischen Zeitschrift aus den Jahren 1842-1851. Bereits am 15. Dezember 1832 veröffentlichte *Le Charivari* zum ersten Mal eine Zeichnung von Honoré Daumier. In mehr als vierzig Jahren folgten fast viertausend Lithographien und Hunderte von Holzstichen Daumiers. Weitere Mitarbeiter waren Gustave Doré und Grandville.

Das französische Wort bedeutet soviel wie »Lärm«, »Radau«, »Katzenmusik« oder »Spektakel«. Altfranzösisch *chalivali* hatte im 14. Jahrhundert die Bedeutung »Lärm, der mit Töpfen und Pfannen veranstaltet wird«. Das Wort geht über spätlateinisch *caribaria*, »schwerer Kopfschmerz«, zurück auf griechisch *karebaria* »Kopfschmerz«, eine Zusammensetzung aus *kare* »Kopf« und *barys* »schwer«.

Das Charivari diente als Schmuck oder als Talisman für eine erfolgreiche Jagd.

In der napoleonischen Zeit wanderte das Wort ins Deutsche ein. Aus ihm ergaben sich seine ersten Bedeutungen: »Katzenmusik« und »Durcheinander«.

Über Bernd Bexte

Der Zeichner Bernd Bexte, von dem die Illustrationen und die Vignetten dieses Buches stammen, verdient mehr als eine Nachbemerkung. Unsere Bekanntschaft – Freundschaft wäre zuviel gesagt – geht auf die Zeitschrift *TransAtlantik* zurück, der von 1980 bis 1982 nur ein kurzes Leben beschieden war: Es endete mit einer Pleite.

Bernd Bexte, 1947 in Düsseldorf geboren, trug in der Münchner Redaktion den hochtrabenden Titel des Art Directors, der gar nicht zu ihm paßte. Der andere Art Director des Verlages fuhr einen alten Jaguar. Bernd Bexte dagegen erschien mit Wuschelhaaren und Zauselbart in unserer Redaktion und zauberte aus seiner alten großen Tasche seine Überraschungen hervor: ein verblüffendes Vexierbild, eine Collage, ein Wimmelbild oder ein Plakat. Mit einem Cartoon – einem Regierungsmercedes, begleitet von sechs Schäferhunden – vergraulte er uns einen wichtigen Anzeigenkunden, aber die Herausgeberin gab todesmutig ihr Placet. Die Redaktionssitzungen mit Bernd glichen immer auch einer Sehschule. Er konfrontierte uns mit Zeichnungen und Bildern, die nie nur eine Handschrift trugen. Zarte Pflanzenvignetten von Erna de Vries waren ebenso dabei wie die wilden Titelbilder von Gabor Fekete. Ob realistisch oder abstrakt, es mußte nur gut sein, oder witzig, oder verblüffend.

Er konnte keine Sitzung ertragen, ohne nebenbei zu kritzeln. Seine Phantasie war überschäumend, chaotisch, und ehe wir uns versahen, stand etwas nie Dagewesenes auf dem Zettel. Wenig später kam der Graphiker Klaus Meyer dazu, der die Aufgabe hatte, diesen Reichtum an Bildern im strengen Layout der Zeitung unterzubringen. Er war mit Bernd Bexte befreundet und begegnete seinem Überfluß mit rheinischer Frohnatur und Gelassenheit.

Überhaupt waren die 1970er Jahre eine Glanzzeit der deutschen Graphik, die nie eingeholt oder gar übertroffen worden ist.

Der Schweizer Typograph Josef Müller-Brockmann, Willy Fleckhaus und Hans Georg Hillmann, bei dem Bernd Bexte studiert hatte, waren seine großen Vorbilder.

Als Bexte eine Position als Lehrer an der Bremer Hochschule der Künste angetragen wurde, waren die Studenten von seinem Humor und Engagement begeistert.

Dieser muntere, unbelehrbare Kettenraucher saß in seiner Amtsstube, die bis zur Decke mit Kisten, Rollen und Filmen angefüllt war. Ein Labyrinth, in dem sich kein anderer als der Künstler zurechtfand.

Die wenigsten ahnten, daß er von Anfällen der Schwermut geplagt war. Nach einem Schlaganfall saß er im Rollstuhl, eine Qual für ein so überaus bewegliches Temperament. 2011 ist er gestorben. Seinen umfangreichen Nachlaß hat Philipp Dörrie drei Jahre lang durchquert. Die Bremer Hochschule hat dafür gesorgt, daß 2017 ein reich illustriertes Buch erschienen ist: *Bernd Bexte*. Hamburg: Textem Verlag 2017, redigiert von Philipp Dörrie, der uns die Vorlagen für dieses Buch überlassen hat.

München im Jahr 2019   *Katharina und Hans Magnus*
                                                              Enzensberger